DIE MAGISCHE WELT DER SCHAMANEN UND HÖHLENMALER

DIE MAGISCHE WELT DER SCHAMANEN UND HÖHLENMALER

HARALD BRAEM

DUMONT BUCHVERLAG KÖLN

Umschlagabbildung: Als ›Verzauberung‹ gedeutete Felsbildzeichnung in der Valcamonica, Norditalien
Frontispiz: Motiv auf einer Schamanentrommel der Chakassen, Südsibirien, vermutlich das dreigeteilte schamanistische Weltbild darstellend: Oberwelt mit Herrn des Himmels, Weltenbaum und Seelenvögeln; Mittelerde und Unterwelt mit Geistern Verstorbener, Erdschlange und Dämon

Die Deutsche Bibliothek – CIP-Einheitsaufnahme
Braem, Harald:
Die magische Welt der Schamanen und Höhlenmaler / Harald Braem. – Erstveröff. – Köln : DuMont, 1994
ISBN 3-7701-3343-9

Satz: DuMont Buchverlag Köln
Druck: Rasch, Bramsche
Buchbinderische Verarbeitung: Bramscher Buchbinder Betriebe

Printed in Germany ISBN 3-7701-3343-9

Inhalt

Vorwort

Wer hat sich nicht schon einmal gewünscht, in einer Zeitmaschine zu sitzen und auf unmittelbare Weise die Welt der Vorzeit zu erleben? Das würde zwar so realitätsnah wie nur möglich sein, zugleich aber auch ein gefährliches Wagnis bedeuten, denn es gäbe keinerlei Garantie dafür, die früheren, gewiß alles andere als harmlosen Zeiten unbeschadet zu überstehen. Nun, die Frage ist rein rethorisch, es gibt keine Zeitmaschine, und so bleibt uns nur die Phantasie, um das Abenteuer Geschichte wenigstens im Geist nachzuvollziehen. Aber die Phantasie ist ihrem Wesen nach frei, chaotisch und stets subjektiv, und sie läßt zwingend eine weitere Frage entstehen: Wie können wir heutigen Menschen mit unserem von modernen Mustern geprägten Denken uns überhaupt in längst vergangene Zeiten versetzen? Wieviel wissen, fühlen, ahnen wir überhaupt noch von der einst geltenden Realität? Entstehen so nicht bloß reine Spekulationen, Tagträume, von nostalgischer Sehnsucht gefärbte Wunschbilder in uns? Ist es nicht um vieles besser, sich nur auf das zu verlassen, was klar und beweisbar in Form von Fakten vor uns liegt, auf eine streng überprüfbare Wissenschaft also, die lieber zögert, als vorschnell und leichtsinnig neue Aussagen zu machen?

Was sind und was bringen uns wissenschaftliche Disziplinen, die sich mit der Vorzeit befassen? Im besten Fall eine saubere Detektivarbeit, die greifbare Spuren sammelt, miteinander vergleicht und aus der Fülle des Fundmaterials heraus behutsam zur Beweisführung verdichtet. Indes existieren zahlreiche miteinander konkurrierende Detektivbüros, eine verwirrende Flut von Funden und Protokollen. Es ist schwer, sich auch nur annähernd eine Übersicht zu verschaffen. Jedes neue Buch stellt sozusagen einen Anhang zu bereits früher veröffentlichten Werken dar – Speziallektüre für informationshungrige elitäre Gruppen, die kaum dazu geeignet ist, einer breiteren interessierten Öffentlichkeit ein plastisches, gut nachvollziehbares Panoramabild zu entwickeln.

An dieser Stelle sind ein paar Sätze nötig, um Charakter, Sinn und Zweck des vorliegenden Buches zu erklären. Bei ihm handelt es sich weder um eine neue Theorie, die alles vereinfacht erklären will, noch um einen illustrierten Reiseführer zu den Kulthöhlen des alten Europa, es erhebt weder den Anspruch, die ultimative Kunst- und Kulturgeschichte zu sein, noch ein esoterischer New-age-Beitrag. Es geht in seiner Beschreibung auch nicht linear vor, denn der Weg linearer Wissenschaft endet stets in der Sackgasse eines engen und starren Systems. Die Betrachtungsweise ist bewußt analog ausgerichtet, was meiner Meinung nach am ehesten dem magischen Weltbild des frühen, und wenn wir genau hinsehen, auch noch des heutigen Menschen entspricht. Es umkreist das Thema wie ein hungriger Wolf die Knochen einer verlassenen Feuerstelle, traut sich den Facettenblick eines Fliegenauges zu, wagt sich in durchaus unterschiedliche Realitätstunnel vor, um verschiedene Perspektiven zu erproben. Dabei kommen Fakten und Theorien ebenso zu Wort wie subjektive Einfühlung und Erlebnisse an geheimnisvollen Plätzen der Welt.

Die Reise dorthin vollzieht sich nicht auf geradem Weg, sondern auf- und absteigend, wie auf den Bahnen einer großen Spirale, oder anders ausgedrückt: durch Eintauchen in Gestaltfelder (MORPHOLOGISCHE FELDER, SHELDRAKE), stets auf der Suche nach der Sprache der Formen und ihrer archetypischen Bedeutung (JUNG, OBRIST, BRAEM, HEIL u. a.). Anmerkungen, Fußnoten und Quellenhinweise wurden dabei – um den Lesefluß zu wahren – auf ein Minimum reduziert. Zu den im Text besonders hervorgehobenen Namen finden sich nähere Hinweise im Anhang. Der so entstehende Freiraum soll bewußt beim Leser eigene, vielleicht weiterführende Assoziationen, Gefühle, Gedanken, Bilder und Erkenntnisse zulassen.

Von einem aber geht dieses Buch aus: daß Kunst und Kultur, Architektur, Technik, Religion, kurzum alle Lebensbereiche und Erscheinungsformen unserer Vorfahren, angewandter, systematisch praktizierter Magie entstammen. Wenn wir tief in uns hineinfühlen, spüren wir noch immer den kraftvollen Nachklang dieser uralten Riten, Symbole und Kulte. Es gilt die Vergangenheit wiederzuentdecken, um die Gegenwart zu verstehen, sonst bleiben wir Tiere, die in den Echokammern der Zeit gefangen verharren. Wie drückte es der Erkenntnistheoretiker Karl Popper aus: Drei Arten von Phantasie benötigt die Wissenschaft – eine fragestellende, eine theoriebildende und eine kritische, wobei die für jegliche Erkenntnis maßgebende erste von vielen Wissenschaftlern leider allzuoft vernachlässigt wird.

Ich möchte Sie mit diesem Buch zu einem möglichst vielseitigen, facettenreichen Fragenkatalog einladen. Wenn Sie dazu bereit sind, mag die magische Reise beginnen. Die Vorzeit liegt nicht unerreichbar weit zurück, sondern sie schlummert verborgen in uns...

Harald Braem

Lascaux – Kathedrale der Eiszeit
Annäherung an ein Heiligtum

Ich bin gespannt, nach langer Zeit die wundervollen Malereien der Höhle von LASCAUX wiederzusehen. Dabei handelt es sich nicht einmal um die Originale, sondern um Reproduktionen. Ich habe nur gehört, daß die Firma Kodak für die Realisierung des Projekts eigens ein spezielles Abziehbild-Verfahren entwickelt hat, das in seiner Farbwirkung fast noch besser als die echten Höhlenbilder sein soll.

Die 1940 von einem kaninchensüchtigen Jagdterrier und vier neugierigen Jungen durch Zufall entdeckte Höhle am südöstlichen Ufer der Vézère (Dépt. Dordogne), die sich besonders durch die gründliche Arbeit des Wissenschaftlerteams um H. BREUIL als eine Art Weltwunder aus der Eiszeit herausstellte, entwickelte sich bald zum Anziehungspunkt für Millionen von Touristen. Alle wollten die herrlichen, auf ein Alter von gut 20000 Jahren geschätzten Gemälde besichtigen – und brachten sie gleichzeitig in Gefahr: Der gewaltige Besucheransturm führte zu einer enormen Anhäufung von Kohlendioxyd in der Höhle, die Körperwärmezufuhr ließ die Temperatur ansteigen, Dampf kondensierte und lief als Rieselwasser die Wände hinab. 1958 mußte daher schon eine Luftaustauschmaschine installiert werden. Aber es kam noch schlimmer. Mit den Besuchern wurden Pollen und Algen von draußen eingeschleppt sowie andere Mikroorganismen, die sich als ›grüne‹ und ›weiße

Krankheit‹ breitmachten und die einmaligen Bildwerke angriffen. Die Wände wurden mit Formol und Antibiotika behandelt, schließlich half nur noch die endgültige Schließung. LASCAUX II – eine, wenn auch wesentlich kleinere, aber originalgetreue, mit enormem technischen Aufwand hergestellte begehbare Kopie – entstand in einem rund 200 m entfernten Steinbruch. Der heute von Erdreich umgebene Betonbunker beherbergt vor allem die große Bildergalerie, die als ›Halle der Stiere‹ berühmt wurde, die Malereien des Schachts und die Bildtafeln der gekreuzten Bisons. Jeder kennt LASCAUX, die Höhle wurde zum Synonym für die Eiszeitkunst überhaupt.

1991 bin ich also wieder in der Nähe von LASCAUX. In dem von Urlaubern überquellenden Ort Montignac erwerbe ich mit viel Glück zwei Eintrittskarten, die uns Stunden später einen Zugang mit der letzten Besuchergruppe des Tages ermöglichen.

Die Umgebung von LASCAUX gleicht einem Wallfahrtsort. Im Schrittempo erreichen wir den riesigen Parkplatz, auf dem hunderte von Bussen und ein Vielfaches an Pkw aller Nationalitäten stehen. Man fühlt sich an LOURDES, an Santiago de Compostela, an den Heiligen Platz beim Petersdom in Rom erinnert. Was treibt all die Leute ausgerechnet hierher? Ist es das Sensationsimage des Ortes, seine merkwürdige Ausstrahlung, die Sehnsucht der Menschen, ›zurück zu den Wurzeln‹ zu finden, der heimliche Ehrfurchtsschauer, der jeden bei dem Gedanken erfaßt, daß hier vor so unfaßbar zurückliegenden Zeiten unsere Kultur mit so vollendet gemalten Tierbildern begann?

Obwohl wir wissen, daß es sich bloß um eine Rekonstruktion handelt, halten wir unwillkürlich den Atem an, verständigen uns nur noch flüsternd, als unsere Gruppe nach langem Warten endlich an der Reihe ist, das Eiszeitheiligtum betreten zu dürfen. Und wieder überwältigt mich der erste, unmittelbare Eindruck: Dies ist kein Höhlenversteck mit irgendwelchen Kritzeleien primitiver Jäger – hier betreten wir eine Kathedrale, einen Dom, ein zentrales und mächtiges Heiligtum unserer Vorfahren, die wir in Ermangelung eines besseren Namens nach der

1 Ein als ›Einhorn‹ bezeichnetes Phantasiewesen in der Höhle von LASCAUX

ersten Fundstelle, dem kleinen französischen Dorf CROMAGNON benennen. Hat hier Picasso Anregungen zu seinen Meisterwerken gefunden, als er die vollendet, fast ›modern‹ anmutenden Darstellungen von Stieren und Pferden sah? Hat in dieser grandiosen Galerie Joseph Beuys ›seine‹ Hirsche entdeckt, die ihm zum Leitmotiv wurden? Hier können wir Kunstwerke betrachten, die feinste chinesische Tuschezeichnungen vorwegzunehmen scheinen (Farbabb. 1). Diese eiszeitlichen CROMAGNON waren mit der Natur sehr vertraut, haben die dargestellten Tiere genauestens beobachtet und ihr spezifisches Verhalten auf perfekte Weise nachempfunden.

Man kann sich in LASCAUX II leider nicht mehr unbehindert bewegen, die Höhle wird wie eine moderne Kunstgalerie durchschritten, und das Gedränge in der Gruppe stört mächtig. So geht viel von dem Eindruck verloren, der einmal möglich gewesen sein muß. Ich erinnere mich aber an einen Besuch in der nordspanischen Höhle von ALTAMIRA (die inzwischen ebenfalls geschlossen und durch eine Kopie ersetzt worden ist) vor einigen Jahrzehnten, als man als Besucher dort noch auf dem Rücken auf Lederpolstern liegen durfte. Das sprunghafte Flackerlicht der elektrischen Kerzen suggerierte vom Lufthauch bewegte Fackeln, und in ihrem Schein schien die große

Bisonherde an Wand und Decke zu leben. Die Tiere verharrten zwar, aber ein Zittern und Vibrieren wie kurz vor dem Sprung durchlief ihre kraftvollen Körper. Das waren keine Abbilder mehr, sondern die Tiere selbst, eingefangen und durch Magie in die Höhle gebannt. So ungefähr muß es auf die Betrachter damals gewirkt haben, auf die jungen Knaben, die zum erstenmal in ihrem Leben von einem erfahrenen Schamanen zur Einweihung in die geheimnisvollen, dunklen Tiefen der Kulthöhle geführt wurden.

Jetzt sind es für uns – wie in den meisten zur Besichtigung freigegebenen Höhlen mit ihrem starren künstlichen Licht – nur noch Bilder, so wie wir gewohnt sind, Gemälde auf einer Vernissage als tote Objekte und nicht als lebendige Prozesse, als materialisierte Erscheinungsformen von Träumen, Magie und Zauber zu betrachten.

Es ist – gerade in bezug auf LASCAUX – viel über die sich zum Teil überlagernden Stilformen der Bilder geschrieben worden, über Farben, Maltechnik und Datierungen (RUSPOLI, VIALOU u. a.). Man weiß heute, daß die Künstler Pinsel aus Vogelfedern und sorgfältig geschnittene Schablonen für die Konturen der Tiere benutzten. Ihnen stand eine breite Palette an natürlichen Erdfarben zur Verfügung, die sie in zu Schälchen und Näpfen umfunktionierten Knochengelenkpfannen mischten, und sie arbeiteten auf Holzgerüsten im Schein von Öllampen aus Stein.

Es ist ferner bekannt und selbst für den ungeübten Betrachter zu sehen, daß hier nicht nur *eine* Malergeneration am Werk war, sondern über Jahrhunderte, wenn nicht Jahrtausende hinweg immer wieder neue Gemälde geschaffen wurden, denn Tierbilder ganz unterschiedlicher Größe, Farbgebung und Stilart überlagern sich deutlich. Was die Datierung anbelangt, so liegen für LASCAUX keine gesicherten Daten vor, da die Künstler dort kaum reine Holzkohle verwendeten. Holzkohle aber ist der Stoff, der sich für die Altersbestimmung mittels der Radiocarbon-C14-Methode und ihrer neuen Variante – bei der ein Massenspektrometer zur Messung von Isotopenbeschleunigung eingesetzt wird – bestens eignet. In anderen Höhlen wie z. B. El Castillo bei Altamira, Niaux und Cougnac kam man dabei auf ein Alter von ungefähr 14 000 Jahren, was für die Wissenschaft, die bislang von einem wesentlich älteren Entstehungsdatum ausging, eine große Überraschung bedeutete. Die mit Wasser, Ton und Kalkstein versetzten und daher schwer zu analysierenden Holzkohleproben von Lascaux scheinen aber etwas älter zu sein. Noch sind die Meßdaten jedoch nicht ausreichend und verläßlich genug, um auf ihnen eine verbindliche Datierung aufzubauen, und man darf auf vielerlei Überraschungen gefaßt sein. Chinesische Archäologen entdeckten 1993 Höhlenmalereien im Inneren der Mongolei (Yabulai-Höhlen), die den Wandgemälden westeuropäischer Höhlen sehr ähnlich sind. Diese Bilder sind aber 30 000 Jahre alt!

Weitere interessante Analysen wurden gemacht und vielfältige spekulative Theorien über den Sinn der Malereien in Lascaux und ihre symbolische Deutung gewagt, z. B. dazu, daß es sich nicht um eine Bannung der Tiere im Zusammenhang mit wie auch immer geartetem Jagdzauber, sondern um männliche bzw. weibliche Allegorien handeln soll (Leroi-Gourhan, König u. a.). Dabei standen zumeist die Darstellungen der Tiere im Vordergrund, nicht aber die Zeichen, die sich neben den Tieren befinden. Wenn wir diese genauer betrachten, fällt zunächst die Vielfalt der Motive und Formen auf: Sie reicht von Pfeilen und anderen Waffen über Wunden, Fußspuren, Federn, Fallen, Hütten und wappenartige Gebilde bis hin zu Punktreihen und Strichen, die an Zahlen erinnern. Ja, es sind sogar Zeichen vorhanden, die den Buchstaben unseres Alphabets ähneln und durchaus Worte und Schrift bedeuten könnten.

Die Kombination von Bild und Wort in der Höhlenkunst würde, verfolgt man diesen Gedanken weiter, in etwa unserem heutigen modernen Kommunikationsverhalten entsprechen: Auch wir beachten die Bildbotschaft z. B. in der Tageszeitung wesentlich eher und stärker als den sie begleitenden und ergänzenden Text. Erst die Potenzierung beider Ebenen – Bild und Text – macht aber den ganzen Informationswert einer Botschaft aus. Verhält es sich in Lascaux und bei der Eiszeitkunst insgesamt nicht vielleicht ähnlich? Bis auf wenige Ausnahmen (Ruspoli, Andersen u. a.) haben sich bisher kaum Wissenschaftler an die Entschlüsselung dieser Bild-Text-Botschaften, dieses frühen bebilderten Lexikons gewagt. Man glaubte einfach nicht, daß ›primitive‹ Eiszeitjäger in der Lage gewesen sein sollten, eine eigene Schrift zu entwickeln. Der Gebrauch von Schriftzeichen gilt allgemein als Indiz für hochentwickelte Kulturen, und die Cromagnon – das waren einfach nur barbarisch dahinvegetierende Wilde.

Daß diese so grob vereinfachende und die Tatsachen entstellende Einschätzung falsch sein muß, ergibt sich m. E. aus mehreren Aspekten: Die Qualität der frühen Höhlenmalereien darf als perfekt und stilistisch ausgereift bezeichnet werden. Sie bezeugt die Ästhetik und das hohe technische Niveau ihrer Schöpfer. Sie weist ferner auf eine bis ins kleinste durchdachte Religionsausübung hin, von der später noch detailliert zu berichten sein wird, wenn wir uns mit dem mythologischen Weltbild der Eiszeitkultur auseinandersetzen. Die Formensprache der Zeichen läßt erkennen, daß in Europa schon sehr früh nicht nur eine Lautsprache, sondern auch ein Schrift- und Zahlensystem bestanden haben muß. Auf die dazu vorliegenden Fakten werde ich im Laufe des Buches noch öfter hinweisen, ebenso auf die neuesten, beeindruckenden Untersuchungsergebnisse, die eindeutig belegen, daß die Höhlenmaler bereits systematisch Himmelskunde und Mathematik betrieben, das Prinzip der Aerodynamik (Bumerangs) nutzten und fähig waren, komplizierte kosmologische Modelle zu entwickeln. Die Erkennt-

2 Buchstabenähnliche Zeichen auf Knochen aus den französischen Höhlen Rochebertier bzw. Gourdan (Haute-Garonne)

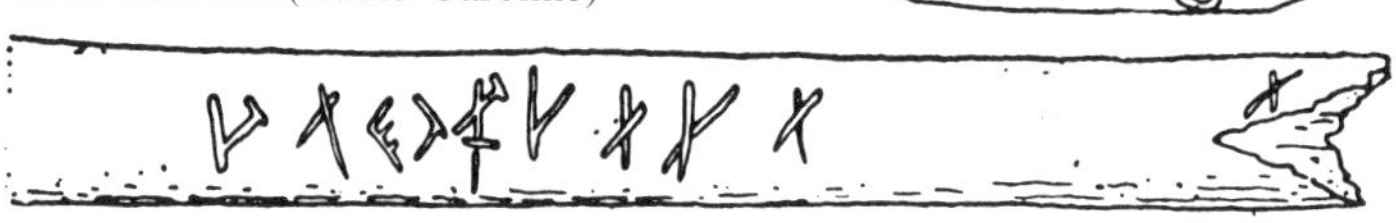

3 Die berühmte Schamanendarstellung aus dem Schacht von LASCAUX

nisse von Fachwissenschaftlern verdichten sich in dieser Hinsicht immer mehr, so daß bald der Tag kommen wird, an dem die Lehrbücher in bezug auf die Kultur der Eiszeit umgeschrieben werden müssen. Gerade in der Höhle von LASCAUX sind – wie es bereits der große deutsche Vorzeit- und Felsbildforscher KÜHN vermutete – mit großer Wahrscheinlichkeit mehr Geheimnisse über das kulturelle Niveau der Menschen der Altsteinzeit zu finden, als man bisher ahnte.

Der Schweizer Vorgeschichtsforscher WEISS berichtete 1976 auf dem Internationalen Kongreß für Ur- und Frühgeschichte in Nizza über sensationelle Entdeckungen in LASCAUX. Sie betreffen das berühmte und vielfach kontrovers diskutierte Bild nahe des Schachtes, das ein offensichtlich verwundetes Wisent darstellt (ein langer Speer durchsticht seinen Körper, am Bauch quellen die Eingeweide heraus), das mit gesenkten Hörnern einen Menschen angreift. Dieser Mensch – eine seltsame Strichfigur mit Vogelschnabel (Maske?) und erigiertem Penis – scheint rücklings zu stürzen. Unterhalb des Mannes befindet sich ein Vogelstab, wie er von Schamanen der damaligen Zeit als Symbolzepter (Zauberstab) benutzt wurde.

Der französische Prähistoriker und Entdecker der Höhle von ROUFFIGNAC, NOUGIER, hält den Schacht für den eigentlichen Eingang von LASCAUX und weist darauf hin, daß man – ursprünglich aus ihm in das Höhlensystem aufsteigend – von dort aus den Mann keineswegs fallend, sondern aufrecht stehend erlebt. Seiner Meinung nach befindet er sich nicht, wie viele Kunsthistoriker behaupten, in schamanisierter Trance und Ekstase, sondern in triumphierender Siegespose. Für NOUGIER ist er deshalb auch kein Schamane, sondern ein erfolgreicher Jäger, der das Wisent niedergezwungen hat, und die Bildbotschaft ein Comic strip nach dem Strickmuster unserer modernen Helden.

Wie ganz anders man die gleiche Szene interpretieren kann, beweist ein Forschungsbericht von Amandus WEISS, und auch mir scheint es kein Zufall zu sein, daß die den Betrachter eigentümlich berührende Darstellung so nahe beim Schacht liegt: Schächte galten von jeher als Eingänge zur Unter- und Todeswelt und standen in eindeutigem Zusammenhang mit dem dreigeteilten Weltbild der Schamanen, auf das an späterer Stelle noch genauer eingegangen werden wird.

WEISS entdeckte rund um das Wisent, den Schamanen und seinen Vogelstab herum mit speziell angefertigten Xeroxkopien des Bildes an verschiedenen Stellen weitere feine Linien und strahlende Kreise, die er als Darstellungen der Sternbilder Deneb, Wega und Atair ausmachte. Danach orientierten sich die Wanderjäger der Altsteinzeit nicht nur nach dem mit bloßem Auge sichtbaren Polarstern, sondern konnten auch die Sonnenwendpunkte, Längen der Jahreszeiten und Mondphasen sowie andere astronomische Konstellationen erkennen und in Symbolformen umsetzen. Die von SCHMEIDLER (Leiter des Instituts für Astronomie und Astrophysik an der Universität München) bestätigten Untersuchungen offenbaren, daß unsere angeblich so primitiven Vorfahren bereits exakt den Sternenhimmel analysierten und ihre Berechnungen in die Bildersprache ihres ›Einweihungstempels‹ LASCAUX einfügten.

Man muß allerdings bei der ganzen Sache berücksichtigen, daß WEISS und SCHMEIDLER an Fotografien und nicht an der Bildwand selbst arbeiteten. Nach Meinung einiger Wissenschaftler hätten sie dabei natürliche Mulden und Risse im Stein überinterpretiert. Dies betrifft allerdings nicht die mögliche Deutung des Vogelstabes als Weiser der Nordrichtung oder sogar als Symbol für den damals so wichtigen Polarstern.

Wir haben es bei den Höhlenbilder malenden CROMAGNON keinesfalls mit sprachlosen Wilden zu tun, mit naiven, stumpfsinnigen Nomaden und Wanderjägern, sondern was sich für uns aufgrund immer neuer Funde und Erkenntnisse allmählich herausstellt, ist die Tatsache, daß wir hier eine ausgereifte Hochkultur vor uns haben, deren Träger z. T. ein größeres und umfassenderes Wissen als die heutigen Menschen besaßen. Diese Aussage wird manchen überraschen, die darin liegende Dimension vielen nicht behagen oder übertrieben vorkommen – ich mache sie aber in vollem Ernst und im Bewußtsein der sich daraus ergebenden Konsequenzen …

Schwülheiße Luft schlägt uns entgegen, als wir nach viel zu kurzem Aufenthalt in der kühlen Höhle zwangsläufig LASCAUX II verlassen. Der Parkplatz des Wallfahrtsortes hat sich inzwischen deutlich geleert. Welche Eindrücke mögen die Besucher von diesem Ort mit nach Hause nehmen, welche Schlüsse aus dem Geschauten ziehen? Nur das Gefühl, uralte Kunst, etwas ganz Besonderes betrachtet zu haben? Zum Abschied werden ein paar Postkarten und Dias gekauft, Souvenirs zu einer längst vergangenen Epoche der Menschheitsgeschichte, die uns Heutigen nicht mehr allzuviel zu sagen hat. Dann werden wohl neue Urlaubsziele angesteuert und planmäßig abgehakt.

Wir aber – in einem seltsamen Zustand der Berührtheit von Zeitlosigkeit – können und wollen nicht gleich wieder zur gewohnten Tagesordnung übergehen. Wir wissen etwas, das dem überwiegenden Teil der LASCAUX-Touristen völlig unbekannt ist, und selbst wenn sie es kennen würden, als nicht sonderlich von Bedeutung vorkäme. Deshalb fahren wir nicht in den betriebsamen Ferienort Montignac zurück, sondern etwa 700 m höher in die Berge hinauf.

Dort liegt ein weiteres Höhlenheiligtum, etwas marktschreierisch als ›Bärenhöhle‹ angepriesen und mit Walt-Disney-artigen Werbeschildern ausgestattet. Aber diese Kultstätte stammt

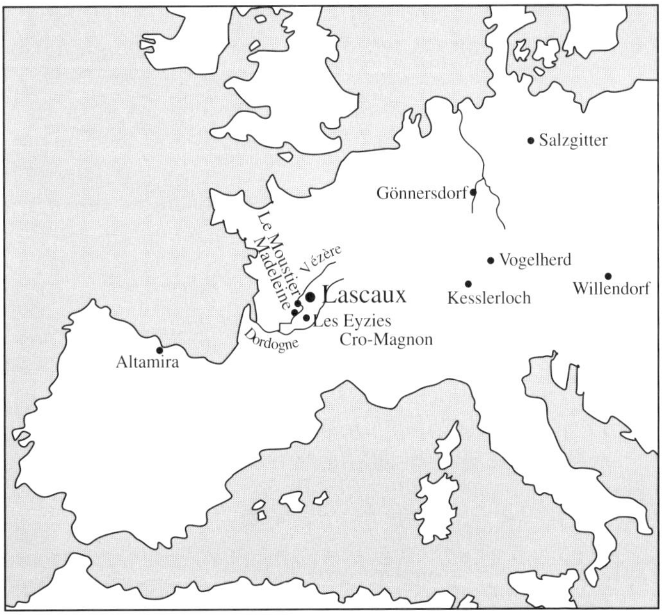

4 Fundorte der Eiszeitkunst

nicht aus der Zeit der CROMAGNON, sondern wurde bereits einige zehntausend Jahre vor LASCAUX genutzt. Eine noch ältere Menschengruppe – die Neandertaler (benannt nach dem ersten Fundort im Neandertal bei Düsseldorf) vollzog hier tief im dunklen Innern der Erde geheimnisvolle Rituale, bei denen ein naher Verwandter des Menschen, ›Bruder Bär‹, eine höchst bedeutsame Rolle spielte. Schädel erlegter Bären wurden dabei in einer Nische zu einem Altar aufgeschichtet. Die sorgfältige Anordnung schließt eine natürliche Entstehung aus und weist darauf hin, daß sie – wie das auch bei anderen ›Bärenhöhlen‹, z. B. des Alpenraums, anzutreffen ist – offenbar einmal im Mittelpunkt religiöser Vorstellungen standen. Die Verehrung solcher Schädel, Bärenkulte mit ritueller Tötung, der Glaube an die übernatürliche Macht von Bären und ihre Achtung als starkes Clan- und Totemzeichen zieht sich als roter Faden durch die frühe Menschheitsgeschichte und hat sich bei einigen Völkern bis in die heutige Zeit hinein gehalten. Der Umgang mit ›Bruder Bär‹ war ein bestimmender Faktor im magischen Weltbild des Vormenschen, seine Ausprägungen sind so interessant und wichtig für die Entstehung unserer Kultur, daß ich diesem Thema ein eigenes Kapitel im Buch widmen möchte.

Was uns an diesem Tag aber besonders beschäftigt, ist die Tatsache, daß hier an diesem Berg bei LASCAUX, lange vor den CROMAGNON bereits ein magischer Platz von Menschen erkannt und zu religiösen Zwecken genutzt wurde, insgesamt vielleicht über einen Zeitraum von 50 000 Jahren hinweg. Als die Höhlenmaler kamen und die Wände und Decken von LASCAUX mit ihren faszinierenden Bildbotschaften ausgestalteten, war der uralte ›Bärentempel‹ weiter oben längst in Vergessenheit geraten.

Wir kennen dieses Phänomen von anderen Orten der Erde: Es ist das typische Erkennungszeichen für ›Plätze der Macht‹, für Zentren mit einer ganz besonderen Art von Faszination und Ausstrahlung. Da bietet sich etwa eine Bergkuppe, ein Felsrücken in Quellennähe als Treffpunkt für die Schamanen wandernder Steinzeitjäger an. Irgendwann später weihen es Kelten, Germanen oder andere Stämme als Heiligtum, errichten einfache Altäre unter freiem Himmel. In der Phase der Christianisierung wird eine Steinkapelle darüber erbaut als sichtbares Zeichen des Sieges über die alte, heidnische Religion. Sie zerfällt, die Ruinenreste verschwinden unter Bewuchs und Grasmatten. Plötzlich in unseren Tagen wird aus unerklärlichen Gründen gerade dieser Ort wieder zum Versammlungsplatz für nach neuer religiöser Sinngebung suchende Menschen, für Neodruiden, Esoteriker und moderne Hexenclubs, ohne daß diesen oft bewußt ist, daß sie sich auf uraltem Religionsterrain befinden – eben auf einem über riesige Zeiträume hinweg wirkenden ›Platz der Macht‹. Die einzige mir einleuchtende Erklärung für solcherart resistent wirkenden Archetypus mag SHELDRAKES Modell der MORPHOLOGISCHEN FELDER sein, das ich im entsprechenden Kapitel unter dem Stichwort IMAGISIERUNG näher vorstellen möchte.

An diesem Abend an der Dordogne stimmt uns der deutliche Zusammenhang zwischen der alten Kulthöhle LASCAUX und der uralten Bärenkulthöhle sehr nachdenklich. Vielleicht haben die CROMAGNON als die damals ›fortschrittlichen‹ Kulturträger die beinahe in Vergessenheit geratene Bärenhöhle ihrer Neandertaler-Vorfahren ebenso andächtig befangen besucht, wie wir heute staunend die Bildwerke von LASCAUX betrachten. Vielleicht war der Ort, von dessen einmaliger religiöser Bedeutung sie kaum noch etwas oder gar nichts mehr wußten, für sie mit einem Tabu umgeben, das sie veranlaßte, nicht mehr das gleiche Höhlenheiligtum zu benutzen, sondern ein neues Zentrum in der Nähe zu errichten. Wir wissen darüber nichts und können nur spekulieren. Daß die frühen Tempel aber stets tief im Innern der Erde, in dunklen, sagenumwobenen Höhlen angelegt wurden, davon können wir ausgehen.

Unsere Annäherung an LASCAUX soll keine Beschreibung und Interpretation der Bildwerke sein, sondern lediglich ein erstes, vorsichtiges Herantasten an das grundsätzliche Phänomen ›Höhle‹. Nun gilt es, sich näher mit dem Archetypus Höhle zu befassen und seine durchaus unterschiedlichen Aspekte einmal unter die Lupe zu nehmen.

Von der Höhle zur Hölle

Ein Gang durch die Unterwelt

Unsere Schulbücher lehrten es noch, und der grobe Unfug hält sich bis heute als hartnäckiges Gerücht: daß unsere Steinzeitvorfahren in Höhlen hausten. An dieser simplifizierenden Fehleinschätzung ist kein wahres Wort. Tatsächlich bevorzugten die Menschen der Vor- und Frühzeit, wie wir heute aufgrund exakter Funde wissen, auf ihren den Wildherden folgenden Wanderzügen das freie Gelände. Dort errichteten sie einfache Laubhütten und später zeltartige Behausungen. Wo sich entsprechende Gegebenheiten anboten, wurden auch Felsüberhänge (Abris) als Unterschlupf vor schlechtem Wetter genutzt. Archäologen in aller Welt haben inzwischen Tausende solcher frühen Wohnsiedlungen ausgegraben. In Höhlen sind Siedlungsplätze selten anzutreffen, und wenn, dann höchstens im vordersten Eingangsbereich, in dem aus Holzstangen und Fellen überdachte Schlafplätze konstruiert wurden. Am Hang vor diesen Höhlen stößt der Forscher dann auf sogenannte ›Kulturschichten‹, in denen man Reste von Feuerstellen, Knochen, Tonscherben, aber auch zerbrochenes Werkzeug vorfindet. Unsere Vorfahren warfen alles wertlos Gewordene nahe der Rastplätze fort, sie lebten sozusagen auf Hausmüll, und die Schichten der Abfallberge legen über ihre Lebensgewohnheiten beredte Zeugnisse ab.

Die Höhlen dienten also nie zum Wohnen, höchstens als ›Kühlräume‹ und Vorratsdepots. Andere wurden als Bergwerke

5, 6 Rekonstruktionen von steinzeitlichen Behausungen bei Gönnersdorf am Rhein

genutzt oder zu Bestattungszwecken und als Orte ausgeprägten Totenkults. Höhlen waren für die Vormenschen unheimliche Orte. Entweder waren sie bereits von Bären besetzt (was eine für den Menschen durchaus gefahrvolle Konkurrenzsituation darstellte und vorsichtige Annäherung abverlangte), oder in ihnen lebten die Geister der Ahnen, böse Dämonen und andere, schwer einschätzbare Naturgewalten. Höhlen waren kalt, glitschig, dunkel und führten oft auf lebensbedrohlichen, von Schächten und Felsstürzen unterbrochenen Wegen tief ins Innere der Erde hinein, man konnte sich in ihnen verirren und war mannigfaltigen Gefahren ausgesetzt. Außerdem führten sie in den Bauch der allmächtigen Urmutter Erde, deren Blut das rote Hämatit, Rotocker und die Adern eisenhaltiger Erdschichten waren. Und diese große, alles dominierende Erdmutter schenkte nicht nur neues Leben aus ihrem Bauch, sie nahm es auch unerbittlich wieder zu sich: Wenn sich der Kreislauf von Geburt und Tod schloß, kehrten die Menschen in ihren Schoß zurück, wurden in Seitenlage mit angezogenen Knien (der sogenannten Embryonalhaltung) bestattet.

Der ›Bauch der Erde‹ war also Ursprung des Lebens und zugleich das Reich der Toten, die Unterwelt, in der sich die Geister der Verstorbenen aufhielten. Wer mochte da also freiwillig in eine Höhle hinabsteigen und sich solchen, womöglich gefährlichen Kontakten aussetzen? Höchstens, daß man einmal – in besonders kalten Wintern – im Eingangsbereich zu wohnen wagte. In die dunklen, angstbesetzten Tiefen stieg nur der Schamane hinab, um als Vermittler zwischen den Menschen und Geistern zu wirken. Es war seine Aufgabe, die Bilder dort zu malen, die ›Kirche‹ mit ›bewußtseinserweiternden‹ Symbolen auszustatten und für die jungen Leute vorzubereiten, die als Initianten unter seiner Anweisung eines Tages mit ihm zur Mutprobe und Einweihung in die Geheimnisse des Unterweltreichs hinabsteigen würden.

Es ist ja noch heute so, daß sich vor allem junge, abenteuerlustige Männer magisch von jeder Höhle angezogen fühlen und zu Entdeckungstouren einsteigen müssen. Dabei hat das unbekannte Dunkel dort nichts von seiner Faszination verloren, das Betreten einer Höhle macht befangen und leise, es ruft heimliches Schaudern hervor, und stets ist man auf der Suche, einen Schatz aufzuspüren. Die Höhle ist ein Archetypus der Menschheitsgeschichte, denken wir nur an Platons Höhlengleichnis, an die noch heute praktizierten Mutproben naturnaher Ethnien, an die Tendenz der MEGALITHKULTUREN, aus großen Steinblöcken künstliche Höhlen (DOLMEN) nachzuformen. Aber auch an die Höhlenfriedhöfe in aller Welt (der berühmteste ist wohl das ›Tal der Könige‹ in Ägypten), die Katakomben der frühen Christen, die zugleich als Versammlungsort dienten und mancherorts (z. B. im türkischen KAPPADOKIEN) zu regelrechten unterirdischen Städten ausgebaut wurden, an das Labyrinth auf Kreta, das Hypogäum auf Malta, an die Eskapaden der ›Kanalläufer‹ und ›Gruftis‹ in europäischen Großstädten. In jedem Fall paaren sich dabei Todesnähe und Überlebenswille, Friedhof, Einweihungstempel, geheimer Versammlungsort und Mutprobe zu einem durchaus ambivalenten Bedeutungsmuster, das man in seiner Dualität modern ausgedrückt als ›ganzheitlich‹ bezeichnen könnte. Der Gang durch die Unterwelt wird zur Reise in die Tiefen des eigenen Ichs, wie es der Schweizer Tiefenpsychologe C. G. JUNG einmal ausdrückte, zur Erfahrung des Zentrums, und die Rückkehr dem Sinnspruch »stirb und werde« getreu zum Erlebnis der Wiedergeburt.

Ich bin einmal mit zwei Freunden in der Provence in ein Höhlensystem vorgedrungen, das uns auf Anhieb als »Feengrotte« vorkam. Wir waren schlecht ausgerüstet und leichtsinnig, trugen keine Helme, hatten kein Seil und nur eine einzige Lampe. Nach dem Passieren eines Stollens erreichten wir eine geräumige Halle, von der sechs Gänge in verschiedene Richtungen abzweigten. Wir versuchten, uns die Gegebenheiten genau einzuprägen und markierten die Wände, um zunächst einen dieser Gänge auszuprobieren. Nach einiger Zeit wurde er immer enger und ließ sich schließlich nur noch auf dem Bauch kriechend passieren. Nach etwa 100 m mündete der Tunnel in einer weiteren Halle, die erneut ein Weiterkommen in diverse

Richtungen offerierte. Noch bevor wir markieren und uns für eine entscheiden konnten, passierte das Mißgeschick: Einer von uns rutschte auf dem glitschigen Boden aus und zerschlug im Fallen die Lampe. Schlagartig erfaßte uns Panik. Wir hockten in der Dunkelheit und hörten das Klopfen unserer Herzen so laut wie Trommeln. Die bange Frage beschlich uns: Würden wir jemals aus dieser Tiefe heraus den Rückweg finden?

Der Freund, den wir Biber nannten (nomen est omen!) erkannte blitzschnell die fatale Lage und versuchte, das beste aus ihr zu machen. Er forderte uns auf, uns still hinzusetzen, ruhig zu atmen und die einmalige Chance zu nutzen, nun im Bauch der Erde zu meditieren. Das taten wir auch und wurden nach einer Weile seltsam ruhig. Dann machten wir uns an den Rückweg, krochen auf allen Vieren, tasteten uns vorsichtig die Wände entlang. Wir brauchten etwa 100 Jahre für die 100 m im Tunnel. Schließlich stießen wir in der großen Halle sogar auf den richtigen Ausgang. Schemenhaft graues Licht schlug uns entgegen und schließlich – auf den letzten Metern – blendende Helle. Ich kann nicht in Worte fassen, was wir beim Anblick der Sonne empfanden, ich erinnere mich nur, daß ich stark an meine eigene Geburt denken mußte, als ich auf die Knie fiel, um dankbar die Sonne, das Licht, die Wärme, das Leben zu begrüßen. An diesem Tag verzichteten wir auf weitere Abenteuer und feierten gemeinsam unseren Geburtstag.

In den Mythen- und Religionsgeschichten der Menschheit werden ganz ähnliche Phänomene beschrieben: Da gibt es den heiligen Tempelschlaf in unterirdischen Nischen, in Sarkophagen und Särgen, das Wiedergeburtserlebnis in Kulten, speziellen Zeremonien bis hin zum Psychologen auf der Couch, die Eleusinischen Spiele mit und ohne Drogenverstärkung, Hypnose und Trancereisen, wie sie als Standardrepertoire bei Schamanen in aller Welt noch immer praktiziert werden.

Sprachwissenschaftlich betrachtet, stammen die Worte Höhle und Hölle übrigens aus ein und derselben Wurzel. Die Germanen verehrten und fürchteten die Erd-, Fruchtbarkeits- und Todesgöttin Hel. Ihr Reich war die Unterwelt, die Welt der Verstorbenen und der noch nicht geborenen Seelen. Auch der Begriff Walhal oder Walhalla weist auf diesen Sinnzusammenhang hin – nach Walhal zogen die Seelen der in der Schlacht gefallenen Krieger, und es gab Zeiten im Jahr, die sogenannten ›Rauhnächte‹, da mußten die Menschen zu Hause bleiben und ihre Türen fest verriegeln, weil das wilde Heer (Wodans wilde Jagd) unterwegs war. Unsere christlichen Feiertage Allerseelen und der Totensonntag erinnern noch deutlich an diese Vorstellung. Hel war aber nicht nur die alte Erdmutter und große Göttin, sondern zugleich auch ein Synonym für ihr unterirdisches Totenreich. Noch das Mittelalter kannte den Begriff ›den Hel-Weg reiten‹ bzw. ›den Hel-Weg fahren‹, womit man den Weg meinte, den der Leichenzug nahm. Wenn wir heute als davon abgeleitetes Idiom »zur Hölle fahren« sagen, wünschen wir jemandem den Tod.

Wie kam es aber nun vom Totenreich Hel zum Begriff Hölle? In der Zeit heftiger Christianisierung wurde die alte Erdmutter von einer patriarchalisch orientierten Gottesvorstellung verdrängt. Frau Hel oder Frau Holle (unter diesem Namen lebte die ›gestürzte Göttin‹ – wie RÜTTNER-COVA sie nennt – im Märchen und Volksglauben weiter) wurde ins dunkle Erdreich zurückgedrängt, ihr Wesen auf die düstere, böse Seite als Vernichterin reduziert. In der von den Christen mit vielerlei Schrecken dämonisierten Hölle saß nun die alte Erdmutter des heidnischen Glaubens als ›des Teufels Großmutter‹ und war von nun an ausschließlich für die Schattenseite des Lebens zuständig, während die andere, lichte Hälfte ihrer Person zur tugendhaft reinen Mutter Maria avancierte. Die holde, huldvolle Frau und die Un-Holdin wurden in einem Akt angewandter Schizophrenie aus der ursprünglichen Ganzheit der großen Erdmutter herauspolarisiert. Frau Holle war von nun an für Schadenszauber, Unwetter (Schneeflocken aus den Betten schütteln) und das Erschrecken von verirrten Wanderern zuständig (als Frau Berchta, Kornmuhme, bis hin zum Prototyp der bösen Hexe). Die ursprünglich auch lebenspendende Seite ihres Wesens äußerte sich nur noch im Märchen, in dem Frau

Holle die neugeborenen Kinder aus dem Froschteich holt und von ihrem Gehilfen, dem Storch, zu den Menschen tragen läßt.

Höhle, Hel, Hölle, Walhalla, Frau Holle bedeuteten also früher durchaus das gleiche. In dem Archetypus schlummern noch die steinzeitlichen Vorstellungen vom Charakter der großen Ur- und Erdmutter, was der Archäologe, Märchen- und Mythenforscher BLEICHER sehr eindrucksvoll an vorzeitlichen Kulthöhlen nachweisen konnte.

Ein Besuch bei Frau Hel in der Höhle/Hölle berührt also immer Leben und Tod, ein Eintauchen in ihre Welt stellt eine Mutprobe und bewußtseinserweiternde Einweihung in den ganzheitlichen Zyklus von Geborenwerden und Sterben dar. Aus diesem Blickwinkel gesehen, ergeben die in der Unterwelt verborgenen Höhlenmalereien plötzlich einen beeindruckenden und gut nachvollziehbaren Sinn: Es handelt sich um ein mit Texten ergänztes Bilderbuch der Einweihungssprache.

Um welcherart Initiationen handelt es sich bei den Gemälden in Eiszeithöhlen? Der österreichische Höhlenforscher KUSCH bietet dazu eine systematische Untergliederung an. Er nennt Jagd-, Fruchtbarkeits-, Totenkult und Opferplätze für die Ahnen. All diese Möglichkeiten religiösen Handelns widersprechen sich nicht, sondern ergänzen sich vielmehr. Der Prähistoriker OZOLS vertritt aufgrund weltweiter ethnologischer Studien und Analysen die Meinung, daß die ausgemalten Kulthöhlen als Unterwelten aufgefaßt werden können, wobei die dargestellten Tiere Tiergeister sind, die über die jeweiligen Tiergattungen wachen und dem Jäger das nötige Wild schenken. Die große Erdmutter ist also die Herrin der Tiere und aller Geister, sie sorgt – wenn sich der Schamane ihr ehrerbietig opfernd nähert – für Fleisch, Ernährung, Fruchtbarkeit im weitesten Sinne, und in ihr schließt sich der Zyklus, wenn es um die Seelen der Verstorbenen (auch der getöteten Jagdtiere) geht. Der Schamane hat Zugang zu ihrer Welt, nur er darf dort die magischen Bildwerke schaffen, und allein im Schutz seiner Begleitung dürfen Eingeweihte die Unterweltkirchen betreten, um die gemalten Reliquien zu sehen, die keinesfalls profane Abbildungen, sondern an den Fels gebannte Tierseelen sind. Und manche von ihnen sind so mächtige Geister, daß niemand außer dem Schamanen sie sehen darf. KÜHN beschrieb ein solches Bild, das tief verborgen in einer Nische der Grotte von Le Combel entdeckt wurde, einmal so:

> »Es ist ein rätselhaftes Bild. Ich erkenne ein vierfüßiges Tier ohne Kopf und darüber das Bild eines Zaubertieres, eines Tieres, das unwirklich ist. Es hat ein Horn wie ein Nashorn und über dem Kopf etwas wie eine Krone, Zacken, die nach oben stehen. Niemand außer dem Maler, dem Zauberer, Priester, hat dieses Bild gesehen. Es war niemals für eine Gruppe, eine Gemeinde bestimmt. Es liegt an tiefster Stelle der Höhle, versteckt, verborgen, verhüllt – das Geheimnis.«

Ähnlich phantastische und befremdend wirkende Tiergestalten gibt es auch in anderen Höhlen. Das seltsame ›Einhorn‹ von LASCAUX zählt dazu und Wesen, die unseren Träumen entstiegen zu sein scheinen. Ebenso Figuren, die halb Tier halb Mensch sind und offenbar maskentragende, gespenstisch verkleidete Schamanen oder auch Geister darstellen sollen. Was sie wirklich bedeuten, können wir nur erahnen, denn uns fehlen die letzten, entscheidenden Schlüssel zur Dekodierung der Vorzeitsprache. Meines Erachtens sind diese Schlüssel aber nicht verloren, wir tragen sie nur in tiefen Schichten unseres Gedächtnisses verborgen. Eines Tages wird es sicher möglich sein, mit ihrer Hilfe die vergessenen Kammern in uns zu öffnen.

In diesem magischen Weltbild spielen die Archetypen, die uralten Menschheitsbilder und -prägungen, eine wichtige Rolle, z. B. der Archetypus Wasser – oft poetisch als ›Wasser des Lebens‹ bezeichnet. Es wurde bei der Erforschung der Felsbildkunst und Höhlenmalerei zwar immer erahnt, weil die Zusammenhänge vielerorts deutlich zutage treten, jedoch selten ihrer Bedeutung entsprechend gewürdigt. Es lohnt sich, einmal tiefer in den Themenkomplex ›Wasser des Lebens‹ einzutauchen.

Wasser des Lebens

Mythen rund um die Quelle

Ich stehe in einer der größten Höhlen der Welt, der Cueva de los Verdes auf der Kanareninsel Lanzarote. Die Höhle ist etwa 7 km lang, wovon 2 km touristisch begehbar sind. In diesem Teil befindet sich ein von Cesar Manrique erbautes Restaurant, ein Schwimmbad, eine Diskothek und ein mehr als 1 000 Personen fassender Konzertsaal. Karajan und andere berühmte Dirigenten sind hier bereits aufgetreten und haben die herrliche Akustik gerühmt. Als die Insel zwischen 1730 und 1736 von schweren Vulkanausbrüchen heimgesucht wurde, die weite Teile unter Lavaströmen und Ascheauswürfen begruben, flüchtete die gesamte Bevölkerung in die Cueva de los Verdes, die grüne Höhle, und hauste jahrelang unter der Erde. Was mich im Moment aber am meisten fasziniert, ist der flache See, in dem sich das Eingangstor spiegelt und dadurch die optische Täuschung einer vollendeten Ellipse entstehen läßt. Stumm wie bei einer Prozession pilgern die Besucher vorbei, bleiben nachdenklich stehen und werfen Münzen ins Wasser. Mit diesem kleinen Opfer sollen offenbar die Geister der Unterwelt wohlgesonnen für die stillen Wünsche gestimmt werden. Wir kennen die Handlung von unzähligen Brunnen, Seen und Wasserstellen in aller Welt, es ist eine archetypische Handlung.

In den berühmten Quellhöhlen Cueva de la Zarza und Cueva de la Zarzita auf der Insel La Palma hat man keine Münzen oder andere Wertgegenstände gefunden, dafür aber die interes-

7 Die sogenannte ›Urmutter‹ der Fuente de la Zarza, La Palma, Kanarische Inseln

8 Petroglyphen an der Fuente de la Zarza. Zwischen den Felsgravuren Kritzeleien von Touristen

santesten Felsgravuren der sagenumwobenen altkanarischen GUANCHEN-Kultur. Bei den Dreharbeiten zu meinem Terra-X-Film »Die Inseln des Drachenbaums – magische Plätze auf den Kanaren« entdeckte ich dort außer einer Vielzahl an Spiralen, konzentrischen Kreisen und labyrinthartig ausufernden Figurationen auch Darstellungen einer Urmutter mit Glockenrock und insektenhaftem Kopf, das Profil eines an Mayafürsten erinnernden Mannes mit Federhelm und eine menschliche Figur, die paddelnd in einem Schilfboot sitzt, sowie eine Art aus dem Felsen geschlagenen Altar mit Nischen für Opfergaben. Die interessanten Felsbildstationen Zarza und Zarzita stehen – wie übrigens fast alle Orte mit Felsgravuren auf den Kanaren – in engem Zusammenhang mit einem uralten Quellen- und Wasserkult. Ein alter Hirte sagte mir einmal dazu: »Nicht überall gibt es Felsgravuren, aber dort, wo sie sind, da ist auch Wasser …«

Auf der als Crap Carschenna bekannten Felskante über Thusis im schweizerischen Graubünden finden wir die gleichen

9 Steinzeitliche Gravuren an der Quelle von Crap Carschenna bei Thusis, Schweiz

konzentrischen Kreise, Spiralen, Schalen und Näpfchen wieder, als seien sie von ein und derselben Person gefertigt. Als wir vor Ort mit Institutsmitarbeitern Fotos und Abreibungen der Felsgravuren machten, stießen wir an der berühmten und vieldiskutierten Bildplatte II auf eine vulvenähnliche glatte Mulde (natürlicher Schrund im Gletscherschliff) mit exakter Ost-West-Ausrichtung, die auf eine inzwischen im Sommer versiegte Quelle am westlichen Rand des Felsens weist. Die Sonne wandert im Laufe des Tages über die vielfältigen Motive der Bildplatte und bescheint erst gegen Abend die schattige Wasserstelle. Seltsamerweise wird diese Quelle und ihre auffallend exponierte Lage in der Fachliteratur nirgends erwähnt, obwohl gerade sie der Schlüssel zu den Felsbildern von Carschenna sein dürfte.

Auf die gleichen Felsgravuren stoßen wir wieder in Irland und dies in einem so offensichtlichen Zusammenhang mit kultischer Nutzung, daß es uns den Atem verschlägt: Der Endstein im Innern der großen DOLMEN-Kammer Cairn L (bei Lough

10 Petroglyphen im Tempelheiligtum von Gavrinis, Bretagne

Crew, County Meath) ist über und über mit Wellenkreissymbolen ›tätowiert‹. Vor dem Allerheiligsten des DOLMENS ruht eine monolithische Wasserschale, in der sich einst die Kreisringe des Steins gespiegelt haben müssen. Nichts Ungewöhnliches für die irisch-englische MEGALITHKULTUR, solche Wasserschalen haben sich einst in vielen DOLMEN-Kammern der Inseln befunden, wie archäologische Zeichnungen und Lithographien des vorigen Jahrhunderts beweisen.

Es wundert uns nicht, daß wir in der Bretagne, genauer: im zentralen Tempelheiligtum von Gavrinis auf der kleinen gleichnamigen Insel im Golf von Morbihan, wieder auf fast identische Gravuren stoßen. Die wellenartigen ›Daumenabdrücke von Riesen‹ – wie sie ein Archäologe spaßig nannte – verzieren alle Bildsteine der geräumigen Kammer und sehen aus, als hätten sie als Vorlage zu den Felsgravuren der Fuente de la Zarza und Zarzita gedient. Wie kommt es, daß gerade dieses Motiv so stereotyp die Formensprache der MEGALITHKULTUR durchzieht? Ähnliche Wandbilder hatten wir aber auch schon in französischen und spanischen Steinzeithöhlen gesehen.

Und dann treffen wir den gleichen Archetypus in christlichen Kapellen und Kirchen wieder: Gleich beim Eingang befinden sich kleine, mit Wasser gefüllte Monolithen, griffbereit in Handhöhe in die Wände eingelassen. Unter dem Namen Weihwasserbecken sind sie besser bekannt.

In der Vorstellung der australischen Aborigines verkörpern die seltsamen Wesen ihrer Felsmalereien wasser- und lebenspendende Geister. Die Bilder wirken nur segenbringend, wenn sie immer wieder nachgemalt und aufgefrischt werden, erst dann werden sie von den weit entfernt lebenden Geistern erkannt und angeflogen. Sie kommen mit den Wolken und regnen sich genau dort ab, wo sie gebraucht, verehrt und erwartet werden.

Man könnte die Schilderungen endlos fortsetzen und Tausende von weiteren Beispielen nennen, die einen Zusammenhang von Höhlen, Felsbildern oder -gravuren und Wasserkult aufweisen. Die Vorstellungen, die um das ›Wasser des Lebens‹ kreisen, sind auf allen Kontinenten und in allen Kulturkreisen bekannt; man müßte schon blind sein, um den außergewöhnlich starken und präsenten Archetypus ›Wasser‹ nicht zu erkennen. Der erste Wissenschaftler, der explizit auf diese Bedeutung im Kontext zu den Mysterien um Tod und Wiedergeburt hinwies, war BIEDERMANN. Wie alle genialen Gedanken ist auch seine Idee verblüffend einfach: Die Spirale, die konzentrischen Ringe und Wellenkreise sind Symbole für die Überwindung des Todes. Für ihn sind sie die Symbole der MEGALITHKULTUR schlechthin, für die er in seinem Werk eine beeindruckende Fülle von Beispielen anführt. Doch der Archetypus reicht weiter bis in die Eiszeit zurück.

KUSCH weist darauf hin, daß Wasser seit Anbeginn der Menschheitsgeschichte zu den bedeutendsten und lebenswichtigen Nährstoffen unserer Erde zählte. Einen Großteil seiner Zeit verbrachte der Mensch mit dem Aufspüren von frischem

Trinkwasser sowie mit dem Sichern und Pflegen von Wasserstellen. Wir müssen schlagartig an eine der Schlüsselstellen in Kubricks monumentalem Filmwerk »2001 – Odyssee im Weltraum« denken, die den Beginn kriegerischer Konflikte zwischen zwei Menschengruppen im Kampf um den Besitz einer Wasserstelle zeigt.

Nach KUSCH stand der überwiegende Teil der uns heute bekannten Höhlen, die weltweit von Menschen der Altsteinzeit aufgesucht wurden, in engem Zusammenhang mit Wasser. Aus der ursprünglich reinen Nutzfunktion wurde im Laufe der Zeit eine Mystifizierung der unterirdischen, das ›Wasser des Lebens‹ spendenden Orte. Weit über 90 Prozent aller bemalten Höhlen im franko-kantabrischen Raum weisen noch heute Wasseransammlungen auf. Die wohl bekannteste – wenn auch nicht mit Bildern ausgestattete, aber nachweislich seit der Altsteinzeit aufgesuchte – Höhle in den Pyrenäen ist LOURDES, deren Wasser bis zum heutigen Tag heilsame Kräfte nachgesagt werden. Es verwundert daher auch nicht, daß ausgerechnet dort die alte Ur- und Erdmutter im christianisierten Gewand als Muttergottheit Maria wieder auftaucht.

In den Fachbüchern über Höhlenmalerei wird der Hinweis auf Quellen oder andere Wasseransammlungen sträflich vernachlässigt, was auch nicht damit entschuldigt werden kann, daß inzwischen viele der Wasser- und Sinterbecken ausgetrocknet sind. Ihre ursprünglichen Ausdehnungen sind nämlich an den Wänden noch sehr gut als Wasserstandsmarken abzulesen. Eine noch deutlichere Sprache sprechen diese im Zusammenhang mit der Höhlenmalerei. KUSCH untersuchte systematisch französische Höhlen und stellte dabei fest, daß die Symbole und Zeichen an den Wänden in einer Zeit entstanden sein müssen, als die heute ausgetrockneten Becken noch mit Wasser gefüllt waren. Etwa in NIAUX bekamen einige in Kniehöhe gemalte Bilder Wasserspritzer ab und verwischten entsprechend. Der Farbauftrag der Gemälde muß also frisch gewesen sein. In GARGAS, das wegen seiner vielen gesprühten Handmotive von besonderer Bedeutung für die Forschung ist, ist bei der Herstellung der Handbilder Farbpulver auf die einstmals vorhandene Wasseroberfläche gefallen und hat sich entlang der Wasserstandsmarken sichtbar abgelagert.

Man hat aus der Zeit des Neolithikums zahlreiche Scherben von Keramikgefäßen und sogar völlig erhaltene Krüge gefunden, die eindeutig nicht zu Bestattungszwecken oder als Grabbeigabe verwendet wurden. Da solche Funde stets in der Nähe von Quell- oder Sickerwasser gemacht wurden, können sie als ein weiterer Beweis für die Nutzung von Höhlen als Trinkwasserreservoir gelten. Noch häufiger sind die Funde von Scherben, aber auch von Opfergaben wie Tonidolen, Schmuck und später auch Gegenständen aus Metall in wassergefüllten Felsschächten und Brunnen. Allein über diese Fundstücke und die vielen Sagen und Märchen, die sich um solche Orte ranken, zu schreiben, würde mehrere Bücher füllen.

Auf den Frau-Holle-Mythos und ihre Schirmherrschaft über Quellen, Brunnen und Teiche, aus denen neues Leben entsteht (die Babys aus dem Froschteich) bzw. an und in denen Initiationsriten stattfanden (RÜTTNER-COVA, DREVERMANN u. a.), habe ich bereits hingewiesen. Wasser als lebenspendendes Elixier und Vehikel zur Bewußtseinserweiterung (die Chinesen beschreiben Erfahrung machen mit ›das große Wasser durchqueren‹) manifestiert sich in der Menschheitsgeschichte mit solcher Präsenz, daß man es getrost als eines der Hauptattribute der großen Erdgöttin bezeichnen kann. Aber entsprechend der ursprünglichen Ganzheit ihres Wesens zeigt sich der Archetypus in mannigfaltigen Facetten: In der griechischen Mythologie bestand als Ambivalent das ›Wasser des Todes‹ (Styx), über das der Fährmann und Schamane Charon die Verstorbenen in die Unterwelt übersetzte. Weihwasser, Taufwasser, das frühchristliche Untertauchen des ganzen Körpers und die letzte Ölung dürfen als Synonym für Wiedergeburt gelten. So gesehen verkörpert das Wasser alle vier Formen des Lebens: Geburt, Erkenntnis, Tod und Wiedergeburt.

Doch beschränken wir uns auf das Thema unseres Buches, die magische Welt der eis- und steinzeitlichen Höhlenmaler.

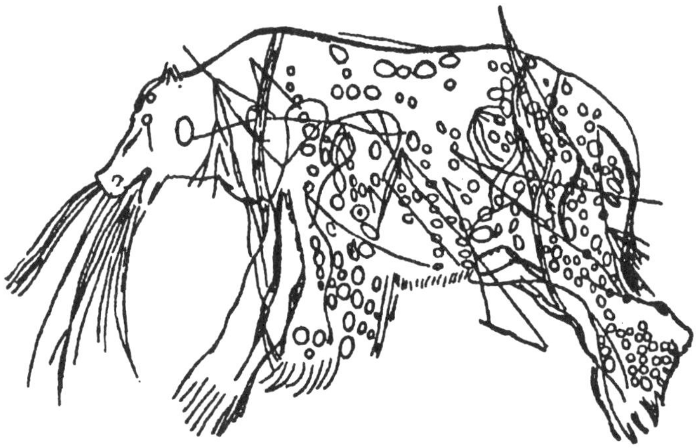

11 Darstellung eines angeschossenen, stark blutenden Bären, Felsgravur in der Höhle von TROIS FRERES, Südfrankreich

Wir stellen fest, daß Höhlen und Quellen und am besten die Kombination aus beidem als mystische Orte der Entstehung von Leben, als Totenreich und Möglichkeit zur Wiedergeburt angesehen wurden, als Horte der Tierseelen, der Fruchtbarkeit und Beschwörung des Todes. Der beste nur denkbare Platz also für eine Schamanin, einen Schamanen, ihn zum Erkenntnisgewinn über die tiefen Geheimnisse und Gesetzmäßigkeiten der Natur für Schüler zu nutzen. Vielleicht durchliefen alle Menschen der damaligen Zeit eine solche Schule, wurden in Höhlenheiligtümern eingeweiht und erhielten auf diese Weise ein ganzheitlich orientiertes Bewußtsein, an dem es dem heutigen Menschen vielfach mangelt, wenn nicht sogar das Wissen darum völlig verkümmert ist. Trifft das zu, so weist dies auf das Dilemma der modernen Interpretationsversuche hin, die zwangsläufig oberflächlich und fragmentarisch bleiben müssen. Nähern wir uns den Rätseln der Vorzeit aus einer solchermaßen reduzierten Perspektive, so haben wir uns von Platons stellvertretend für das Erkennen von Wirklichkeit stehender Höhlenparabel keinen Millimeter entfernt, werden die Lehrbücher über die Vorzeit so kindisch bleiben wie Fotobände über ein kunterbuntes Disneyland. Akzeptieren wir aber den völlig anderen Denkansatz der steinzeitlichen CROMAGNON und aller sogenannter naiver Jäger- und Sammlerkulturen auf dieser Erde, so weicht allmählich der Schleier vor den mysteriösen Erscheinungsformen ihrer Kultur, die sich plastisch und nachvollziehbar in der frühen Höhlenmalerei präsentiert. Dann begreifen wir plötzlich, warum die dargestellten Tiere stets so seltsam ohne malerischen Horizont an den Wänden schweben: Die Tierseelen entsteigen dem Wasser, sie beginnen zu leben, ihre Körper streben der Oberwelt zu, um sich dort als reale Lebewesen zu manifestieren. Die meisten Tierbilder in der Höhlenkunst sind übrigens lebensecht und unversehrt dargestellt, nahezu 90 Prozent der Darstellungen weisen keinerlei Bezug zur Jagd auf, nur wenige besitzen Wunden oder Markierungen, die als Einschußlöcher von Speeren und Pfeilen gedeutet werden können. Bereits LEROI-GOURHAN zweifelte deshalb erheblich an der Hypothese des Jagdzaubers, und BIEDERMANN machte zu Recht darauf aufmerksam, daß in der Regel nicht das jagbare Wild der damaligen Zeit sondern ganz andere Tiere dargestellt wurden. Das Ren, das tatsächlich in der Hauptsache Ernährungsgrundlage war, ist in der Höhlenmalerei signifikant unterrepräsentiert. Jagd und Ernährung können also nur ein Aspekt der Höhlenkunst gewesen sein, ein anderer ist wohl das Bannen von besonderen Tierwesen, die in bezug auf Tierahnen und totemistisches Clandenken gedeutet werden müssen. Vergessen wir nicht, daß die Menschen der Steinzeit noch stark mit der Natur im Einklang standen. Für sie waren Tiere keine nützlichen, zu bloßen Fleischlieferanten reduzierte Gegenstände, sondern nahe Verwandte, wenn nicht gar ihre Vorfahren, mit denen sie achtsam umgingen und deren Geister und Seelen sie verehrten. Das magische Weltbild der Höhlenmaler kann durchaus nach heutigen Maßstäben als ökologisch bewußt beschrieben werden, ganz sicher war es nicht so rücksichtslos egozentrisch, menschenbezogen und ausbeuterisch wie es heute üblich geworden ist! Der CROMAGNON ging behutsam mit den natürlichen Ressourcen um, für ihn war die ganze Natur um ihn herum belebt und beseelt, deshalb achtete er sie. Er machte sie sich noch nicht untertan, sondern faßte sie als Teil einer Ganzheit auf, die Bewußtsein besaß und den gleichen Bedingungen wie er selbst unterlag.

Es ist übrigens auffällig, wie wenig Menschendarstellungen es in der Höhlenkunst gibt, und wenn, dann handelt es sich offenbar nicht um real existierende Wesen, schon gar nicht um die Selbstbespiegelung in Porträts, sondern um Symbolbilder mit komplexer Bedeutung und Botschaft: Die große Urmutter, die eindrucksvoll die Fruchtbarkeit an sich verkörpert, der Schamane, der sich dem Tier verwandt und in seiner Erscheinung ihm ähnelnd, in Felle und Masken hüllt. Am deutlichsten wird dieser der Bannmalerei zugrunde liegende Aspekt beim Umgang und bei der Darstellung eines von seinem Habitus und seinem Verhalten her sehr nahen Verwandten des Menschen, dem Bären.

Bruder Bär

Animalismus, Totemismus und Clandenken als Wurzeln der Religion

In bezug auf nutzbare Höhlen war der Bär der wichtigste Konkurrent des Menschen. Bären markieren mit Kratzspuren ihr Revier. Wo der Mensch auf solche Spuren stieß, mußte er auf der Hut sein, denn sie konnten für ihn eine tödliche Gefahr bedeuten. Wir finden mancherorts Krallenspuren von Höhlenbären, so z. B. in der Drachenhöhle bei Mixnitz (Steiermark) und in der Drachenloch-Höhle oberhalb des Dorfes Vättis im schweizerischen Tamina-Calfeisental. Das Alter der Spuren wird auf etwa 70 000 Jahre geschätzt. In dieser Zeit müssen bereits Vorzeitmenschen der Neandertalergruppe in den Sommermonaten auf gut 2 500 m Höhe aufgestiegen sein, um Bären zu jagen, denn es wurden deutliche Zeichen ihrer Anwesenheit entdeckt: poliertes Knochenwerkzeug, aufgestapelte Bärenschädel und Langknochen (wie bei LASCAUX) sowie Hüftgelenkpfannen von Bären, die als Näpfe, Trinkschalen oder Öllampen gedient haben mögen.

Noch deutlicher manifestiert sich das Zusammentreffen von Mensch und Bär dort, wo sich ihre Spuren zusammen auf einer Lehmwand befinden. BREUIL, OBERMAIER u. a. entdeckten sie in der Grotte Bétharran bei LOURDES, in der Höhle von ALTAMIRA und anderen Orten und lenkten den Blick auf ein sehr interessantes Phänomen. Ganz offensichtlich ahmte der Mensch nämlich an diesen Plätzen das arttypische Verhalten von Bären nach und markierte auf gleiche Weise die Wände, als wollte er damit nun seinerseits den neuen Besitzanspruch auf die Höhle dokumentieren. Die etwa 50 000 bis 55 000 Jahre alten, MAKKARONI genannten Fingerritzungen sind wohl die älteste Darstellungstechnik in der Höhlenkunst überhaupt. Sie ahmen Krallenspuren nach, unterscheiden sich aber deutlich von denen eines Tieres, denn aus den meisten, in sich verschlungenen Linien wachsen erkennbare Muster und sogar Bildmotive heraus: Mäander, konzentrische Kreise, ja sogar der höchst naturalistisch dargestellte Kopf eines Moschusochsen. In der französischen Höhle PECH-MERLE erkennen wir die Rückenlinie mit

12 Ca. 70 000 Jahre alte Kratzspuren von Höhlenbären in der Drachenhöhle bei Mixnitz, Steiermark, Österreich

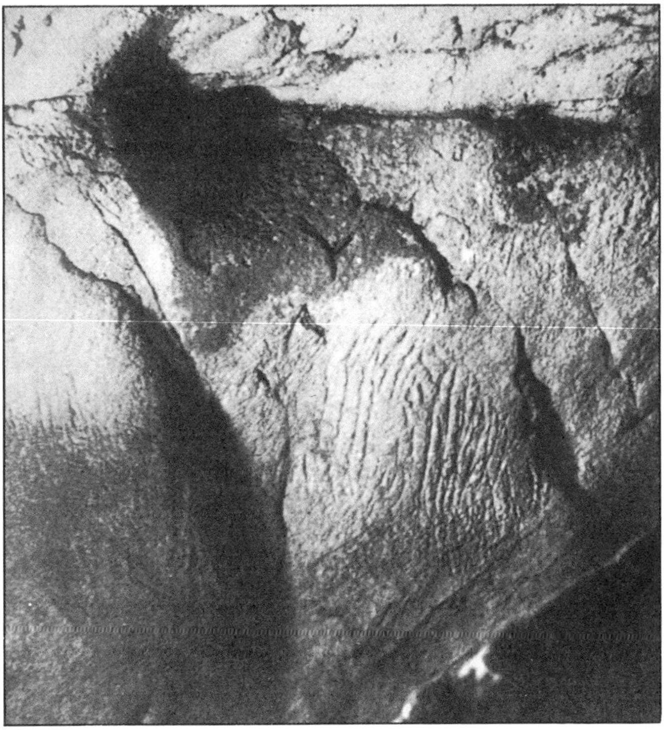

13 Blick aus der Drachen-loch-Höhle, Tamina-Calfeisental, Schweiz

dem typischen Schulterhöcker eines Mammuts und weibliche Gestalten mit herabhängenden Brüsten. Die MAKKARONI in der Grotte La Baume-Latrone und der südspanischen Höhle La Pileta (bei Malaga) dagegen lassen keinerlei Figurationen erkennen und verdienen ihren scherzhaft verliehenen Namen zu Recht, wenn man sie nicht wieder einmal mit Wasser- und Quellensymbolen in Verbindung bringt. BAHN wies auf den Zusammenhang von MAKKARONI und stets in der Nähe vorhandenen Heilquellen hin. Andere Wissenschaftler (z. B. MIRIMANOV, WINDELS, BIEDERMANN) halten sie für ›beschwingte, musikalische‹ Zeichen, die möglicherweise beim Ritual gestisch abgetastet oder nachgetanzt wurden. Jedenfalls sind solche Verwendungszwecke bei australischen Medizinmännern beobachtet worden und werfen vielleicht ein ganz neues Schlaglicht auf die Debatte.

FÖLDES-PAPP meint, daß der allererste Nachahmungstrieb unmittelbar nach seinem Entstehen in den Dienst magischer Kulthandlungen einbezogen worden sein muß. Ich möchte noch weitergehen und behaupten: Die ›MAKKARONI-Zeichnungen‹ selbst waren der Kult, mit diesen magischen Zeichen wurde der Platz erobert und ›gereinigt‹, das Revier gekennzeichnet und als solches für jeden Neuankömmling tabuisiert.

Und aus den ersten, uralten Felsritzungen tauchen bereits Tierseelen auf – nicht etwa die des getöteten Bären, sondern anderer Tierwesen. Möglicherweise gehörten ihre Schöpfer zum Clan des Moschusochsen, des Mammuts usw. Die Identifizierung mit einer einzelnen, besonderen Tierart gehört zum typischen Vorstellungsmodell jedes naturnahen Volkes und ist noch heute bei Indianern, Aborigines, Stämmen auf allen Kontinenten üblich. Auch die ägyptische Götterwelt entspringt solchem Denken. Die frühen Hirtennomaden am Nil unterschieden sich durch Tierclansymbole wie Krokodil, Geier, Schlange, Widder, Stier usw., die sie als Amulett und Totemzeichen trugen und auf einfachen Holzstangen (Tierkopfstäbe, Totempfähle) im Lager aufstellten und verehrten. Später entstanden aus diesem Ritus die einzelnen, noch den Namen des jeweiligen Totemtieres tragenden Gaue, aus denen sich wieder später die tierköpfigen, aber bereits menschengestaltigen Statuen des ägyptischen Götterhimmels entwickelten. Ein später Abglanz dieser uralten Vorstellungen findet sich bei den zwölf Tierkreiszeichen, mit denen sich selbst modern eingestellte Menschen unserer Tage noch heftig identifizieren. Die Archetypen leben munter unter der Oberfläche weiter.

Doch zurück zu unseren Höhlenbären. Studien bei sibirischen Völkern wie sie LISSNER, ELIADE u. a. betrieben haben, zeigen deutlich, wie stark ANIMALISMUS, TOTEMISMUS und Clandenken dort zu Hause waren und noch immer praktiziert werden. Neben Hirsch, Elch, Ren, Adler, Rabe, Wolf, Tiger und anderen Tieren der Taiga und Tundra genießt der Bär die größte Bedeutung. Er ist ein sehr naher Verwandter des Menschen, der Gevatter, der Bruder, weil er sich oft menschenähnlich auf zwei Beinen bewegt, er ist der Mittler zwischen den Menschen und dem ›Herrn der Wälder‹, sein Name wird umschrieben oder nur leise ausgesprochen, und einen Bären bei der Jagd zu töten, gilt als besonderes Ereignis, das vielerlei rituelle Maßnahmen erfordert.

Die rituelle Bärentötung eines gefangenen und lange mit äußerster Sorgfalt gepflegten Tieres wird als Hauptfest bei vielen zirkumpolaren Völkern gefeiert. Man kann einen lebendigen Bären nicht zum ›Herrn der Wälder‹, zu den Geistern der Ahnen mit einer Botschaft in die Unterwelt senden, deshalb schickt man die Seele des Getöteten als Mittler ›in die ewigen Jagdgründe‹.

Sie soll stets nur den besten Eindruck vom Stamm mitbringen, deshalb verwöhnt man das gefangene Tier mit Leckereien, mästet und liebkost es, und wenn der Tag der Tötung kommt, wird dieser Akt auch nie von den Angehörigen des Stammes selbst, sondern von zum Fest geladenen Gästen vorgenommen. Die durch Vermummung unkenntlich gemachten ›Narch-en‹ – die Fremden – erlegen ihn (bei den Girjaken) mit Pfeilen und dürfen auch sein Fleisch verzehren, während das Gebein des Bären und vor allem sein Schädel unter Abhaltung feierlicher Zeremonien auf dem Kultplatz des Stammes beigesetzt wird. Die Täuschung des Bären hat den Sinn, daß seine zornige Seele die tatsächlichen Mörder nicht verfolgen kann. Der Stamm, der ihn gut behandelt hat, bleibt ihm in angenehmer Erinnerung, und vielfach werden die Kleidungsstücke der ›Narch-en‹, der fremden Gäste, nach dem Fest verbrannt, um auch diese Indizien verschwinden zu lassen.

Der uns grausam und unverständlich erscheinende, aus der Sicht der zirkumpolaren Völker aber sehr wichtige Ritus, ist von größter magisch-religiöser Bedeutung, ja in ihrem Weltbild existenzsichernd für das Überleben. Von daher wird nachvollziehbar, weshalb die Ureinwohner Japans, die Ainu, das blutige Fest trotz aller Verbote seitens der Regierung in abgelegenen Dörfern noch bis heute zelebrieren. Wenn wir uns diese Beispiele vor Augen führen und durch Berichte über indianische,

Eskimo- und sogar noch bis ins vorige Jahrhundert hinein übliche Praktiken bei den Samen in Nordnorwegen und Finnland ergänzen und genug Vorstellungskraft besitzen, sie konsequent bis in die Vorzeit zurückzudenken, so entsteht uns ein plastisches Bild über das Leben der Höhlenmaler. Von allen Tieren stand ihnen der Bär am nächsten, durch ihn ›erfand‹ der Mensch die Felsbildgravur, die Ursprünge der Kunst. Sicher ist es auch kein Zufall, daß die mit dem bloßen Auge sichtbaren Sternbilder des Großen und Kleinen Bären am nördlichen Sternenhimmel, die so nah am wichtigsten Orientierungspunkt – dem Polarstern – liegen (später in Großer und Kleiner Wagen umgetauft), diese Namen tragen und in der Mythologie der frühen Völker eine so große Rolle spielen. Dort wurde der himmlische Wohnsitz des mächtigen Totemtieres vermutet, im Zentrum des Himmels, dicht beim ›Herrn der Wälder und der Tiere‹.

Über kein Tier der sibirischen Wälder gibt es so viele Legenden und Märchen wie über den Bären, dem eine hohe Intelligenz, übernatürlich feine Sinne und eine unsterbliche Seele nachgesagt werden. Alle Rentiervölker – und das Ren war, wie wir wissen, zumindest im zirkumpolaren Bereich die Hauptnahrung unserer Vorfahren – opferten ihrem höchsten Gott Bärenschädel. Schmidt schreibt in seinem Werk über den Ursprung der Gottesidee:

> »Wir haben damit aufgedeckt, daß eine ausgesprochene Eingottreligion auch in den kalten schneebedeckten Tundren Nordsibiriens und Nordkanadas bis an die unwirtlichen Küsten des Nördlichen Eismeeres hin von den zu ältest dort vorkommenden Völkern mit ehrfurchtvollem Glauben und warmen Herzen umfangen wurde. (...) Unter den Opfern an das höchste Wesen ragt besonders das Kopf- und Langknochenopfer der getöteten Jagdtiere hervor, weil sie (...) dadurch Gott als absoluten Herrn ihrer Lebensmittel und damit über Leben und Tod anerkennen.«

Solche Vorstellungen sind weit davon entfernt, die steinzeitlichen Jäger und Sammler als Götzenanbeter und in Vielgötterei verhaftete Primitive anzusehen, vielmehr schreiben sie ihnen bereits die Entdeckung und Kreation einer zentralen Gottesidee zu. Der Bär ist dabei, wie alle anderen Totemtiere und Clanzeichen, nur ein Symbol für das Unfaßbare, ein Mittler zwischen der Welt der Menschen und dem Himmel, in dem eine absolute Macht über alles Geschehene wacht. Wir sehen ferner, daß im Glauben der frühen Völker sowohl eine weibliche Erd- und eine männliche Himmelsmacht existierte, die sich gegenseitig bedingen und ergänzen, modern ausgedrückt: ein ausgewogenes dualistisches Prinzip in höchster Vollendung. Das Werk des sensiblen Feldforschers LISSNER gibt dazu umfassend Auskunft und führt zahlreiche, wissenschaftlich abgesicherte Beispiele an.

Der Bär als Mittler zwischen Gott und den Menschen... Ist diese Vorstellung, die sich so eindrucksvoll in den Funden der Eiszeit- und Steinzeithöhlen sowie in zahllosen Gravuren und Felsbildern manifestiert, seit dem Mittelalter, als es Mode wurde, Tanzbären in Wanderzirkussen vorzuführen, bis heute verkommen? Ich glaube nicht und möchte dafür einige Beispiele nennen: Moderne, der Schule C. G. JUNGS folgende Psychologen berichten übereinstimmend, daß der uralte ›Bruder Bär‹ noch immer als Archetypus in den Träumen ihrer Patienten vorkommt. Dort verkörpert er die wilde, animalische, naturnahe Seite im Menschen, die sich hartnäckig jeglichem Zivilisationsbemühen widersetzt und entsprechend furchtbeladen aufgefaßt wird. Naturschutzbehörden, die versuchen, dem inzwischen in weiten Teilen Europas ausgerotteten Tier z. B. in bestimmten Alpenregionen wieder einen Lebensraum zu verschaffen, haben bei der dortigen Bevölkerung, obgleich keine realen Gefahren bestehen, mit völlig irrationalen aber offenbar tief verwurzelten Ängsten zu kämpfen. Der Mensch hat seinen großen Tierbruder verdrängt und möchte das eroberte Revier nicht mehr teilen. Ich habe einen Bekannten, der einen Bärenschädel wie eine kostbare Reliquie aufbewahrt, und ein indianischer Freund, der eine Kette mit Bärenkralle trägt, weigerte sich beharrlich, über Herkunft und Bedeutung dieses Amuletts zu reden. Er sagte: »Über den Bären spricht man nicht, das bringt Unglück. Der Schutzzauber wirkt nur, wenn man schweigt.«

Es kann auch kein Zufall sein, daß von allen Stofftieren, die kleine Kinder lieben, ausgerechnet der Teddybär den höchsten Stellenwert einnimmt. Mich jedenfalls überrascht es nicht, wenn ich in der Tageszeitung folgende Pressemeldung lese:

> »Teddy hilft bei Angst. (Bilthoven. DPA) In mehreren niederländischen Städten werden Feuerwehrleute, Polizisten und Sanitäter künftig Teddybären an Kinder in Notsituationen austeilen. Das kündigte die Sprecherin der Stiftung ›Good Bears of the World‹, Marja Sanders, in Bilthoven bei Utrecht an. Die Bären sollen die Kinder vor einem Trauma bewahren.«

Der Bär ist bis heute ein enger Begleiter des Menschen geblieben.

Ich habe eingangs geschildert, wie es zur ersten Felsgravur und damit zur frühesten Kunst überhaupt gekommen sein mag, nämlich durch Nachahmung von Krallenspuren und deren magisch-rituelle Verfremdung. Mit diesem religiösen Akt ist aber zugleich noch eine wichtige Entwicklung verbunden. Galt einst der Bär als Mittler zwischen den Menschen und einer unsichtbaren höchsten Gottheit, so übernahm von nun an ein menschliches Wesen diese Rolle. Es durfte sich dabei nur nicht in seiner echten Gestalt zeigen, sondern mußte in Tierfellen und mit Masken verkleidet auftreten, um sich auf diese Weise auch äußerlich von der Menschenwelt zu unterscheiden. Mit einem Tierkörper und dem Geist eines Menschen ausgestattet, unternahm es gefährliche Reisen in die Grenzbereiche des Bewußtseins, wurde Bote, Übermittler, Sprachrohr zu den Ahnen, Medizinmann und Heiler. Darstellungen solcher früher Schamanen finden wir mitunter versteckt zwischen den Tierherden der

14 Fingerritzbilder, sogenannte MAKKARONI aus der Höhle von ROUFFIGNAC

Höhlenmalerei, und sie zählen zu den interessantesten Felsbildern. Warum wurden sie gemalt, was stellen sie konkret dar, wie war das magische Weltbild dieser ersten Schamanen, und was zählte zu ihren Aufgaben? Wir wollen versuchen, dieses weite und in seiner Interpretation noch immer höchst umstrittene Forschungsgebiet im folgenden möglichst einfach und deutlich darzustellen.

Der Schamane

Grenzgänger zwischen den Welten

Nach Auffassung des Symbolforschers KAROW führte die Beobachtung des Himmels zum ›Erwachen des menschlichen Geistes‹, zu einer Art kosmologischen Symbolismus', dem wesentliche Chiffren der Höhlenmalerei und der Felsbildkunst entstammen. Tatsächlich wird nach Ansicht vieler Völker Asiens und des zirkumpolaren Raumes der Himmel durch den Polarstern wie ein Nagel zusammengehalten. Dieser Stern, der eine 400mal größere Lichtstärke als die Sonne besitzt, wurde auch von den Babyloniern als Thron ihres Hauptgottes Anu betrachtet, von den Azteken höher als die Sonne eingeschätzt, und er wies über Jahrtausende hinweg Seefahrern den Weg bei abenteuerlichen Entdeckungsfahrten. Die Asiaten und die europäischen Nordvölker glaubten, daß der ›Nagel‹ von einer Weltensäule gestützt wird. Die Idee der Weltensäule oder des Weltenbaumes war weit verbreitet und mit dem Gedanken eines zentralen heiligen Platzes auf Erden verbunden: Baum des Lebens im Paradiesgarten, Weltesche Yggdrasil in der nordischen Mythologie, Omphalos = Nabel der Erde im griechischen Delphi, Turm zu Babel, Zikkurate = künstliche Berge in Mesopotamien, Pyramiden bei den Ägyptern usw.

Die Völker Sibiriens (und nicht nur sie) ahmten die Weltensäule, den ›goldenen Pfahl‹, wie sie ihn nannten, durch Stangen nach, die sie im Mittelpunkt ihrer Dörfer aufstellten und mit einem Vogel als Symbolzeichen himmlischer Macht krönten. Wir haben einen solchen Vogelstab bereits im Allerheiligsten der Höhle von LASCAUX kennengelernt, wo er – möglicherweise die Stellung des Polarsterns markierend – neben dem maskierten Schamanen steht. Es wird verständlich, daß solche Vogel- und Tierkopfstäbe (oberflächlich als Zauberstäbe oder Zepter gedeutet) zum wichtigsten Attribut der Schamanen wurden – sind sie doch die Träger des Wissens, die Verwalter des großen Geheimnisses, das sich für alle sichtbar am Himmel manifestiert. Man hat übrigens bei Ausgrabungen Hunderte solcher Vogelstäbe, die als handliche Weltenbaummodelle gedient haben mögen, gefunden und sie anfänglich naiv als ›Kommandostäbe von Häuptlingen‹ oder dergleichen eingestuft. Dabei ist der Bezug zum Schamanen nur allzu offenkundig. So gab es eine etwas größere Ausführung des Vogelstabes in jeder Jurte, jedem Zelt, in dem ein Schamane hauste, in jedem Kiva der Hopi und anderer Indianerstämme. Es handelt sich um einen Baum, der als Leiter zum Einstieg in die oft zu künstlichen Höhlen vertieften Behausungen führte. Meist lagen die Eingänge zu Schamanenhäusern in zu Hügeln ausgebauten Erdhäusern. Der Schamane stieg also beim Betreten im wahrsten Sinne des Wortes von der realen ›Mittelerde‹ in die Unterwelt hinab und auf dem umgekehrten Weg über das Dach hinaus, wo weit oberhalb des Hauses, der Jurte, ein aus Holz ge-

15 Erdhaus der sibirischen Korjaken mit dem Weltenbaum als Einstiegsleiter

schnitzter Vogel saß. Dies war der Platz, an dem der Schamane den himmlischen Mächten am nächsten war, von dort aus mochte sein imaginierter Flug in die Oberwelt, seine Geistreise zu den Ahnen beginnen. Und stets spielte der Vogel dabei eine gewichtige Rolle. In der Vorstellung der sibirischen Völker heißt unsere Milchstraße ›Straße der Vögel‹, ›Weg der Wildgänse‹ oder ›Vogelfluglinie‹. Bei den Hopis sitzen noch heute Adler als Wächter auf den Weltenbäumen der Kivas.

Die Vorstellung des Weltenbaums war in der Steinzeit weit verbreitet, wie uralte Felsritzungen in aller Welt beweisen, die aus Strichen geformte Nadelbäume, Leitern usw. sowie in ihrem Zusammenhang kleine Vögel zeigen. Auch die indogermanischen Kelten kannten den Weltenbaum-Archetypus, man konnte sogar das Datum der diesbezüglichen Zeremonien nach vorliegenden Quellen rekonstruieren. Es war der 1. Mai, und von daher wird auch das bis heute praktizierte Ritual der Maibaum-Aufrichtung verständlich. Es gibt übrigens sowohl in Skandinavien als auch in Nordamerika und Mexiko uralte Felsritzbilder, die eine merkwürdige Kulthandlung darstellen: Junge Männer (Initianten?) hängen mit langen Stricken an den Füßen gefesselt kopfunter an einer Stange und scheinen um den Weltenbaum herumzuschweben (EVERS). Bei manchen Stämmen wird diese waghalsige Mutprobe noch bis zum heutigen Tag praktiziert.

Der Mann oder die Frau, die befähigt sind, über die Weltensäule zum Himmel aufzusteigen – was konkret körperlich wie auch als geistiges Sinnbild aufgefaßt werden kann –, werden Schamanen genannt. Der Begriff stammt aus der Sprache der Mandschuren und Tungusen und hängt ethnologisch mit ›sich empören‹, ›aufbegehren‹, ›um sich schlagen‹ und ›tanzen‹ zusammen. Der Schamane wird also als jemand verstanden, der außer sich ist, der die Trommel schlägt und dazu tanzt und unverständliche Lieder singt, kurzum als jemand, der nicht zu den normalen Menschen gehört. Dies alles hat, wie wir leicht erahnen können, mit Trance und Ekstasetechnik zu tun (ELIADE), mit Drogeneinfluß und übersinnlicher Wahrnehmung, mit magischen Ritualen und zauberischen Zeremonien. Ein Schamane lebt fernab von den Menschen oder zumindest durch allerlei Tabus getrennt vom Stamm. Im Glauben der Sibirer wird er in der Krone eines Baumes (des Weltenbaumes nämlich) geboren und kehrt auch wieder dorthin zurück, indem sein Körper in hölzernen Baumsärgen bestattet wird.

ELIADE, STOLZ u. a. schildern den Bewußtseinszustand eines Schamanen als bewußt gesteuerte Schizophrenie, die es ermöglicht, so ungewöhnliche Erlebnisse wie Trancereisen, Flüge, das Aussenden des Geistes in weit entfernte Gebiete, Heilzeremonien in Trance, Hypnose und andere, die normalen Sinneskräfte weit übersteigende Dinge zu erleben. Der Schamane ist kein von irgendwelchen Geistern Besessener, sondern führt seinen Zustand selbst und bewußt herbei. Dabei spielen Atemtechnik und Meditationsübungen eine große Rolle, ebenso aber auch das tranceindizierende Rezitieren uralter Lieder und Dichtungen, der Rhythmus der Trommel und die Bewegungen beim Tanz. All die symbolträchtigen Formen seines Kostüms, in dem ebenso wie in der Trommel Hilfsgeister eingewoben sind, von Masken und Kopfbedeckungen, Gürteln, Werkzeug und Idolen zu schildern, würde nur das äußere Erscheinungsbild des Schamanen betreffen, ohne einen wirklichen Zugang zur Tiefe seines Charakters zu finden. Seit FRAZER, FINDEISEN, BIEDERMANN u. a. ist vieles über die sich z. T. stark voneinander unterscheidenden Attribute des Schamanen geschrieben worden, über Berufung, Ausbildung, Initiation, Weihe und die einzelnen Aufgaben, die er bei verschiedenen Stämmen und Völkern zu übernehmen hat. Es gilt nun, aus dem facettenreichen Mosaik dieser Darstellungen ein durchgängiges und verständliches Gesamtbild zu entwickeln und dabei die richtigen Fragen zu stellen.

Wie ich bereits an anderer Stelle ausführte, ist es möglich, daß der Schamane der Vorzeit daraus erwuchs, daß er ein starkes Totemtier ablöste und dadurch selbst zum Mittler zwischen den Menschen und den Geistern wurde. Seine vorrangig aus Tierfellen bestehende Kleidung, die Masken, das Tiergebaren nachahmende Verhalten beim Tanz usw. weisen jedenfalls in diese Richtung. Auf jeden Fall war er Träger eines geheimen Wissens, das unter besonderen Riten an Initianten weitergereicht wurde, was Höhlenbilder und Felsritzungen in aller Welt beweisen, vor allem in bezug auf kosmologische Konstellationen, Sternen- und sicherlich auch Wetterkunde. Er wußte, daß die Welt aus drei Ebenen besteht: die normale ›Mittelerde‹ des Alltags, die von der großen Erdmutter beherrschte Unterwelt, in der Geburt und Tod zu Hause waren, und die Oberwelt des himmlischen Vaters mit den Seelen der Ahnen. Der Schamane erfand allerlei Praktiken, über die vorhandene oder auch nur vorgestellte Himmelsleiter (Weltenbaum, Weltensäule) beliebig zwischen diesen drei Ebenen zu wandern und aus ihnen Erkenntnisse ins reale Dasein zu transportieren, wobei es völlig unerheblich ist, ob diese Qualitäten tatsächlich oder nur im Glauben der ihn umgebenden Menschen existierten. Wir wissen, welche Berge intensives Erwartungsdenken versetzen kann. Auf diese Weise wird der Schamane zwangsläufig zum Wettermacher, Medizinmann, Seelsorger und Heiler.

Von Anfang an ist er, indem er seine Bilder und kosmologischen Symbole zu Beschwörung und Einweihungsriten einsetzt, praktizierender Künstler, kreativer Gestalter von Höhlen und heiligen Plätzen, mitunter wird er sogar selbst zum Objekt der Darstellung, wie eine Reihe höchst interessanter Höhlenbilder beweisen. Das mysteriöse Szenarium von LASCAUX haben wir bereits ausführlich betrachtet. In der Grotte von TROIS FRERES bewegt sich ein tanzender, in Tierfelle gekleideter und wohl – wie das Geweih auf seinem Kopf vermuten läßt – einen Hirsch verkörpernder Schamane über die Felswand. Die von Pfeilen durchbohrten menschlichen Figuren von PECH-MERLE und COUGNAC können sowohl Schadenszauber als auch eine äußerst schmerzhafte Initiation (wie sie bei den Prärieindianern noch im vorigen Jahrhundert durchaus üblich war) darstellen. Vielleicht haben auch die vielen Handdarstellungen, die aus allen Kontinenten bekannt sind, etwas mit Bannzauber oder Einweihung zu tun, doch darüber in einem späteren Kapitel.

Ebenfalls in der Höhle von TROIS FRERES schleicht sich eine seltsam vermummte Gestalt, teils Bison, teils Hirsch, teils Mensch, die ein schwer zu identifizierendes Musikinstrument vor dem Mund hält, an eine Tierherde aus Bisons, Pferden, Rentieren und Hirschen an. BREUIL hat die Szene, die sich im Allerheiligsten der Höhle befindet, als das Nahen eines Tiergottes oder Zauberers gedeutet. Neuere ethnologische Forschungen haben verblüffende Übereinstimmungen zu Vorstellungen im arktischen Schamanismus ergeben. Ebenso stellen frühgeschichtliche Felsritzungen im Mont-Bégo-Gebiet (Alpe maritime), im italienischen Valcamonica und bei den sibirischen Tschuktschen solche eigenartigen Mischwesen dar. Bearbeitete Hirschmasken wurden in relativ gutem Erhaltungszustand in England und Deutschland gefunden (BOSINSKI). Ritzzeichnungen von Bison-Männern wurden in Höhlen der Dordogne gefunden (z. B. in der Grotte von Gabillou), in Baden-Württemberg sogar eine 35 000 Jahre alte Elfenbeinstatuette in Form eines Löwen-Menschen. Die Umgebung von LOURDES – ein bereits mehrfach in unseren Blickwinkel gerückter ›Platz der Macht‹ – kann ebenfalls das Ritzbild eines mit Hirschgeweih verkleideten Schamanen vorweisen. Die drei tanzenden Schamanen von Teyjat (Dordogne) ähneln dagegen mehr springenden Gemsen. Diese Auflistung ließe sich noch erheblich erweitern.

16 Tanzender Schamane in der Grotte von TROIS FRERES

Umfangreich ist auch das Repertoire von konkreten schamanistischen Utensilien und abstrahierten Symbolen, die in der

Höhlenmalerei dargestellt wurden. Sie alle zeigen, wie wichtig den Schamanen (und den Menschen der damaligen Zeit insgesamt) diese Dinge waren. Sie verkörpern detailgetreu das magische Weltbild der Vorzeit und stellen in ihrer Gesamtheit einen Katalog von Kodierungsmöglichkeiten vor, die früher klar verstanden oder zumindest für jeden verständlich interpretiert werden konnten. Durch die Zurückdrängung des Schamanismus ist vieles von diesem Verständnishorizont verloren gegangen, das nun in mühsamer Spurensuche bei Ethnien, die den alten Glauben zumindest in Resten bewahrt haben, wieder aufgespürt werden muß. Daß sich dabei Fehlinterpretationen einschleichen und mitunter auch unhaltbare Spekulationen, die über das Ziel hinausschießen, liegt in der Natur der Sache. Wir sollten uns aber fragen, ob es nicht unser einseitig auf Fortschritt ausgerichtetes, technologieverblendetes Denken ist, das uns bei der Klärung des Themas im Wege steht. Ferner inwieweit nicht gerade das bisher präferierte Spezialistentum hinderlich ist, wenn es um das ganzheitlich orientierte und interdisziplinäres Denken erfordernde Problem ›Schamanismus‹ geht. Der Schamane versucht, die Welt in ihrer Gesamtheit zu verstehen und aus diesem Bewußtsein heraus Lösungen für konkrete Einzelfälle

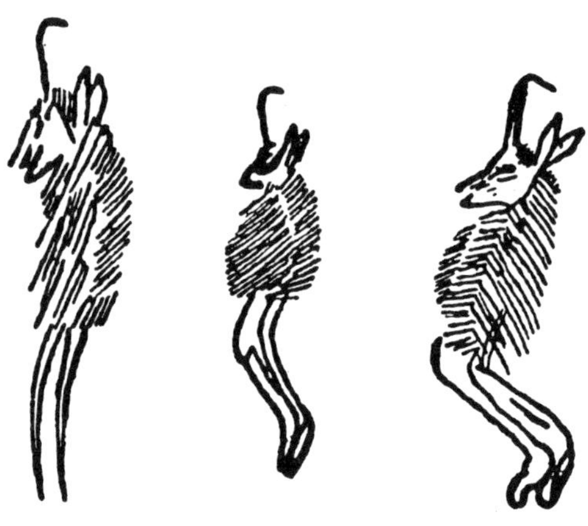

17
Drei tanzende Schamanen in Tierfelle gekleidet, Höhle von Teyjat, Dordogne

zu finden. Die z. Zt. noch vorherrschende Wissenschaft beschreitet leider den umgekehrten Weg. Die Frage sei also erlaubt, wie lange eine solche, sich selbst behindernde Vorgehensweise noch vertretbar ist. Mir erscheint es ratsam, sich nach neuen Methoden und Forschungsansätzen umzusehen. Vielleicht liegt eine der Möglichkeiten im Erkenntnisprozeß selbst begründet.

18 Sibirische Orotschon-Schamanin mit Geistertrommel

Imagisierung
Exkurs über das Aufspüren von Plätzen der Macht

Südfrankreich, Provence, südlich von Apt: Nach langem Fußmarsch durch den sonnigen Luberon bin ich im ›Tal des braunen Wassers‹ angelangt, einem Gebiet, das schon die schweifenden Jäger der Urzeit anzog. Hinter dem verschlafenen Dorf Buoux erreiche ich die in Bergsteiger-Kreisen berühmte Felswand, die wie ein Dach mehr als 35 m vorspringt und eine Fläche von über 800 m^2 schützend überwölbt. An diesem ABRI siedelten seit dem MESOLITHIKUM Menschen, bestatteten ihre Toten in nahegelegenen Höhlen, und der aufmerksame Beobachter erkennt selbst unter dem ABRI noch einige in den Stein gehauene Gräber aus der Bronzezeit. Die Landschaft ist mehr als beeindruckend. Imposante Felswände umschließen den Talkessel, fallen zu bizarren Blöcken steil ab. Ein uralter Pfad führt neben dem ABRI zum Fort de Buoux hinauf. Bussarde kreisen mit heiseren Schreien am Himmel, und mit jedem Schritt hinauf in die alte verlassene Ruinenstadt aus dem 10. Jahrhundert verliert die Zeit an Bedeutung. Tagelang wohne ich im Eingangsbereich von Steinzeithöhlen, durchstreife die Umgebung und entdecke überall Spuren von frühen Menschen. Der Platz ist hochgradig mit Sagen, Legenden und Märchen aufgeladen, von atemberaubender Schönheit und lädt geradezu zum Verweilen und Nachsinnen ein. Ich frage mich, was mich hier festhält und danach noch so viele Male wiederkommen läßt. Eine besondere Ausstrahlung geht spürbar von

19 In den Felsbildern der Valcamonica werden häufig übermächtige Gestalten mit seltsam kantigen Körpern dargestellt.

diesem Ort aus, es handelt sich ganz ohne Zweifel um einen ›Platz der Kraft‹.

Norditalien, Valcamonica, nahe Capo di Ponte: Ich mache Fotos und Abreibungen der Felsbilder im Gletscherschliff des Nationalparks Naquane. Seltsame Figurationen sind hier versammelt: Hirsche, Rehe, Vögel, Wölfe, Füchse und Hunde, bewaffnete Krieger, Häuser, allerlei schwer bestimmbares Werkzeug, von Pferden gezogene Wagen, Symbolzeichen und Schamanen mit würdevollem Federschmuck. Sogar ein prähistorischer Opferaltar ragt aus dem hügeligen Gelände empor. Die Felsbilder der Valcamonica reichen aus der Eisen- und Bronzezeit bis weit in die Steinzeit zurück. Die ältesten Ritzungen –

naturalistische Tierdarstellungen, die stark an Motive der französischen Höhlenmalerei erinnern – findet man in der Umgebung des Ortes Darfo-Boario Terme. Sie sollen Anfang des 6. Jahrtausends v. Chr., vielleicht sogar noch früher entstanden sein, als das Gletschereis gewichen war und das Tal für Menschen allmählich bewohnbar wurde. Die interessantesten sind die beiden tanzenden, ›Astronauti‹ genannten, Schamanen bei Zurla, die mehreren tausend ADORANTEN (Sonnenanbeter), die KAROW als symbolische Sonnenzeichen interpretiert, die ›Rosa camuna‹ (Svastikas oder Hakenkreuze) und die Landkarten mit Hütten, Wegen und Feldern von Bedolina.

Die liebliche Landschaft beiderseits des Flusses Oglio wird von einem Berg überragt, um den sich seltsame Sagen weben. Ursache dafür ist ein Naturschauspiel, das sich jeweils im Frühling und Herbst vollzieht: Dann geht die Sonne direkt hinter dem Piz Badile auf. Bisweilen wird der Schatten des Gipfels derart gegen den Himmel geworfen, daß ein Doppelbild entsteht. Es nimmt die Gestalt eines aufrecht stehenden Mannes an, weshalb die Volkslegenden auch vom ›Auftauchen des Berggeistes‹ sprechen. Ob sein Erscheinen nun wirklich außergewöhnliche Ereignisse ankündigt oder nicht, bleibt unerheblich. Man kann sich auch so vorstellen, daß das Phänomen von jeher die Vorstellungskraft der Menschen im Camunatal inspiriert hat.

Es gelingt mir leicht, selbst versteckt liegende Felsbilder auch ohne Handbücher und Karten aufzuspüren, denn die Lage gravierter Felsrücken und Platten fordert eine kultische Bearbeitung geradezu heraus, diese Stellen im nackten Gestein müssen einfach tätowiert werden. Noch während ich diesen Satz denke, stutze ich und wundere mich über die Selbstverständlichkeit, mit der ich Zugang zum magischen Bewußtsein des längst vergangenen Camuna-Volkes finde. Sollte es sein, daß die Hersteller der Felsbilder damals genau wie ich bei der Auswahl der Stellen vorgegangen sind – immer auf der Suche nach besonders reizvollen, ästhetischen Flecken? Die ganze Valcamonica scheint ein einziger ›Ort der Kraft‹ zu sein.

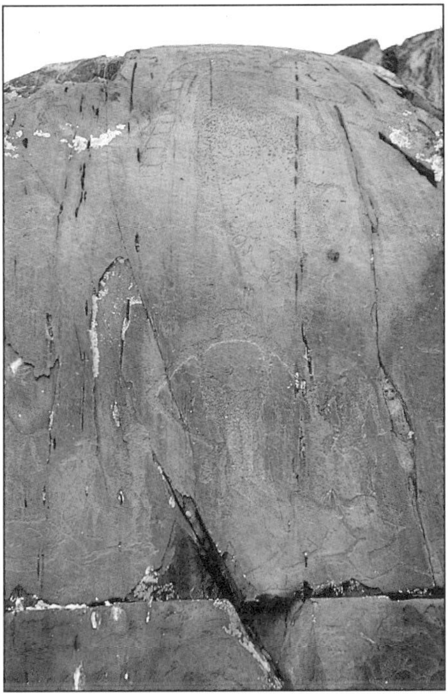

20 Skythische Felsbilder im Altai-Gebirge nahe der sibirisch-mongolischen Grenze. Auch hier tauchen wieder Riesenfiguren auf. Sie scheinen Tierherden zu bewachen. Über ihnen die den Weltenbaum verkörpernde Himmelsleiter

Sibirien, gorno-altaiisches autonomes Gebiet, Bergland bei Inya nahe der mongolisch-chinesischen Grenze: Ein felsiger Hügel ragt, die Umgebung beherrschend, auf und lädt zum Klettern ein. Schon nach den ersten Metern stoßen wir auf skythische Felsritzungen, die sich in der Häufigkeit und Aussagekraft ihrer Motive zum Gipfel hin kontinuierlich steigern. Wir sehen den Riesenhirsch Malu mit prachtvollem Geweih, wie er auch in den französischen Pyrenäenhöhlen immer wieder dargestellt wurde, Schamanen mit verzierten Gewändern, schließlich an einer glatten, etwa 6 m hohen Felswand riesige Tierherden, über denen überdimensionale Schamanen mit seltsamen Pilzhüten schweben. Neben ihnen führt eine eingravierte, den

Weltenbaum verkörpernde Leiter direkt in den Himmel hinauf. Ist man an ihrem Ende angelangt, so bleibt nur noch das Fliegen ...

Bei näherer Betrachtung des Geländes merken wir, daß wir uns an einer Art über und über tätowierter Altarwand befinden. Die Fläche davor ist sorgfältig mit großen Steinplatten gefliest und von vorspringenden Felsen geschützt, so daß es hier völlig windstill ist. Die plötzlich eingetretene Ruhe läßt uns besinnlich werden und die Bilder über uns mit ganz anderen Augen betrachten. Wir stehen im Bannkreis einer uns fremden, längst verschwundenen Kultur und dennoch kommen mir die Umgebung, die Bildmotive, die Art ihrer Anordnung und ihre Bedeutung seltsam vertraut vor. Auch dies ist ein ›Platz der Kraft‹.

Ich habe diese – durch viele andere ersetzbaren – Beispiele gewählt, um auf etwas Grundsätzliches aufmerksam zu machen. Es betrifft die Auswahl der Plätze, die für Rituale und religiöse Praktiken, für Höhlenmalerei und Felsbildkunst geeignet sind. Wie erkannten unsere Vorfahren die Qualität eines solchen, sicherlich nicht zufällig ausgesuchten Platzes, was zog sie an? Obgleich es schwer ist, darüber überhaupt etwas Verbindliches auszusagen, möchte ich dennoch versuchen, hierzu Gedanken und einen neuen Begriff in die Debatte einzubringen. Ich meine die Worte ›Imagisierung‹ bzw. ›imagisieren‹. Zunächst etwas zur Sinngebung der Namen:

Die Wortwurzel stammt von ›imago‹ (lat. Bild). C. G. JUNG versteht darunter wesentlich mehr als bloß ein Abbild, nämlich eine komplexe Bildwelt (Mutter-Bild, Vater-Bild, Liebe, Heimat etc.). Von ›imago‹ abgeleitet bedeutet imaginär ›einge*bildet*, neu in der Vorstellung bestehend, nicht wirklich‹ (z. B. imaginäre Zahlen). Imagination meint ›Ein*bild*ungskraft, Vorstellungsgabe‹. Wer die Fähigkeit zur Imagination besitzt, also sensibel und einfühlsam ist, kann sich ein Bild von etwas machen, das ihm zuvor noch weitgehend unbekannt war. Diese Haltung ist passiv reflektierend. ›Imagisierung‹ meint dagegen die Bedeutungsaufladung eines Ortes mit magischen *Bild*zeichen. ›Imagisieren‹ heißt: den Zauber, die Ausstrahlung eines

Ortes spüren und dem so entstandenen inneren (imaginierten) Bild ein äußeres, für alle sichtbares hinzufügen, also die Ergänzung durch einen aktiven Gestaltungsprozeß. In diesem Sinne ist imagisieren die typische Tätigkeit eines Kindes, das bewußt seinen Lebensraum (sein Revier) kennzeichnet (um es durch diese Zeichen kenntlich zu machen). Solcherart Graffiti kann man nahezu an jeder Hausecke, Schulbank, Toilettenwand begegnen. Imagisierung ist ferner der kreative Schaffensprozeß eines Künstlers, wenn er vom Material angeregt wird, von den Fasern des Holzes, den Rissen im Stein usw. und daraus eigene Bildwelten schafft, die er mit seiner Signatur und anderen zusätzlichen Erkennungszeichen ausstattet. Und es ist die typische Tätigkeit des frühen, steinzeitlichen Menschen, insbesondere des Schamanen, der auf diese Weise Höhlenbilder malte und symbolische Ritzungen in den Fels tätowierte. Soviel zum Fachterminus und zum Prozeß als solchem. Erklärt ist damit aber noch immer nicht, wie unsere Vorfahren solche ›Plätze der Kraft‹ erkannten.

Es ist darüber schon viel gerätselt und spekuliert worden, und ich kann die meisten der angebotenen Erklärungsmodelle weder beurteilen noch mit sicherem Gefühl nachvollziehen. Es heißt z. B. immer wieder, daß die Anlage von Hügelgräbern offenbar keiner klar erkennbaren Planung folgte, sie scheinen willkürlich im Gelände zu liegen. Dagegen behaupten Geomanten und Rutengänger übereinstimmend, daß ihre Instrumente bei jedem untersuchten Hügelgrab in auffälliger Weise stets gleiche Meßergebnisse liefern. Ein durchaus ernstzunehmender Fachmann auf diesem Gebiet sagte mir, daß dies für ihn nur einen Schluß zulasse: Die für ein Grab in Frage kommenden Stellen wurden mit Ruten aufgespürt, also bewußt nach ihrer ›Ausstrahlung‹ gewählt. Was strahlt nun aber aus – Wasseradern, Erdstrahlen, Magnetismus oder andere natürliche Besonderheiten, die uns heute nicht mehr vertraut sind?

Bei den Dolmen und Menhiren der Megalithkultur stehen wir ebenso ratlos vor dem Phänomen, daß eine signifikant hohe Anzahl der dabei verwendeten Steine eine höhere radioaktive

Strahlung als gewöhnlich vorkommendes Felsmaterial besitzt. Oft sind die ›strahlenden Steine‹ in mühsamer und hohen technischen Einsatz erfordernder Arbeit von weit her herangeschafft worden. Es mußten also genau diese Steine sein, nur solche mit erhöhter radioaktiver Strahlung fanden beim Bau von Kultanlagen, Begräbnisbauten, astronomisch orientierten Kalenderplätzen (wie Stonehenge, Carnac usw.) Verwendung. Aber wie wurden sie von unseren Vorfahren – die doch gewiß keine Geigerzähler besaßen – als geeignet erkannt?

Neuere Untersuchungen der Universität München an kreisrunden, keltischen Kultplätzen im süddeutschen Raum ergaben, daß auch beim Erdmaterial im Innenbereich solcher Plätze eine erhöhte radioaktive Strahlung meßbar ist. Das gleiche Phänomen, für das es trotz intensivster Forschung bis heute keine Erklärung gibt.

Bei bemalten Höhlen können wir noch immer vom Vorhandensein von Quellen und anderen Trinkwasserreservoirs ausgehen. Bei Felsbildstationen im freien Gelände fehlen solche Bezüge aber oft. Ist es allein die Ästhetik, die Ausblick gestattende Lage eines Ortes, die über seine Qualität als ›Platz der Kraft‹ entscheidet? Oder spielen noch andere Momente, an die wir bisher nicht gedacht haben, eine Rolle, z. B. die Eignung zum Anvisieren der Sonne und anderer Gestirne, und von in diesem astronomischen Zusammenhang möglicherweise bedeutsamen Landmarken? Die interessanten Arbeiten von THOM, DRÖSSLER, METTLER, MÜLLER, KOTTMANN u. a. bieten dazu erste Lösungsvorschläge an. BÜCHI, dessen Lebenswerk sich mit der systematischen Untersuchung der megalithischen Kultanlage von Falera befaßte, brachte ungewöhnliche Fakten ans Tageslicht. In Falera – das inzwischen als das ›Stonehenge der Schweiz‹ betitelt wird – vereinigen sich auf eindrucksvolle Weise astronomische Daten mit Kenntnissen um radioaktive Strahlung des Gesteins, Quellennähe und Landschaftsvisuren. Seiner Meinung nach befinden sich alle frühchristlichen Kapellen auf alten heidnischen Weihplätzen und stehen in mathematisch präzis überprüfbaren Konstellation zueinander. Da

21 MENHIRE bei Falera, dem ›Stonehenge der Schweiz‹

aber all diese Dinge in unserer modernen, sich ›aufgeklärt‹ wähnenden Welt kaum noch eine lebens- und gesellschaftsbestimmenden Rolle spielen, ist das Wissen darum weitgehend verlorengegangen, tappen wir, lediglich mit einzelnen fragmentarischen Restbeständen ausgestattet, im Dunkeln.

Neue Ansätze der Erkenntnistheorie, wie sie vor allem von MATURANA, VALERA, SHELDRAKE u. a. vertreten werden, bieten dagegen ein erstaunlich umfassendes und einleuchtendes Erklärungsmodell an. Der durch seine Theorie der MORPHOLOGISCHEN FELDER weltweit bekannt gewordene Biochemiker Rupert SHELDRAKE meint, daß die Energie nicht gleichmäßig verteilt ist, sondern sich in bestimmten Feldern zu formgebender Kraft verdichtet. Diese Mutmaßung ist nicht neu, sie entspricht durchaus den Erkenntnissen der modernen Atomphysik, die von Geist-Stoff unterschiedlicher Beschaffenheit sprechen. Nach SHELDRAKES Ansicht erwachsen aus solchen Feldern komplexe Weltbilder, die sich zu Realitäten verdichten. Der Mensch als Teil der Natur ist in diesem Prozeß mit eingeschlossen, wird von Gestaltfeldern beeinflußt, entwickelt sie weiter und erzeugt kollektive ›Holons‹, Ganzheiten, die jeden, der damit in Berührung kommt, in seinem Denken und Handeln beeinflussen. Das Diktat der Zeit wird dabei ebenso aufgehoben wie die angeblich so freie Entscheidungsmöglichkeit des Menschen.

Wir fühlen uns unwillkürlich an die Realitätsauffassung der australischen Aborigines erinnert, für die ebenfalls Zeit nicht tatsächlich existiert und die in der ewigen ›Traumzeit‹ eines uralten Schöpfungsprogrammes leben. Wenn Sheldrakes Theorie stimmt, so liegt das Aufspüren von ›Plätzen der Kraft‹ zwangsläufig im Bauplan aller sensitiven, medial begabte Menschen, auch und vor allem im Bewußtsein der vorzeitlichen Schamanen. Wie die australischen Aborigines folgten sie nur den Pfaden der ›Traumzeit‹, spürten intuitiv die richtigen Orte auf und imagisierten sie mit den Bildern, Zeichen und Symbolen ihres magischen Weltbildes.

Wenn wir uns heute nun intensiv mit den menschlichen Archetypen befassen, mit der elementaren Bedeutung der Sprache der Formen, der Macht der Farben und der Kraft des Geistes, so fällt uns der Zugang zur Vorstellungswelt der Ahnen nicht mehr so schwer. Plötzlich können wir dann auch Bezüge zur Gegenwart herstellen, erkennen z. B. die Rundform und Kreis innewohnende Kraft, die tiefe Bedeutung bisher unbewußt eingesetzter Gesten, verstehen die Wichtigkeit von Reviermarken bei der sprayenden Jugend, stehen nicht mehr fassungslos staunend der Höhlenmalerei wie der modernen Kunst gegenüber, selbst richtiges und falsches Handeln benötigen dann nicht mehr eine analytische Zweckrationalisierung, sondern werden spontan und ganzheitlich erfaßt. Dies alles ist vielleicht Zukunftsmusik, liegt aber bereits wie ein verborgener Schatz aus der Vergangenheit abholbereit für uns da. Die Aussage »die Vergangenheit wiederentdecken, um die Gegenwart zu verstehen« ist Möglichkeit und Programm zugleich.

Das Lexikon aus Stein

Experimentelle Archäologie läßt die Vorzeit wieder lebendig werden

Bei meiner Reise durch Finnisch-Lappland erwarb ich von Samen die originalgetreue Kopie einer Schamanentrommel. Sie war nach uralter Tradition aus gewölbtem Lärchenholz geschnitzt und mit Rentierleder bespannt. Der Klangkörper dieses ›Schalentrommel‹ genannten Musikinstruments weist einen Handgriff und sieben rhombenförmige Windlöcher auf, durch die ›die Stimmen der Ahnen‹ einschlüpfen können, sowie acht stilisiert geschnitzte Hilfsgeister. Der doppelte Hammerschlegel besteht aus Rentierhorn, der Griffstiel ist mit Leder umwickelt. Als weiteres Requisit gehören vier ineinandergeschmiedete Metallringe dazu, drei aus Eisen, einer aus Messing. In die Lederbespannung der Trommel ist eine Reihe von Symbolzeichen gebrannt, die als ein Bilderbuch der ovalen Form folgen und sich in der Mitte deutlich konzentrieren. Das Repertoire umfaßt Abbildungen, wie sie bei Felsritzungen und Höhlenmalereien vorkommen: Bär, Rentiere, Hirsche, Elche, Häuser, Tierfallen, Lebensbaum, Jäger mit Pfeil und Bogen, Lanze und Schild, einer davon auf Skiern, ferner Boote, Sonnenzeichen und eine Art Kalender, in dem Hirsche die Jahreszeiten markieren.

Wenn man nun die Metallringe, die zu Orakelzwecken dienen, auf die waagerecht gehaltene Trommel legt und diese rhythmisch schlägt, springen die Ringe auf der Bespannung und durchwandern die einzelnen Bildstationen. Dabei ist die jeweilige Lage des goldenen Messingrings von besonderer Bedeutung – er dient als ›Zeiger‹. Es gibt bei den Samen andere Trommeln (man kann sie im Nationalmuseum von Helsinki in der Abteilung ›Schamanen‹ bewundern), auf denen ein kleiner, angespitzter Knochen die Rolle des ›Zeigers‹ übernimmt. Je öfter ich die Trommel benutze und die Wanderung des ›Zeigers‹ beobachte, um so mehr lerne und begreife ich über die Bedeutung und Zusammenhänge der Bilder, z. B. daß das Kreuz keine christliche Erfindung ist, sondern bereits seit Urzeiten ein Modell der drei Welten (Mittelerde, Ober- und Unterwelt) darstellt, zugleich auch die Himmelsleiter des Schamanen, auf der er sich zwischen den Realitätsebenen bewegen kann. Ferner, daß diese Bilder nie allein aufgefaßt werden können, sondern stets im Zusammenhang mit Musik, Gesang und Tanz. Allmählich wird mir auch klar, daß diese künstlerischen Ausdrucksformen von Beginn an untrennbar mit religiösem Bewußtsein verbunden waren. Alle Kunst war am Anfang Religion.

Der Schöpfer der handwerklich vollendeten Trommel stellte sie nach uralten Vorbildern her, die in geheimen Schamanenverstecken verborgen waren. Im Zuge der Christianisierung Finnlands sammelten eifernde Missionare nämlich diese ›heidnischen Fetische und Teufelswerkzeuge‹ ein und verbrannten sie, um dem ›Schamanenunwesen‹ ein Ende zu bereiten. Dennoch überlebten sowohl der alte Glaube als auch die dazugehörigen Utensilien bis in unsere Zeit. Der Hersteller meiner Trommel z. B. praktiziert noch immer schamanistische Rituale, er rudert Jahr für Jahr ›an den besonderen Tagen‹ schweigend auf den Inarisee hinaus, aus dem sich als ›Zentrum der Welt‹ die heilige Insel Ukonkivi erhebt, um dort dem ›Herrn der Wälder und des Himmels‹ Opfer zu bringen.

Natürlich haben wir diese symbolträchtige Überfahrt nachvollzogen und den Altar (von den Samen ›Sieidi‹ genannt) nebst Tanzplatz gesehen. Aus einer versteckten Felsspalte wurden übrigens um die Jahrhundertwende von Archäologen die

Überreste mehrerer Schamanentrommeln sowie von Opfergaben (Haufen von im Halbkreis angeordneten Rengeweihen und anderen Knochen sowie ein Silberohrring) geborgen. Geweihopferplätze galten bei den Samen als heilig und sollten das Jagdglück beeinflussen. Es ging dabei um die magische Wiederbelebung der Tiere, die man sich in großen Geisterherden unterirdisch beim ›Herrn der Wälder‹ lebend vorstellte. Von diesen Höhlen aus stiegen sie nach ihrer Wiedergeburt zu den Menschen empor, die sich um ihre Knochen und ihre Seelen gekümmert hatten. Auffallend ist, daß es sich bei den Funden stets um Abwurfstangen weiblicher Rentiere handelt. Jeder, dessen Fuß einmal Ukonkivi betrat, wird bestätigen: Auch diese malerische Insel inmitten der weiten Wassermassen des Inarisees ist ein ›Platz der Kraft‹, ein Gestaltfeld mit besonders intensiver Ausstrahlung.

Ähnliche Entdeckungen konnte ich in Sibirien und im Altai-Gebiet machen. Auch dort sind die Fellbespannungen der Schamanentrommeln bemalt, z. T. mit Motiven, die identisch mit denen in Lappland sind. Merkwürdigerweise waren es auch finnische Wissenschaftler, die sehr früh schon den Altai besuchten, um Studien über den dortigen Schamanismus zu betreiben. Es ist, als würde man eine Reise durch die Seiten ein und desselben Lexikons machen, so ähneln sich weltweit – aller kulturellen Sonderausprägungen zum Trotz – die grundsätzlichen Erscheinungsformen des Schamanismus. Überträgt man die Motive der Trommelbemalung auf Felsgravuren, so würde sich kein Felsbildforscher wundern. Es handelt sich stets um die gleichen Zeichen und Symbole, was nur den einen Rückschluß zuläßt: Es muß einmal ein weltweit verbreitetes und auch verständliches ›Wörterbuch‹ der Schamanen bestanden haben, eine Urkultur, die mit den Höhlenmalereien begann und sich seitdem nur unwesentlich durch neu hinzugekommene Motive verändert hat.

STOLZ weist auf die Bemalung von Trommeln der Chakassen in Südsibirien und anderer Turkvölker hin und ihre Bedeutung für heilmagische Behandlungsrituale. Überhaupt nimmt die

22
Bemalung einer Schamanentrommel aus dem Altai

Trommel bei der Erforschung des ›Phänomens Schamanismus‹ eine zentrale Rolle ein. Asiaten, Eskimos, nordamerikanische Indianer und viele andere Völker nutzten ihren Klang, um sich den Göttern mitzuteilen, wobei die untere Hälfte der Trommel zur Herrin der Unterwelt, die obere zu den Ahnen und dem höchsten Himmelsgott sprach. Die durch ihren Rhythmus tranceindizierende Trommel galt als wichtiges Hilfsmittel zur Geisterreise durch die drei Welten. Oft wird sie als ›Fahrzeug‹, als ›Hirsch‹ oder ›Ren mit acht Beinen‹ bezeichnet, als Reittier zum Geisterflug. Wir müssen hierbei sofort an das ebenfalls achtbeinige Himmelsroß Sleipnir der nordgermanischen Mythologie denken, ebenso aber auch an das geflügelte Wunderpferd der Griechen, Pegasus, das seinen Reiter im Flug zum olympischen Göttersitz und zu den Musen brachte.

Über die Auswirkung bestimmter Trommelrhythmen auf die menschliche Psyche und Physis ist aus medizinischer Sicht bereits einiges herausgefunden worden, so etwa auch die verblüffende Erkenntnis, daß die Medizinmänner und -frauen vieler sogenannter ›primitiver‹ Stämme auch ohne langwieriges und kostenintensives Universitätsstudium in der Lage sind, mit diesen Rhythmen gezielt Organfunktionen zu beeinflussen und Krankheiten zu heilen (HÜRTER, RÖSING u. a.). Musikwissenschaftler gehen davon aus, daß neben Klopfsteinen, dem Schwirrholz, der Knochenflöte und einem einsaitigen Sehnenzupfinstrument die Trommel zu den ältesten Instrumenten der Welt gehört und bereits zu Zeiten der CROMAGNON im Dienst kultischer Handlungen stand. Selbst abgebildet wurde sie in der Höhlenkunst nicht, soweit bekannt ist. Dafür aber eine Reihe anderer Utensilien und Werkzeuge, die vom religiösen bis zum ganz profan nützlichen Gebrauch reichen.

Die Darstellung von Skiern auf Schamanentrommeln, ihr Vorkommen im steinernen Lexikon der Felsbildkunst, wurde bereits erwähnt. Altskandinavier gelten als Erfinder dieses nützlichen Hilfsmittels, ebenso wie Schneeschuhe haben sie sie in ihren Felsgravuren dargestellt. Wir entdecken dort und andernorts, wo am Lexikon aus Stein ›geschrieben‹ wurde, aber noch mehr: Die ältesten, mehr als 10000 Jahre alten Fellboote (ELLMERS, EVERS u. a.), Fischspeere aus Knochen, Bumerangs, vorzeitliche Webstühle, Waffen und Werkzeuge des täglichen Bedarfs, Leitern, Hütten und Häuser, Kleidung und Schmuck, Körbe und Gefäße, Haustiere und detailgetreue Schilderungen von Geburten, Hochzeiten und Totenfeiern. Wie in einer Enzyklopädie stellten unsere Vorfahren ihre Welt dar, und viele der Abbildungen sind so deutlich und detailgetreu, daß sie aufgrund dessen von Wissenschaftlern rekonstruiert und funktionstüchtig nachgebaut werden konnten. Dieser neue, Einfühlungsvermögen ebenso wie Phantasie und handwerkliches Geschick erfordernde Wissenschaftszweig firmiert unter dem Begriff ›experimentelle Archäologie‹. Manche, die diese Richtung betreiben, gehen in ihrem Forscherdrang sogar so weit, daß sie das Alltagsleben der Vorzeit möglichst ganzheitlich nachempfinden möchten und unter authentischen Bedingungen in Freilichtmuseumsdörfern wohnen. Mittlerweile gibt es Wissenschaftler, die mit Feuersteinklingen in alter Manier Elefantenkadaver zerlegen, mit Steinäxten Bäume zum Haus- oder Bootsbau fällen, ohne Töpferscheibe Keramik herstellen oder die Technik der Höhlenmalerei bzw. Felsbildgravur erlernen. Mit jedem Schritt wird dabei die Vorzeit wiederentdeckt – oft mit überraschenden Nebenergebnissen, die deutlich machen, daß unsere Vorfahren keineswegs primitive Wilde waren, sondern in einer ausgesprochenen Hochkultur lebten. Berechnungen über die durchschnittliche Zahl an täglichen Arbeitsstunden zur Sicherung der Ernährung incl. Hausbau, Herstellung von Kleidung, Vorratswirtschaft usw. ergaben ein erstaunliches Resultat: Lediglich vier bis fünf Stunden pro Tag mußte ein CROMAGNON im Jahresdurchschnitt für diese Tätigkeiten aufbringen, der Rest der Zeit war frei für kontemplative Schau, Meditation, für religiöse Zeremonien oder konnte einfach zum Faulenzen genutzt werden. Angesichts der derzeit aufkommenden Diskussion über die Wiedereinführung der 40-Stunden-Woche bzw. eine Verlängerung der Arbeitszeit noch darüber hinaus, könnte man blaß werden vor Neid.

Wie gesagt, je länger wir im Lexikon aus Stein lesen, um so klarer wird das Bild vom Alltagsleben unserer Vorfahren für uns. Dies trifft vor allem auf den technologischen Einsatz zu. Schwieriger wird es schon, wenn es um die Interpretation von Symbolen und komplexen Sinnbildern geht, dann öffnen sich

23 Im Unterschied zu den sogenannten GEISTERFALLEN kommen reale Tierfallen (hier mit einem Mammut, in der Höhle von Bernifal, Dordogne) recht selten vor.

zwangsläufig auch die weiten Felder der Spekulation. Außerdem sind magisch-mystische Zeichen nicht immer eindeutig, sondern im Gegenteil oft in vielerlei Hinsicht zur Ausdeutung angelegt. Als Beispiel seien hierfür die Darstellungen von Fallen angeführt. Relativ einfach ist die Sache noch zu verstehen, wenn sich in der Falle realistisch gezeichnete Tiere befinden, wie das in der französischen und spanischen Höhlenkunst häufig der Fall ist. Da brechen Mammuts in aus Holzstangen konstruierte Fallgruben ein, werden Gitter vor, hinter oder sogar über Pferde, Bisons oder andere Wildtiere gemalt, womit zumindest die Absicht sichtbar wird, solche Tiere als Beute zu fassen. Handelt es sich aber um sogenannte GEISTERFALLEN, wie sie im praktizierten Schamanismus immer wieder Verwendung finden, so sind die Darstellungen wesentlich schwerer zu interpretieren. In solchen Fallen sitzt dann niemand (manche Geister sind bekanntlich unsichtbar, bzw. ihre Abbildung unterlag einem Tabu) oder merkwürdige Fabelwesen, die weder dem Tier- noch dem Menschenreich zuzuordnen sind. Zirkumpolare Völker, die ihre Glaubensvorstellungen rezent auf Rindenbildern, Stoffen und dergleichen darstellen, zeichnen dazu oft ganze ›Comic strips‹, in deren Bildfolgen dann z. B. GEISTERFALLEN und die dazu gehörigen Unwesen gezeigt werden: Schamanen schleichen sie an, kundschaften ihre Wege und Gewohnheiten aus, stellen Fallen und machen sie darin unschädlich.

Dämonenwesen, die höchstwahrscheinlich keine Schamanen in Verkleidung, sondern ›Überirdische‹ sind, tauchen bereits in der Höhlenkunst auf. In der Technik der späteren Felsbildgravur oder -punzung (Herstellung durch indirekten Schlag mit Stein- oder sogar schon Metallwerkzeugen) erscheinen solche Unwesen immer häufiger. In Skandinavien, aber auch bei den Felsbildstationen der Valcamonica äußern sich derartige Spukwesen stets in verzerrter, verwachsener Gestalt mit übergroßen, gespreizten Händen, an denen man sechs oder mehr Finger zählen kann. Es kommen Darstellungen von Tötungen solcher Dämonen vor, was bislang etwas simplifiziert als Abwehr von

24 Als ›Verzauberung‹ gedeutete Felsbildzeichnung aus der Valcamonica, Norditalien

Schadenszauber aufgefaßt wurde. Dabei gehört das Konstruieren und Auslegen von GEISTERFALLEN durchaus zur gewohnten Tätigkeit im Leben eines Schamanen, wenn man den diesbezüglichen ethnologischen Berichten Glauben schenkt.

Noch komplizierter wird die Interpretation in bezug auf die häufig in der Höhlenmalerei und Felsbildkunst abgebildeten hockenden Frauengestalten. KAROW glaubt, in ihnen Sinnbilder für die Aufgangsphasen der Sonne und Bewegungen des Son-

25 Die sogenannten ›Astronauten‹ von Zurla, Valcamonica

26 Der ›Reigen der Gebärenden‹, Abrieb eines mongolischen Felsbildes: Hinweis auf ein frühes Matriarchat?

nenjahres zu sehen. Somit wären diese Zeichen als komplexe Sonnensymbole und als Beginn eines Kalenders zu verstehen. Zu einer gänzlich anderen Auffassung des Zeichens gelangen NOVOGRADOVA und SCHEINHARDT, die Felsbilder in der Mongolei und die Mythen der ›Ahnen Dschingis-Khans‹ untersuchten. Auf Basaltfelsen am Ufer des Flusses Tschuluut entdeckten sie etwa 5 000 Jahre alte Gravuren, die sie ›Reigen der Gebärenden‹ nannten.

Die horizontal und vertikal angeordneten, einander gebärenden Frauen sowie eine Leibesfrucht zwischen den Beinen sind ein klares Indiz dafür, daß Verwandtschaftsbeziehungen und Generationsfolgen der Frauen für die Sippen wichtiger waren als die der Männer. Diese Abbildungen, die denen von in Gebärhaltung hockenden Frauen in französischen und spanischen Höhlen sehr stark ähneln, werden zu Recht in der Matriarchatsforschung als neues Beweismaterial herangezogen, denn lebhafter und anschaulicher läßt sich tatsächlich eine matrilineare Erbfolge kaum darstellen.

27 Jungsteinzeitliche Felsbilder, Südspanien: Darstellung von Gebärenden oder Symbole für die Sonne?

Es wird also höchste Zeit, sich nun einmal dem Mutterkult im magischen Weltbild der Höhlenmaler zuzuwenden und sich in diesem Zusammenhang auch mit der Frage nach der Art und Wertung von Sexualität bei unseren Vorfahren zu beschäftigen.

Der Kult der Großen Mutter

Wie emanzipiert waren unsere Vorfahren?

Bisher haben wir uns ausschließlich auf die gemalten bzw. geritzten Bilder der Steinzeit bezogen (Der Unterschied zwischen beiden Techniken ist geringer als man vielleicht zunächst denken mag: An vielen Ritzungen hat man noch Reste von Farbpigmenten gefunden. Wissenschaftler vermuten sogar, daß ursprünglich alle Ritzbilder farbig ausgemalt waren.). Nun sollten wir uns einmal der Sparte Plastik und Relief zuwenden.

Es wurden unzählige kleine Figuren aus Elfenbein, Horn, Ton, Speckstein und Feuerstein gefunden, die Bären, Mammuts, Pferde, Löwen und Wildschafe darstellen. Manche von ihnen sind, besonders wenn es sich um sehr hartes Material handelt, relativ grob bearbeitet, nur mit spärlichen Mitteln der möglicherweise bereits tierähnlich vorgefundenen Form nachgestaltet. So ist der Grenzbereich zwischen natürlichen Steinen, in die übereifrige Finder etwas hineinsehen und ›echten‹ Figurensteinen oft fließend und wissenschaftlich umstritten. Deutlicher lassen sich Kleinplastiken aus Knochen, Horn oder Elfenbein einordnen. Besonders schöne Beispiele dafür sind der Höhlenlöwe und der Wildhengst aus der Höhle bei Stetten (Schwäbische Alb), die auf ca. 32000 Jahre geschätzt werden. Sie ähneln in ihrer dynamisch-expressiven Form durchaus den Bildern der Höhlenmalerei und weisen wie jene zusätzlich eingravierte Zeichen und Muster auf. Diese Figuren mögen Talismane gewesen sein, irgendwelche Durchbohrungen oder andere Hinweise, die sie als Schmuckstücke ausweisen, liegen nicht vor.

Den Höhlenmalern war das dreidimensionale Gestalten nicht fremd, das beweist schon die geschickte Nutzung des Felsuntergrunds, der bewußt nach der Licht- und Schattenwirkung ausgesucht wurde. Skulpturen und Halbreliefs sind aus einigen französischen Höhlen des MAGDALENIEN bekannt, z. B. die aus Höhlenlehm modellierten Bisons von TUC D'AUDOUBERT (Ariège, nahe TROIS FRERES) und die berühmte Komposition von Pferd, Bison und kämpfenden Steinböcken von Roc-de-Sers (Charente). In der spanischen Höhle El Juyo (SANTANDER) wurde eine ca. 35 cm große freistehende Plastik gefunden, deren eine Hälfte ein menschliches Gesicht zeigt, während die andere katzenartige Züge aufweist und vielleicht einen Höhlenlöwen darstellen soll. Nähere Untersuchungen ergaben, daß auch diese Plastik – was immer sie bedeutet – einstmals bemalt gewesen sein muß: Es wurden Farbpunkte eines Bartes festgestellt. Wir müssen unwillkürlich an die aus Mammutelfenbein geschnitzte Menschengestalt mit Löwenschädel aus der deutschen Fundstelle Hohlenstein-Stadel denken.

Plastiken oder Reliefs, die Menschen verkörpern, sind, wie in der Höhlenmalerei, relativ selten. In der zuvor schon erwähnten Höhle von Roc-de-Sers scheint ein mit einem Stock bewaffneter Mann vor einem Bison zu flüchten. In LAUSSEL spannt eine nackte männliche Figur gerade den Bogen. Das häufig als ›Venus von Galgenberg‹ (Österreich) bezeichnete, nur 7 cm hohe, aus grünem Stein geschnittene Figürchen stellt m. E. keine tanzende einbrüstige Frau dar, sondern einen Mann, der seine Keule geschultert trägt. Interessant ist auch der Fund einer männlichen Figur bei Brünn (Mähren), die aus Mammutelfenbein geschnitzt ist und aus vielen, wie bei einer Gliederpuppe zusammensetzbaren Einzelteilen besteht.

Gegenüber diesen vereinzelten Männerfiguren fallen die bisher bekannten über 100 Frauenstatuetten auf. Sie wurden nach ihren jeweiligen Fundorten benannt und heißen ›Venus von Willendorf‹ (Österreich), ›Venus von Dolni Vestonice‹ (Mäh-

28 Androgyne Figur in Tursac, Dordogne, Frankreich

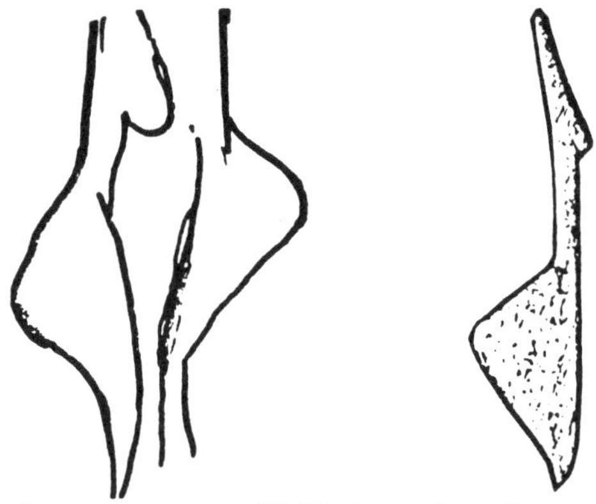

29, 30 Frauendarstellungen aus Gönnersdorf am Rhein

ren) und ›Venus von Mal'ta‹ (Sibirien) usw. Solche Kleinplastiken sind aber auch in Frankreich, der Ukraine und vor allem in Deutschland entdeckt worden, wo BOSINSKI bei Gönnersdorf (Neuwied) allein 15 von ihnen ergrub. Das typische Kennzeichen der Statuetten ist die üppige Betonung der weiblichen Geschlechtsmerkmale, die perückenartige Frisur und ihre Gesichtslosigkeit. Offenbar sollen sie keine realistischen Frauen darstellen, sondern mit ihren ausufernden Brüsten, Gesäß- und Bauchpartien die Fruchtbarkeit an sich verkörpern. Es sind keine weiblichen Gottheiten, sondern Symbole der Schwangerschaft. Dabei fällt auf, daß die meisten von ihnen keine Standfläche besitzen. Sie sind sozusagen ›in die Hand geschäftet‹ und wurden möglicherweise in Grenzsituationen des Lebens umklammert – bei der Entbindung, bei schweren Krankheiten oder Todesnähe. BIEDERMANN meint, man habe auf diese Weise mit der großen Stammesmutter in hautnaher Verbindung bleiben wollen. Wer einmal die ›Venus von Willendorf‹ in der Hand hielt, kann diese Annahme nur bestätigen. Sie wirkt wie jene angenehm glatten Steine, die unter dem Begriff ›Handschmeichler‹ in Mode sind. Mir fällt in diesem Zusammenhang die Ähnlichkeit zu den kleinen Tonstatuetten der altkanarischen GUANCHEN-Kultur auf. Sie heißen ›Wassermütter‹ und wurden – so notierten es einst zuverlässige Chronisten – von den Frauen beim Wasserholen in der Hand getragen, um sie sicher zu den oft nur auf mühsamen Wegen erreichbaren Quellen zu geleiten (BRAEM). Wieder ein deutlicher Bezug zum ›Wasser des Lebens‹.

Die kleinen Statuetten von Gönnersdorf am Rhein wirken dagegen stark abstrahiert und gleichen den Ritzbildern, die dort auf Schieferplatten gefunden wurden. Ihre bewegten, tanzenden Körper wurden vielfach als Hinweise auf Jugendweiheriten junger Mädchen gedeutet.

In der Höhle von La Madeleine (Dépt. Tarn) stehen wir vor einer gänzlich anderen Art der Frauendarstellung, die es einem schwer macht, an Urmütter, Göttinnen oder Fruchtbarkeitsidole zu denken. Die dort in dynamisch anmutenden Reliefs dargestellten Figuren wirken irgendwie modern: lässig, beinahe lasziv ausgestreckte Körper, denen es an den ansonsten üblichen üppi-

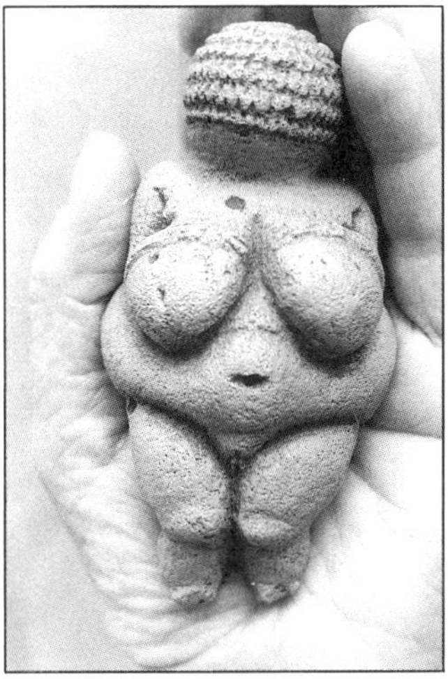

31 ›Venus von Willendorf‹, Niederösterreich

32 Die ›Urmutter von Tara‹, Gran Canaria

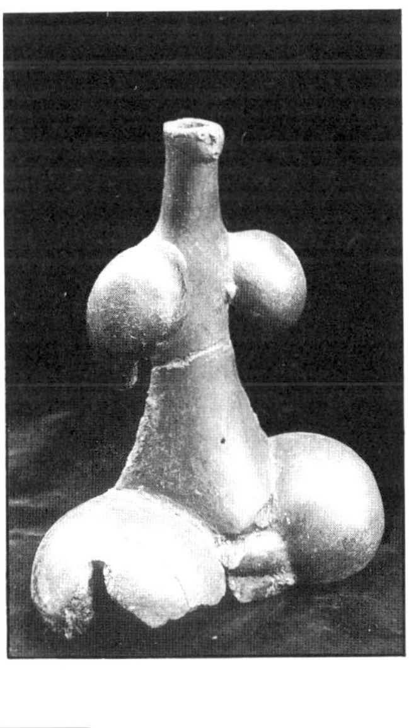

gen Fruchtbarkeitsdimensionen mangelt. Ein Besucher, der mit mir die Höhle betrat, rief beim Anblick der schlanken Gestalten in durchaus erotisierender Pose spontan aus: »Wahnsinn, das sind ja Pinup-Girls!« Daß solcherart Darstellungen im späten MAGDALENIEN durchaus kein Einzelfall sind, beweisen ähnliche Reliefs bei Angles-sur-l'Anglin (Dépt. Vienne). Vielleicht sind sie der Beweis, daß die Frauen der eiszeitlichen Jäger keineswegs, wie die ›Venus von Willendorf‹ vermuten läßt, fettleibig waren. Vermutlich sahen sie nicht viel anders aus als die Frauen heute. Aber – um es noch einmal zu betonen – auch die schlanken Frauenreliefs sollten offensichtlich keine realen Menschen darstellen, schon gar nicht Pornografie, sondern möglicherweise Priesterinnen, denn in ihrer Nähe befinden sich stets Gravierungen von Tieren (vor allem Bisons und Wildpferde). In irgendeiner Weise standen sie also mit dem Unterweltkult der großen Göttin, der ›Herrin der Tiere‹ in Zusammenhang.

Von allen Fundstücken haben die Frauenreliefs von LAUSSEL (Dordogne) die Gemüter am meisten bewegt und zu bizarren Spekulationen Anlaß geboten (Farbabb. 5). Sie wurden etwa 4 km von LES EYZIES – das als Zentrum der französischen Eiszeitkunst gilt – unter einem ABRI entdeckt. Der Ort diente über viele Jahrtausende hinweg als Wohnplatz, was die begleitenden

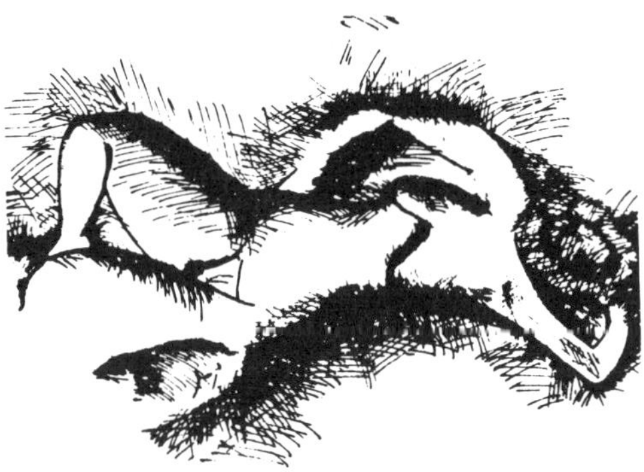

33 Reliefdarstellung der ›Frau von Madeleine‹, Dépt. Tarn, Frankreich

Grabungen dort beweisen. Hier wurden nun weibliche Körper in den Fels gemeißelt, die in ihren Dimensionen wieder an die üppige Venusgestalt von Willendorf erinnern. Was die Sache so spannend macht: Zwei von ihnen tragen Bisonhörner in der rechten Hand. Nun sind die Assoziationen Gehörn – Mond – Weiblichkeit ja recht interessant und wohl auch nicht falsch, aber die Darstellungen geben auch Hinweise auf eine viel einfachere und naheliegendere Verwendung. Es sind nämlich Trinkhörner, wie sie von der Steinzeit an bis in jüngste Epochen hinein noch genutzt wurden, und sie werden in einer Weise gehalten, daß ihr Inhalt nicht ausfließen kann. Dies kann ein deutlicher Hinweis auf Trankopfer (Libation) sein, was – wenn man den ›Platz der Kraft‹ LAUSSEL kennt – durchaus zutreffen kann. Noch mysteriöser wirkt die Doppelfigur von LAUSSEL. Sie wurde als Ahnmuttergestalt bezeichnet, als Geburtsakt gedeutet oder sogar als Koitusdarstellung. BIEDERMANN bietet m. E. die einleuchtendste Erklärung an, wenn er schreibt:

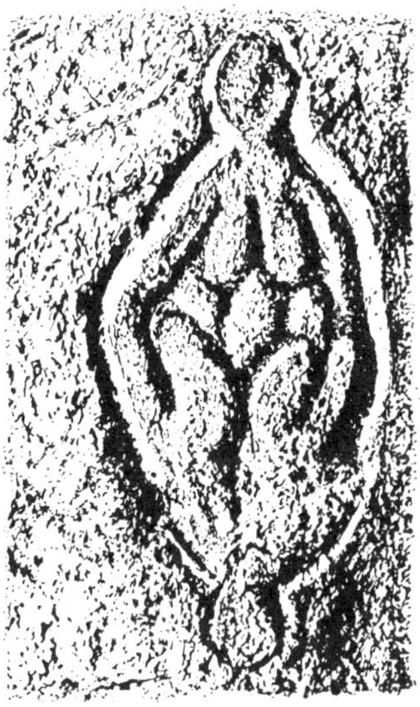

34 Die mysteriöse Doppelfigur von LAUSSEL, Dordogne: Koitusdarstellung, Spiegelung im Wasser oder Ganzheitsdarstellung?

> »Wenn aber die anderen ›Ahnmütter‹-Reliefs von LAUSSEL aus Hörnern Flüssigkeiten, vermutlich das lebenspendende Element Wasser, auf die Erde gießen (...) dann sollte auch bei der Doppelfigur eine ›aquatische‹ Deutung erwogen werden (...). Es ist denkbar, daß die Urmutter in diesem Fall nicht Wasser ausgießt, sondern

selbst bis zu den Hüften im Wasser steht, wodurch sich ihr Oberleib im Spiegelbild von dessen Oberfläche abbildet. Wir werden später sehen, daß Wassersymbole in jüngeren Steinzeitkulturen eine bedeutende Rolle spielen, und es ist sicher möglich, daß die Frau als Sammlerin der Pflanzen bereits wesentlich früher dem Lebenselement ihre Aufmerksamkeit zugewendet hat – daß die Urmutter selbst wie ein Lebenskeim aus dem Wasser aufsteigend dargestellt wurde. Die weniger markante Gravierung der unteren Bildhälfte kann sich daraus erklären, daß dort nur das Spiegelbild der oberen Gestalt wiedergegeben wurde.«

Nun steht die Doppelfigur von LAUSSEL nicht allein da. Ich habe in verschiedenen Teilen der Welt ähnliche Darstellungen angetroffen. Sie sind in der Tat durchaus unterschiedlich interpretierbar. Zum Beispiel die seltsamen altkanarischen Felsbilder vom Barranco de los Balos (der Schlucht der Tänzer, so genannt nach einigen Gravuren, die tanzende Männer darstellen): Zunächst glaubte ich, Eidechsen vor mir zu haben, auf jeden Fall aber Reptilien. An einer bestimmten Stelle des sonnenüberfluteten Felshangs mitten im ausgetrockneten Flußbett konzentrieren sich Felsbilder dieser Art zu einem eindrucksvollen Ensemble. Ich habe sie fotografiert, abgerieben, lange betrachtet und darüber meditiert. Plötzlich erkannte ich, daß es sich nur um ADORANTEN, Sonnenanbeter, handeln konnte. Jeweils paarweise zu einem Doppelbild zusammengefügt ergeben sie eine neue, für den heutigen Betrachter überraschende Form, die wir modernen Menschen aus einem ganz anderen Zusammenhang her kennen: Alle Personenbilder im Kartenspiel, also Dame, Bube, König sind so angelegt, daß sie wahlweise von beiden Seiten aus erkannt werden können. Für uns eine selbstverständliche Alltagserscheinung, über die nicht weiter nach gedacht wird. Aber schlagartig wurde mir im Barranco de los Balos klar, daß sie ja eigentlich in getreuer Tradition zu den Doppelbildern der Altsteinzeit stehen. Unsere Spielkarten stellen also eine rezente Gestaltform mit vergessenem Inhalt dar. Nun könnten auch die ADORANTEN von Gran Canaria nach BIEDERMANNS Interpretation im Wasser stehen, sich spiegeln und dadurch ein Symbol ›aquatischer‹ Schöpfung verkörpern. Ich komme aber nicht umhin, gerade diesen Felsbildern eher eine Geburts- und Fruchtbarkeitssymbolik zuzuschreiben. Ich muß nämlich sofort an vorgeschichtliche sabäische Felsbilder aus dem Jemen (dem legendären Reich von Saba) denken, die mir formal sehr wesensverwandt erscheinen. Dort handelt es sich deutlich erkennbar bei der oberen Hälfte des Doppelbildes um eine gebärende Frau, während die untere spiegelbildlich gekontert einen Säugling darstellt. Die Mythenforscherin GETTY schreibt dazu:

> »Zu keiner anderen Zeit ist die sterbliche Frau dem heiligen Weiblichen vielleicht näher als bei der Geburt. Schließlich hat die Große Mutter aufgrund der Abfolge von Geburt und Tod Bestand, und die Geburt trägt den Todeskeim immer schon in sich. Die Macht der Göttin wird in diesen Frauen erlebbar, die aufrecht stehend neues Leben in die Welt aussenden. Das Felsbild (...) zeigt Mutter und Kind, durch die Nabelschnur verbunden, als Spiegelbild. Die Energielinien, die vom Kopf des Kindes ausstrahlen, veranschaulichen den stetigen Strom des Lebens.«

Als Gestalter, der sich seit frühester Studienzeit mit der Kraft von Bildzeichen auseinandersetzt, weiß ich, daß es die Natur des Bildes ist, stets mehrdeutig zu wirken. Dies um so mehr, wenn das Bild Hauptträger der Information ist und der Dekodierungshorizont des Betrachters – im besonderen Maße eines solchen aus einer magisch orientierten Vorzeit – solche verdichteten Mehrfachbotschaften aufzunehmen gewohnt ist. Meiner Meinung nach könnten in den alt- und jungsteinzeitlichen Doppelbildern folgende Botschaften stecken: Mutterschaft, Geburt, Fruchtbarkeit, Leben und Tod, Unsterblichkeit.

Wenn die Bilder in Wassernähe auftreten, werden diese, in einem komplexen Symbol verdichteten Botschaften zusätzlich mit dem Lebenselement Wasser konfrontiert. Eine deutlich sichtbare und durchaus nachvollziehbare Imagisierung!

Der sakrale Charakter der Darstellungen von LAUSSEL und des Ortes selbst steht außer Frage. Man hat an ihnen Spuren von Ocker festgestellt, und die Verwendung gerade dieser Farbe, die als ›Blut der Erdmutter‹ galt, gibt einen weiteren deutlichen Hinweis. UHLIG hält die auf ca. 25 000 Jahre datierten Steinblöcke mit den etwa 50 cm großen Reliefs, die sich mit weiterem Fundmaterial in der dritten der vier ausgegrabenen Schichten befanden und damit zu den ältesten uns bekannten Reliefs überhaupt zählen, für Symbole des kosmischen Zusammenhangs zwischen Mond und Menschenleben, zwischen Gestirnswandel und Daseinswandel. Zu Recht richtet er sein Augenmerk auf die 13 Kerben im Horn der zentralen Figur.

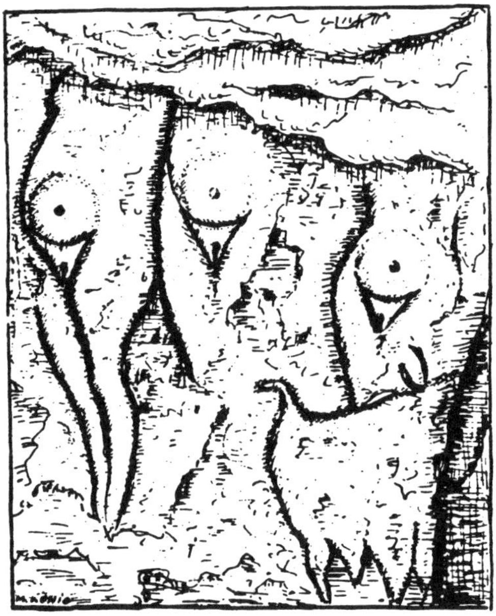

35 Relief von drei Frauen und Bison, ABRI Bourdois bei Angles-sur-l'Anglin, Frankreich

13 Nächte braucht der Mond vom ersten Aufscheinen der Sichel bis zum Vollmond. Damit würde sich sogar erklären lassen, weshalb nur eine halbe Mondsichel dargestellt ist – sie symbolisiert das Wachsen des Mondes, seine Geburts- und Werdensphase.

Die weibliche Präsenz von LAUSSEL als Mutterheiligtum über Jahrtausende hinweg ergibt sich zudem durch zahlreiche Steinfunde mit eingeritzten Vulven. Solche Vulven kommen in der Höhlenkunst sehr häufig vor. KÖNIG untersuchte sie vorrangig im Zusammenhang mit verschiedenen anderen Hinweisen zum Urmutterkult. Das nach unten weisende Dreieck ist ein uralter Archetypus für Weiblichkeit, im Gegensatz zu der mit ihrer Spitze nach oben zielenden ›männlichen‹ Pyramide.

Bereits der französische Prähistoriker LEROI-GOURHAN hatte die gesamte Höhlenkunst als Ausdruck sexuellen Bewußtseins eingeschätzt und sie in ›männliche‹ und ›weibliche‹ Zeichen

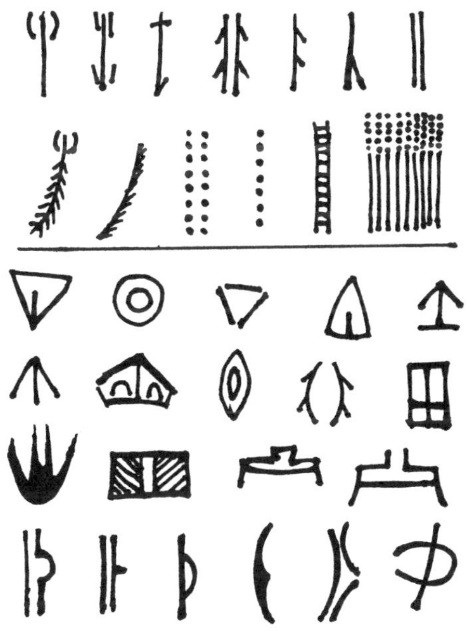

36 Symbolzeichen, die in der Höhlenkunst im Umkreis der Tierbilder zu sehen sind. Nach LEROI-GOURHAN handelt es sich oben um ›männliche‹, unten um ›weibliche‹ Symbole.

eingeteilt (siehe dazu die entsprechende Zusammenstellung, Abb. 36). Auch die Tierdarstellungen ordnet er diesem Schema unter. Das hat in der Folge zu einer emotional stark aufgeheizten Diskussion und zu waghalsigen, wenn nicht völlig abwegigen Hypothesen geführt, die dem eigentlichen Thema nicht sonderlich dienlich sind. Logischerweise gab es entsprechend harsche Kritik, so etwa von KÜHN, der sagte, nun werde jedes runde, offensichtlich Fallgruben darstellende Zeichen als weiblich gewertet, jeder senkrechte Strich als männlich.

In der Tat sind viele Einschätzungen LEROI-GOURHANS heute nicht mehr haltbar. Pfeile, Harpunen, Lanzen, Hütten, Tierfallen, Stammes- und Sippenembleme und andere Darstellungen bleiben eben das, was sie sind, nämlich reale Abbildungen und bedeuten als solche bereits genug, um darüber hinaus noch übersteigerte Interpretationen nötig zu haben. Völlig willkürlich dürfte auch seine Einteilung der Tierarten in männlich – weiblich sein, die einfach darüber hinweggeht, daß es sich tatsächlich um Stuten, Hengste, Fohlen, Stiere, Kühe, Kälber usw. handelt. MÜLLER hält LEROI-GOURHANS dualistische Grundidee deshalb für eine ›Narrenposse‹. Und KÜHN ergänzt:

> »Annette Laming-Emperaire (...) deutet alle Bilder in den Höhlen in dem Gegensatz von männlich und weiblich. Dabei wird der Stier als männlich angesehen, das Pferd als weiblich. LEROI-GOURHAN ist der Verfasserin in der Grundidee gefolgt, bei ihm aber ist der Stier weiblich und das Pferd männlich. Der Grundgedanke stammt von Claude Lévi-Strauss. Er erklärt in mehreren Werken, daß alles Denken der Menschen aller Epochen zugeordnet sei auf die Gegensätzlichkeit von männlich und weiblich (...). Die Übertragung auf die Felsbilder der Eiszeit in diesem Sinne ist völlig abwegig.«

Nehmen wir einmal an, LEROI-GOURHAN hat sich mit seiner ausschließlich sexbezogenen Einschätzung (ähnlich wie Siegmund Freud) tatsächlich verrannt und ist Gefangener seines selbst konstruierten Denksystems geworden, so erscheint mir sein Grundgedanke eigentlich gar nicht so falsch, wenn auch in einem ganz anderen Sinne. Meines Erachtens hat es zu allen Zeiten ein dualistisches Bewußtsein gegeben, das sich darin äußert, daß es ausgesprochene Kulte für Männer und solche für Frauen gab. Beide Auffassungen existierten unabhängig voneinander und tun dies – wenn wir ehrlich sind – auch noch heute, nicht nur in ferner Wildnis, in Ländern mit auffallender Geschlechtertrennung wie dem Orient oder in romanischen Ländern, sondern auch bei uns. Über die Grundzüge der jeweiligen Religion besteht Konsens, nicht aber über die Rituale, die von Männern und Frauen in höchst unterschiedlicher Auslegung praktiziert werden. So ließen sich viele Erscheinungsformen der Höhlenmalerei in ihrer Eigentümlichkeit verstehen, ohne sie in ein für beide Geschlechter passendes, starres Muster zu pressen. Entpuppen sich die Begriffe ›Matriarchat‹ und ›Patriarchat‹ bei näherer Betrachtung nicht zusehens als leere Worthülsen? Oder wie soll man eine Kultur wie die unsrige einschätzen, in der es (in katholisch dominierten Gebieten) von Frauendarstellungen (Maria) nur so wimmelt, wogegen die männlichen deutlich unterrepräsentiert sind. Leben wir deshalb in einem Matriarchat? Ganz ähnlich kann es sich mit den Venusdarstellungen der Steinzeit verhalten haben. Aufgrund nur weniger, spärlicher Fundstücke rückschließen zu können, daß die Steinzeit ausschließlich matriarchalisch orientiert war, ist reine Spekulation, eine schöne Illusion, mehr aber nicht.

Unbestreitbar spielten die große Erdmutter und vor allem Fruchtbarkeitskulte eine wichtige Rolle, aber auch der Glaube an einen höchsten, männlichen Himmelsgott, und für beide Anlässe wurden entsprechende Zeremonien durchgeführt bzw. Felsbilder gemalt. Daß diese Einschätzung kein fauler Kompromiß ist, der zwischen den verhärteten Ideologiefronten vermitteln will, sondern eine realistische und oft praktizierte Lösung, möchte ich am Beispiel der altkanarischen GUANCHEN-Kultur, die noch bis ins 14. Jahrhundert hinein – beim Eintreffen der Spanier – auf Steinzeitniveau existierte, demonstrieren.

Das als ›Urmutter von Tara‹ bekannt gewordene Tonidol zeigt sowohl weibliche als auch männliche Geschlechtsmerkmale und ist als reines Fruchtbarkeitssymbol einzuschätzen. Die Altkanarier verehrten ihre Stammeltern (die Große Mutter, den Großen Vater), darüber hinaus aber noch ein drittes, heilvolles Prinzip, das aus dem Zusammenwirken der beiden höchsten Gottheiten entstand (nennen wir es ruhig ›Fruchtbarkeit‹, es impliziert im Denken der Altkanarier aber noch wesentlich mehr). Diese ›Dreifaltigkeit‹ wurde von Männern wie Frauen verehrt, jedoch gingen beim Ritus beide Geschlechter getrennte Wege. Es gab die Idee des sogenannten ›Doppelheiligtums‹ (z. B. bei den Quellen von Zarza und Zarzita), jeweils eines davon war für Frauen, das andere für Männer bestimmt. Ebenso wurden die Bergheiligtümer von Männern häufiger aufgesucht als von Frauen, vermutlich war es bei bestimmten Quellen gerade umgekehrt. Entsprechend ihres Geschlechts mußten sich Jungen und Mädchen verschiedenartigen Initiationsriten unterziehen. Dennoch saßen sie z. B. in der Ratsversammlung des Stammes wieder zusammen, in der Mann wie Frau gleiche Mitspracherechte besaßen. Auch im sportlichen Wettkampf und bei Kriegshandlungen wurde nicht nach Geschlecht unterschieden. Die spanischen Chroniken berichten von gefürchteten Kriegerinnen, die in nichts dem Ansehen der Männer nachstanden. Bei allen politischen Fragen von Belang holte der frei gewählte Mencey (König) zuvor die Meinung der Seherinnen und weisen Frauen ein. Adliger oder König konnte übrigens nur jemand werden, der sich dem Sittenkodex entsprechend ehrerbietig gegenüber Frauen benahm.

Zusammenfassend kann ich die Kultur der steinzeitlichen Altkanarier nur mit dem Prädikat ›fortschrittlich emanzipiert‹ belegen. Ob dieses Modell nun grundsätzlich auf die gesamte Steinzeitkultur übertragen werden kann, wage ich nicht zu behaupten, kann es mir aber lebhaft vorstellen. Die heute weit verbreitete Polarisierung unseres Denkens scheint eine solche Möglichkeit immer noch für Utopie zu halten.

Sex in der Steinzeit

Prähistorische Obszönität oder Projektion der Moderne?

Folgen wir den Behauptungen mancher Wissenschaftler, so müssen unsere steinzeitlichen Vorfahren geradezu sexbesessen gewesen sein. Für LEROI-GOURHAN war die gesamte Höhlenmalerei der Sexualität untergeordnet, andere Autoren folgen ihm in dieser Betrachtung und konzentrieren ihren Blickwinkel auf einige völlig überzogen interpretierte Bildbeispiele. Da ist von ›hemmungsloser Nacktheit‹ und ›schamloser phallischer Präsenz‹ die Rede und dergleichen mehr. Der bereits mehrfach erwähnte Schamane mit dem erigierten Glied, der in LASCAUX vor dem tödlich getroffenen Bison steht, muß als Paradestück herhalten und wird – in absoluter Verkennung dessen, was dort wirklich dargestellt ist – als Beweis für die ›erregende Lust des Mannes am Töten‹ angeführt. Die angebliche Koitusszene von LAUSSEL wird dann ebenso

37 Der ›Zauberer von St-Cirq‹, bei LES EYZIES, Frankreich

präsentiert wie der ›Zauberer von St-Cirq‹ (in der Nähe von LES EYZIES), der »einen außergewöhnlich langen Penis mit stark betonter Eichel vorweist«.

Die Wirklichkeit verhält sich ganz anders, und bei näherer Betrachtung scheinen diese Autoren lediglich ihre eigenen Träume und Wunschvorstellungen in die Höhlenkunst zu projizieren. Zunächst einmal die Zahl der Darstellungen: Es existieren lediglich drei Reliefs mit geschlechtlicher Überbetonung. Demgegenüber stehen mehrere hundert Höhlen (im franko-kantabrischen Raum) mit annähernd 6 000 Tierfiguren. Der Prozentsatz ist also verschwindend gering. Betrachten wir dann die besagten Darstellungen selbst: NOUGIER, der speziell diesen Aspekt in der Eiszeitkunst untersuchte, kann – im Vergleich zum heutigen Menschen – keinerlei auffällige Anomalien feststellen. Seiner Meinung nach sind die prähistorischen Darstellungen geradezu brav. Er sagt: »Obszönitäten hat es in der Vorzeit nie gegeben.« Diese Worte unterstützen die Aussage von BREUIL, der das ganze Spektakel um Dinge, die gewiß keine Sensationen sind, für das Ergebnis einer gewissen Presse hielt, für die verbogenen Phantasievorstellungen unserer zeitgenössischen Lebensweise.

Was die sexuelle Zuordnung von Tieren anbelangt, so kann NOUGIER, wie viele andere Wissenschaftler auch, den Denkstrukturen LEROI-GOURHANS nicht folgen. Er fragt: »Was soll man von einer trächtigen Stute halten, die angeblich ›männlich‹ sein soll, von einem ›weiblichen‹ Bison, der eindeutig ein feuriger Stier ist?«

38 Männliche Figur auf einem durchbohrtem Stab, Gourdan, Frankreich

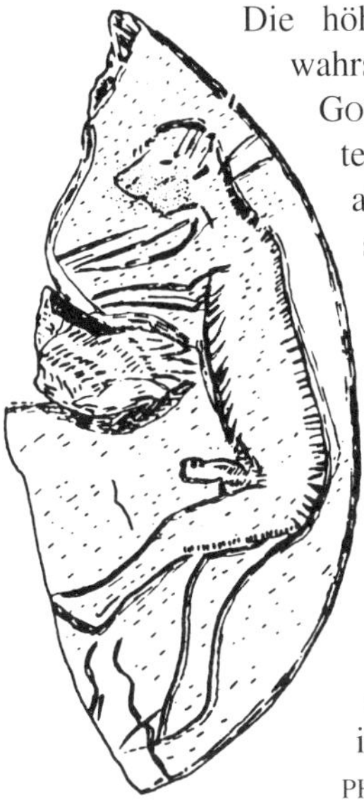

39 Gravierte Knochenscheibe aus MAS-D'AZIL, Frankreich

Die höhlenbemalenden CROMAGNON hätten wahrscheinlich über die Ideen von LEROI-GOURHAN lauthals gelacht, denn sie hatten offensichtlich ganz anderes im Sinn, als ein kompliziert verschlüsseltes, in sich verworrenes Weltbild zu liefern. Ihre Sicht der Dinge ist ganz eindeutig, realitätsnah und – was die Sexualität von Tieren anbelangt – feinfühlig beobachtet. Die dargestellten sekundären Geschlechtsmerkmale geben detailgetreu Auskunft über das, was jeweils gemeint ist: Brunftzeit, Vorspiel zur Paarung, Trächtigkeit, Alter, Größe des Rudels, Zusammensetzung der Herde usw. Für NOUGIER ist in der prähistorischen IKONOGRAPHIE jede Art durch Männchen und Weibchen in wechselndem Verhältnis vertreten. Die Verhältnisse in der Natur sollten möglichst wahrheitsgemäß wiedergegeben werden, und dazu gehörte auch eine realistische Darstellung der Gewohnheiten ohne irgendwelche mit schwerwiegenden Symbolen aufgeladene Hintergedanken.

Bei alldem fällt auf, daß der Paarungsakt an sich beim Tier selten, beim Menschen so gut wie nie dargestellt wurde. Diese ›Prüderie‹ der prähistorischen Bilder steht in krassem Gegensatz zu den sexuellen Überinterpretationen mancher Autoren und kann durch zweierlei erklärt werden: Entweder war der Akt den Steinzeitmenschen nicht wichtig genug, um ihn darzustellen, oder – wie NOUGIER meint – sie sahen keinen direkten Zusammenhang zwischen Begattung, der Entwicklung des trächtigen Weibchens und den zahlreichen Geburten. Wer an dieser Stelle stutzt, der sei erinnert, daß einige naturnahe Stämme diesen Zusammenhang bis heute nicht sehen und daß der Geschlechtsakt als Ursprung der Nachkommenschaft auch bei uns bis ins 17. und 18. Jahrhundert der christlichen Ära nicht von allen Bevölkerungsschichten erfaßt wurde.

Daß die menschliche Paarung nie dargestellt wurde, stimmt nicht ganz. In der Grotte von Enlène (Ariège) zeigt eine gravierte Kalkplakette eindeutig einen Begattungsakt – allerdings gröber geritzt als ein nahe dabei befindlicher Bison. Bekannt und viel zitiert sind auch wesentlich jüngere Felsbilder im russisch-karelischen Onegasee-Gebiet (Peri-Noss), in Skandinavien (Bardal) und in der Sahara (Tassili-N-Ajjer). Letztere sind aber noch umstritten, da nicht klar ist, um was es sich bei der Darstellung wirklich handelt: In einem Falle besteigt ein gehörntes, maskiertes Wesen eine kauernde Frau, in einem anderen könnte es sich auch um Tanzszenen handeln bzw. besitzt die als ›Mann‹ eingestufte Figur sowohl einen Penis als auch Brüste.

Einen ganz besonderen Aspekt stellt die Frage dar, welche Technik und Stellung beim Geschlechtsakt angewendet wurde, gerade weil es eben an menschlichen Darstellungen dazu in der Höhlenkunst mangelt.

Wir können uns wohl noch alle an die entsprechenden Szenen von Jean-Jacques Annauds Film »Am Anfang war das Feuer« erinnern. Der Film, der neben reinem Abenteuerspektakel auch einige höchst interessante Zeitraffersequenzen in Hinsicht auf die Entwicklung von menschlicher Kommunikation und Sprache bietet, liefert dazu ein anschauliches Vorstellungsmodell, indem er getreulich dem weitverbreiteten Evolutionsdenken folgt: Anfangs dem Tier noch sehr nahe, präferierte der Mensch eine tierische Sexualpraktik, wobei der Mann die Frau von hinten besteigt. Durch die sich zunehmend ›emanzipierende‹ Frau animiert, kommt es gegen Ende des Films zur modernen, uns wohlbekannten Stellung, bei der sich die Partner die Gesichter zuwenden.

Das kann nun stimmen, muß aber nicht, denn keine Höhlenmalerei, kein Felsbild der älteren Zeit gibt darüber eindeutig Auskunft.

Symbolforscher und Anthropologen, die der Sache auf den Grund gehen wollten, haben dazu die These entwickelt, daß die bekannte Herzdarstellung, wie sie als archetypisches Zeichen für Liebe Verwendung findet, sich ursprünglich von den Formen des weiblichen Hinterteils ableitet. Demzufolge wäre jedes in die Baumrinde geschnitzte oder an die Hauswand gesprühte Herz eine Erinnerung an die ursprüngliche Optik beim Liebesakt unserer Vorfahren. Das mag man nun glauben oder nicht, interessant ist der Gedanke schon.

Wenn wir nun in dieser Frage wieder einmal hilfesuchend auf Ethnien blicken, die ihr steinzeitliches Verhalten bis heute relativ unverändert bewahrt haben, z. B. bei weltabgewandt lebenden Stämmen im Innern des Amazonasgebietes oder im Urwald von Papua-Neuguinea, so stellen wir jedenfalls fest, daß sich die ›animalische‹ Position dort nach wie vor großer Beliebtheit erfreut. Ähnlich war es bei allen Naturvölkern, bevor sie mit Weißen in Berührung kamen und von ihnen nach und nach die sogenannte ›Missionarsstellung‹ erlernten. Von Obszönitäten, Pornographie und Perversionen wußten sie allerdings wenig. Auch dies scheint eine spezielle Erfindung unseres modernen Lebens zu sein, für die im magischen Weltbild der Steinzeitmenschen noch keine Vorstellungen und Abbildungen existierten.

Gargas – das Rätsel der verstümmelten Hände

Über die ›Handhabung‹ magischer Symbole

Es gibt Zeichen, die sofort und direkt auf den Betrachter wirken. Zu diesen gehört ohne Zweifel das Handmotiv (Farbabb. 6, 7). Es lohnt sich, darüber etwas länger zu reflektieren, denn die Hand ist ein uralter, sehr starker Archetypus. Mittels der Hand äußert sich der hand-elnde Mensch. Auch beim Verfassen des Manuskripts (lat. Hand-Schrift) zu diesem Buch bin ich mir dessen bewußt. Ich gehöre nämlich zu den Leuten, die noch leidenschaftlich gern mit dem Füllfederhalter schreiben. Während ich nachdenke, füllt sich das Papier mit meiner Hand-Schrift, ich bin also per Definition ein Hand-Werker.

Als ich zum erstenmal in einer Steinzeithöhle – ich glaube es war in ALTAMIRA – auf ein Handsymbol traf, sprang mich dieses Zeichen geradezu kraftvoll und unübersehbar an, als wollte es sagen: »Schau her, hier bin ich, dies ist meine Signatur, mit der ich Besitz von der Höhle nehme. Hier ist vor Zeiten ein Mensch gewesen mit einer Hand gleich der deinen.«

Handbilder kommen in allen Kontinenten vor, sie erscheinen in einer solchen Fülle und Darstellungsvielfalt, in mannigfaltigen Bedeutungszusammenhängen und lassen so unterschiedliche Interpretationen zu, daß es mir notwendig erscheint, den Versuch einer systematischen Ordnung zu wagen.

Zunächst können wir zwischen positiven und negativen Darstellungstechniken unterscheiden. Zur ersten gehören direkte Handabdrücke im Lehm (selten), gemalte Handbilder (sehr selten) und Handabklatsche, bei denen die zuvor eingefärbte Handfläche auf den hellen Untergrund einer Felswand gepreßt wurde (häufiger). Wesentlich weiter verbreitet war allerdings die Negativtechnik. Hierbei wurde die Handfläche oder der Handrücken wie eine Schablone auf den Fels gelegt und Farbpigmente darüber gesprüht oder gestäubt. Gelegentlich kommen auch Ummalungen der Konturen vor oder Ritzungen. Bei den verwendeten Farben dominieren Rot und Schwarz.

Da die Hände oft sehr klein sind, könnte es sich um Frauen- oder Kinderhände handeln. Man hat deshalb schon an Initiationsriten gedacht. In diesem Fall besäßen die Abbildungen eine Symbolfunktion, die unmittelbar mit der Einweihung durch Schamanen zusammenhinge. Die Handflächen würden dann so etwas wie Stempel bedeuten, mit der der Initiant seine Anwesenheit am Weiheort dokumentierte. Seine unwiederholbare Persönlichkeit bliebe auf diese Weise im unterirdischen Heiligtum nahe dem Kraftquell der großen Erdmutter zurück. Für diese Annahme spricht auch die häufige Verwendung der heiligen Blutfarbe Rot. Auf moderne Denkstrukturen übertragen, fühlt man sich unwillkürlich an Fingerabdrücke erinnert, die für eine Fahndungskartei angefertigt werden. Für den Menschen der Steinzeit könnten Hände Identitätsnachweise gewesen sein.

Die Abbildungen linker Hände überwiegen, was BIEDERMANN u. a. zu der Schlußfolgerung veranlaßte, daß die Rechtshändigkeit bereits in der Eiszeit dominierte. Das muß aber überhaupt nicht stimmen, denn als Schablone müssen ja nicht die Handflächen gedient haben. Wie LEROI-GOURHAN bereits vermutete, ist es auch gut möglich, daß die Handrücken an die Felswand gehalten wurden. Andere Untersuchungen, z. B. in bezug auf die Abschlagtechnik bei Feuerstein, bei der Herstellung und Benutzung von Werkzeug, lassen ganz andere Ergebnisse erkennen, nämlich daß der Mensch der Steinzeit sehr gut beide Hände einsetzen konnte. Er scheint ein ausgesprochener ›Bihänder‹ gewesen zu sein, und der heute bevorzugte Einsatz der rechten Hand ist eine typische Eigenart der Neuzeit. Was das in bezug auf die mit der Handhabung eng verbundene Nutzung der Gehirnhälften zu tun hat, darüber läßt sich nur spekulieren. Der amerikanische Psychologe Jaynes stellte dazu eine interessante Theorie auf:

Bis vor etwa 3000 Jahren noch (so Julian Jaynes), besaß der Mensch ein ›Zweikammern-Bewußtsein‹ (bicameral mind). Es funktionierte so, daß die rechte Gehirnhälfte der linken ›sagte‹, was diese zu tun oder zu unterlassen hatte. Daraus Schlußfolgerungen zu ziehen, bzw. in einer neuen Situation durch konsequentes Nachdenken eine Lösung zu finden, war diesen Menschen noch nicht oder kaum möglich. Die Folge: Der Mensch hörte Stimmen und mußte den Geboten dieser Stimmen folgen. Und da er nicht wußte, woher die rätselhaften Stimmen in seinem Kopf stammten, ordnete er sie übermächtigen Wesen, also den Göttern zu. Die alten Mythen und Legenden – angefangen von der Bibel über Homers Ilias bis zur Jungfrau von Orleans – berichten (übrigens außerordentlich bildhaft analog, in Gleichnissen usw.) ständig von solchen Stimmen. Nach Jaynes' These entstanden daraus die großen Religionen und wirken bis heute nach.

Diese Theorie ist so abwegig nicht – weiß man inzwischen doch aus Experimenten der modernen Gehirnforschung, daß das Erzeugen von Stimmen im eigenen Kopf möglich ist: Reizt man bestimmte Zentren des Gehirns mit elektrischen Strömen, dann hört die Versuchsperson tatsächlich Stimmen – oft die Stimme der eigenen Mutter oder des eigenen Vaters. Ähnliches kann auch bei viel geringeren Reizen passieren, etwa bei Übermüdung oder (unter Drogeneinfluß) in Zuständen außerhalb der gewohnten Realitätsebene (Braem).

Führen wir diesen Gedanken noch ein wenig weiter. Nach Jaynes stellt die Paradiesgeschichte eine Art Wendepunkt im Wahrnehmungsverhalten dar: Adam und Eva hörten zwar die verbietende Stimme Gottes, folgten ihr aber nicht. Dies könnte eine Anspielung darauf sein, daß das Zweikammern-Bewußtsein zusammenbrach, um einem neuen, höheren Bewußtsein zu weichen. Die neue Art der bewußten Wahrnehmung zeichnet sich dadurch aus, daß der Mensch nicht mehr hört, was er zu tun hat, sondern es sieht, er wird zum visuell dominierten Wesen. Der Vorteil dieses Niveaus liegt klar auf der Hand: Was man sieht, muß nicht unmittelbar befolgt werden, die Betrachtung schafft genug räumliche und zeitliche Distanz, um erst einmal darüber nachzudenken. Von nun an funktionierten die beiden Gehirnhemisphären als Einheit von Intuition und Intelligenz, von analogem und digitalem Denken. Der Dualismus des Wechselspiels begann, sich in Philosophien und psychologischen Welterklärungssystemen zu manifestieren, so in den alten esoterischen Polaritätslehren, im Yin und Yang des Taoismus (das im Tao die Einheit der Gegensätze erkennt), im Tai Chi bis hin zum Tonal-Nagual-Prinzip von CASTANEDAS indianischem Medizinmann Don Juan. Goethe, der sich zeitlebens intensiv mit dem Problemkreis beschäftigt hat (»Der west-östliche Diwan« usw.), drückte es treffend so aus: »Zwei Seelen wohnen, ach, in meiner Brust«.

Doch zurück zur ›Handhabung‹ des von uns untersuchten magischen Symbols. Das Alter läßt sich nicht mit letzter Sicherheit festlegen, doch weist BAHN darauf hin, daß sie wahrscheinlich aus dem MOUSTERIEN der Epoche der Neandertaler, stammen und so wesentlich älter sind als alle Motive der uns bekannten Eiszeitkunst. Als Beweis führt er die Grotte von Unesca (nahe GARGAS) an, in der sich nur archäologische Fundstücke der älteren MOUSTERIEN-Phase befanden und die wohl nie von CROMAGNON-Höhlenmalern besucht wurde. Allerdings griffen die CROMAGNON gerade das Handmotiv gern auf, so z. B. in den berühmten Höhlen von GARGAS, ALTAMIRA, PECH-MERLE, EL CASTILLO, Bernifal, Tibiran, TROIS FRERES, FONT-DE-GAUME, Maltravieso, La Baume-Latrone, Montespan, La Pileta, Rocadour usw.

Daß es sich bei den Handbildern um einen sehr starken Archetypus handeln muß, der weltweit zur Erfindung einer ähnlichen Sprühtechnik führte, beweist das Vorkommen solcher Motive in Nord-und Südamerika, in Afrika, China, der Mongolei und in Australien. Der Reiz, die eigene Hand als Erkennungszeichen abzubilden, muß außerordentlich groß gewesen sein. Und er ist es ja auch noch heute, wenn mir in diesem Zusammenhang wieder einmal ein gedanklicher Brückenschlag zur Gegenwart erlaubt ist: Kinder klatschen immer noch gern ihre eingefärbten Handflächen gegen die Tapete ihrer Zimmer, sind fasziniert vom Abdruck im Lehm, und selbst Erwachsene unterliegen völlig unkontrolliert diesem Reiz – oder haben Sie noch nie Ihre Hand auf die Glasplatte eines Fotokopiergerätes gelegt und die eigene Handbelichtung nachdenklich betrachtet?

Zumeist sind die Hände in den eiszeitlichen Höhlen unversehrt abgebildet. Um so mehr überraschten uns die verstümmelten Hände in der Höhle von GARGAS (Hautes-Pyrénées), bei denen einzelne Fingerglieder zu fehlen scheinen. Stets ist es ja nicht die Regel, sondern sind es die Ausnahmen, die uns in ihren Bann ziehen und zu Spekulationen über Sinn und Zweck anregen. Ganze Forschergenerationen haben bereits über das Rätsel der verstümmelten Hände von GARGAS diskutiert und gestritten. Nachfolgend die wichtigsten Erklärungsmodelle zur Ursache dieses Phänomens:

Es soll sich um rituelle Selbstverstümmelung handeln, z. B. beim Tod eines nahen Verwandten, oder als Opfer an die Erdgöttin, die Ahnen und dergleichen. Diese Theorie stützt sich auf ethnologische Studien, die solcherart schmerzhaftes Brauchtum bei Indianern, Eskimo und anderen Völkern feststellten.

Aber auch bei den Germanen und Kelten sollen – zumeist im Zusammenhang mit Begräbniskulten – Fingerglieder oder ganze Finger abgeschlagen worden sein. Mythenforscher, die nach Restbeständen alten Denkens im heutigen Sprachgebrauch fahnden, weisen auf die Floskel hin, jemand würde sich ›in den eigenen Finger schneiden‹.

LEROI-GOURHAN glaubt nicht an die Verstümmelungs-Theorie, sondern hält es für möglich, daß komplette rechte Handrücken als Schablonen an die Wände gehalten und einzelne Finger dabei angewinkelt wurden. Dann wurden die Fingeropfer nur vorgetäuscht. Oder es handelt sich gar nicht um

Opferrituale, sondern um eine Art Zeichensprache, die mit den Zahlengesten des Mittelalters vergleichbar wäre. Nach LEROI-GOURHAN würden sie ein frühes Kommunikationssystem der Steinzeitjäger darstellen. Ihm fiel jedenfalls auf, daß ›abgeknickte‹ Finger sehr häufig in der Nähe von Bisondarstellungen auftreten, selten dagegen bei Wildpferden – was auch immer diese, vielleicht zufällige, Konstellation bedeuten mag.

NOUGIER hält dagegen von dieser Theorie nichts. Seine Untersuchungen, die von Medizinern begleitet wurden, machen es unwahrscheinlich, daß die Art von Verstümmelungen, wie sie in GARGAS vorkommen (immerhin mehr als 200 Beispiele!), von unversehrten Handschablonen stammen können. Vielmehr würden die Rekonstrukionsversuche auf saubere Amputationen hinweisen. NOUGIER lehnt auch die Möglichkeit ritueller Selbstverstümmelung kategorisch ab und präsentiert einen ganz anderen, sehr einleuchtenden Lösungsvorschlag: Für ihn ist GARGAS eine Schutzhöhle, eine Vorzeitklinik, in der von erfahrenen Medizinmännern oder -frauen die in einem sehr strengen Winter erfrorenen Fingerglieder behandelt wurden. Ihre Aufgabe: die Blutungen stillen, die Schmerzen lindern, die Wunden der Glieder, die abfallen, vernarben lassen, die Stummel in den weichen Lehm hineinpressen, die verletzten Hände mit linderndem Lehm einreiben und die Resultate der Behandlung dann an den Wänden vorzeigen, mit dem heiligen Blut-Ocker der großen Erdmutter besprüht.

Für die Höhle von Maltravieso, die viel weiter westlich auf spanischem Gebiet liegt, kann diese Theorie wohl aber nicht zutreffen. Denn dort gab es offensichtlich doch blutige Rituale – es wurden klare Anzeichen von systematischer Fingeramputation vorgefunden, die vor allem Hände von Frauen und Kindern betreffen.

NOUGIER dazu:

> »Bei gewissen Stämmen der großen prähistorischen Welt war es Brauch, daß die Witwe eines ihrer Fingerglieder opferte, um ihrem Schmerz Ausdruck zu verleihen. Zwei

> oder drei obliterierte, verödete Fingerglieder würden auf zwei oder drei Witwenschaften hindeuten. Das Ritual hatte einen gewissen praktischen Wert. Mit dem Handschlag war der Mann gebunden. Sollte dies der Ursprung und die Rechtfertigung der Händeschüttelns sein, dem seither ein anderes Schicksal beschieden ist?«

Wir müssen zugeben, daß das Geheimnis der verstümmelten Hände noch immer nicht restlos befriedigend gelöst ist (Farbabb. 7). Um so mehr stoßen wir in allen späteren Kulturen auf die magische Bedeutung des Handsymbols. Im Islam z. B. nimmt die schützende Hand Fatimas, der Mutter der Propheten, eine zentrale Rolle ein. Die IKONOGRAPHIE ist so gefestigt, daß bis heute Schmuckamulette von dieser Hand in Massenproduktion gefertigt werden. Im indischen, balinesischen und ostasiatischen Raum nehmen die – Mudris genannten – Fingerzeichen und die Gestik der Hand große Bedeutung ein, vom Tempeltanz bis hin zum traditionellen japanischen Theater. Und auch bei uns werden gewisse ›Fingerzeige‹ noch immer deutlich verstanden. Manche von ihnen, z. B. das Tippen des Zeigefingers an die Stirn, werden sogar noch als Beleidigung mit Geldstrafe geahndet. Die ›schwarze Hand‹ galt im französischen Algerienkrieg als Erkennungszeichen für eine Terrororganisation.

Bei naturnahen Völkern wird das Handsymbol in einem sehr praktischen und gut nachvollziehbaren Zusammenhang erklärt: Felsbilder mit Händen sollen den Zugriff auf etwas, z. B. auf jagbare Tierherden dokumentieren, man legt sozusagen ›Hand an‹ und zeigt deutlich seinen Besitzanspruch. Von allen Felsbildern der australischen Aborigines berührt mich diesbezüglich eines besonders stark. Es wurde um 1930 gemalt und entstammt damit der Malerei der sogenannten ›Kontakt-Periode‹. Dargestellt ist ein modernes Segelschiff mit dem Namen ›Harlem‹ sowie eine europäische Metallaxt. Um diese Dinge sind eine Vielzahl schwarzer Hände in Schablonentechnik gesprüht, als wollten sie danach greifen. Betrachtet man das Bild länger, so könnte es auch ein Bannbild sein, es scheint dann, als wollten die vielen Hände die Errungenschaften der Neuzeit einkreisen, abwehren und zurückdrängen. Oder habe ich etwa mehr in das Bild hineininterpretiert, als die Schöpfer meinten? Auf jeden Fall sind Handbilder kulturelle Manifestationen von elementarer Einfachheit, die im Prinzip in jeder Epoche angefertigt werden konnten (BIEDERMANN), und sie berühren uns deshalb so eigenartig intensiv, weil die Hand das ›Werkzeug der Werkzeuge‹ ist. Mit ihr beginnt ursprünglich und urtümlich die gesamte Kunst, bevor sie sich anderen, weitaus komplizierteren Themen zuwandte.

Geheimnisvolle Fußspuren
Auf den Wanderwegen der Ahnen

Wenn die frühen Höhlenmaler schon ihre Handabdrücke an den Wänden hinterließen, warum dann nicht auch Spuren ihrer Füße? Jedem Forscher wird das Herz höher schlagen bei dem Gedanken, auf solche eindeutigen Spuren zu stoßen, vielleicht sogar auf welche, die von den Schöpfern der herrlichen Bildwerke selbst stammen. Haben wir nicht auch Fußspuren von Dinosauriern gefunden, oder vom Vormenschen Australopithecus in der afrikanischen Savanne?

Die Aufregung war verständlicherweise groß, als Breuil in Niaux erste Spuren menschlicher Schritte entdeckte: nackte Füße im vom Wasser leicht verhärteten Lehm. Und es waren eindeutig Kinder, die vor gut 12 000 Jahren dort ihre Abdrücke hinterlassen hatten! Niaux ist eine gigantisch große, weitverzweigte Höhle, sie zählt zu den ausgedehntesten bemalten Höhlen Europas und ist noch immer nicht restlos erforscht. Mit ihrer Ausmalung und der Interpretation der Bilder werden wir uns im nächsten Kapitel ausführlich befassen. Was uns im Moment mehr interessiert, sind die Fußspuren der Kinder. Wo wurden sie gefunden, in der Nähe welcher Bildwerke? Stehen sie mit diesen in einem erkennbaren Zusammenhang? Fragen über Fragen. Zunächst lassen sich von den Spuren Rückschlüsse auf die Größe und das Alter treffen. Es muß sich um mehrere Personen im Alter zwischen zwölf und vierzehn Jahren gehandelt haben mit einer Körpergröße von 1,40 bis

1,60 m. Die frühere Annahme, es seien erwachsene CROMAGNON gewesen (das Gerücht, daß die Menschen früher bedeutend kleiner als heute waren, ist noch immer fest in den Köpfen verankert), läßt sich aufgrund neuester Untersuchungen nicht halten. Im Bereich der Fußspuren ist der Gang sehr niedrig, die Decke kaum höher als 1 m. Ein Erwachsener kann sich in ihm nur zusammengekrümmt, mit vorgestrecktem Kopf und stark angewinkeltem Oberkörper bewegen. Eine solche Gangart riefe jedoch ganz spezifische Fußspuren hervor und tiefere Eindrücke der Fußsohlen. Nein, die Rekonstruktionen beweisen eindeutig, daß in NIAUX Kinder unterwegs waren.

Interessanterweise befinden sich ihre Spuren in dem Teil des Höhlensystems, der zwischen dem sogenannten ›Schwarzen Salon‹ mit seinen gemalten Bisons, Wildpferden und Steinböcken und dem ›Bison mit Einschußlöchern‹ liegt. Letztgenannter wurde von der UNESCO zum ›Weltkulturerbe‹ erklärt. Und dies bestimmt nicht ohne Grund: Die Technik der in den Boden des Gangs geritzten Darstellung ist meisterlich. Ausgehend von einem natürlichen Trichtergrübchen im Lehm, das, wie viele andere im Umkreis, durch von der Decke herabfallende Wassertropfen entstanden ist, wurde zunächst ein Auge, dann der gesamte Körper des Bisons in rasanten Linien geritzt. Drei weitere Tropfwassergruben wurden geschickt genutzt, um die tödlichen Einschußstellen an den dazu geeigneten Stellen des Tieres zu markiern. Bei jeder Wunde wurden zusätzlich jeweils zwei Pfeile eingeritzt. NOUGIER weigert sich beharrlich,

40 ›Bison mit Einschußlöchern‹ in der Höhle von NIAUX, Frankreich

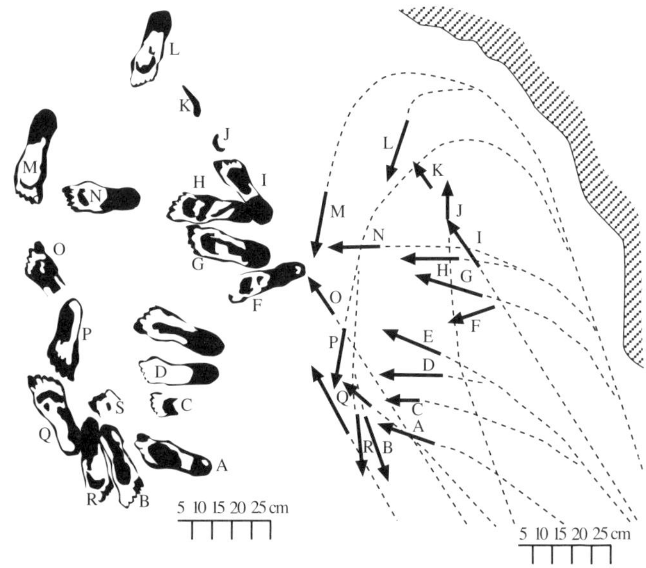

41 Fußabdrücke und Bewegungsrichtungen in der Höhle von NIAUX

den sexorientierten Rummel um Symbole wie drei weibliche Vulven und drei männliche Phalli mitzumachen. Der dreifache Zeugungsakt wäre an dieser Stelle auch völlig sinnlos.

Zwischen diesem Bild der Jagdmagie und dem ›Schwarzen Salon‹ mit den übrigen Tierdarstellungen also befindet sich der Gang mit den Fußspuren der Kinder. Waren es die Gehilfen des Künstlers oder junge Initianten? Das Geheimnis läßt sich so schnell nicht lösen.

Im Höhlensystem von NIAUX wurden weitere Fußspuren entdeckt und zwar in jenem, nur wenige Zeichnungen aufweisenden Teil, der durch passierbare Seen abgetrennt ist und sich ›Galerie Clastres‹ nennt. Die Fußspuren sind überall, als hätten dort Kinder neugierig und planmäßig alle Durchgänge und Felsspalten abgesucht. Und sie haben dabei der Nachwelt sogar etwas hinterlassen: Holzkohle, Reste von Kiefernfackeln, die dank der C14-Methode auf ein Alter zwischen 10200 und

9 900 Jahre datiert werden konnten. Damit stellte sich – zumindest für diesen Teil der Höhle – heraus, daß die jugendlichen Besucher viel später in das Innere der Erde vordrangen, als die Höhlenbilder dort entstanden waren.

Inzwischen hat die Wissenschaftler eine fieberhafte Suche nach weiteren Fußspuren erfaßt, nicht nur in Niaux, sondern in allen Höhlen der Eiszeitkunst. Ob sie etwas finden werden, ist ungewiß, zu viele Forscher und Touristen sind dort schon herumgestiegen und haben den Boden mit ihren eigenen Abdrücken überlagert.

Wesentlich seltener als die Handbilder sind Fußspuren als Motive in der Felsbildkunst verwendet worden, und sie wurden in der Regel auch weniger sorgsam als diese ausgeführt. In den französischen und spanischen Höhlen ist keine einzige derartige Abbildung bekannt, wohl aber aus anderen Teilen der Welt, so in Australien, in der nördlichen Sahara und in Südamerika. Die rezente Volkskunst benutzt die Motive dagegen schon öfter – sie kommen auf bemalten Baumrinden, Leder und sogar in Textilmustern vor. Was haben diese Füße zu bedeuten?

In Tunesien gibt es bei den Berbern noch einen Brauch, der anläßlich von Hochzeitsfeiern durchgeführt wird: Familienmitglieder führen das Brautpaar zu Felsen, die nahe der Dörfer liegen, und zeigen ihm – neben anderen dort befindlichen Gravuren – besonders dort eingravierte Fußabdrücke. In diese müssen sich die Brautleute stellen, was Glück und Segen für ihre Zukunft verheißt. Nach dem tieferen Sinn dieses Brauchtums und der Herkunft der Fußmotive gefragt, erhält man nur zögernd Auskunft, weil die meisten es einfach nicht mehr wissen. Ältere Leute behaupten aber, daß es sich um die Fußspuren der Ahnen handeln würde, das Brautpaar tritt also symbolisch in die Fußstapfen seiner Sippenvorfahren.

Ganz ähnliche Dinge werden auch aus Sibirien und von den australischen Aborigines berichtet. Mit dem Schamanismus vertraute Einheimische erklären die oft kompliziert verlaufenden Spurmuster damit, daß dies die Wanderwege der Ahnen aus der Vorzeit seien. Dazu muß man ihre Vorstellungen über die TRAUMZEIT kennen. In der Mythologie der Australier zogen nämlich die urzeitlichen Vorfahren nur auf ganz bestimmten Wegen durchs Land. Diese heiligen Pfade werden von den Nachkommen noch immer ganz selbstverständlich benutzt, was nicht verwunderlich ist, weil in deren Bewußtsein seit der Schöpfung keinerlei Zeit vergangen ist. Nicht viel anders ist das Weltbild der sibirischen Rentiernomaden. Auch sie folgen seit ewigen Zeiten den großen Herden auf immer gleichbleibenden Wegen. Sie benutzen also tatsächlich die alten Wanderwege ihrer Ahnen.

Ein südamerikanischer Medizinmann gab zu den tief eingravierten Fußbildern, die sich unter manchen ABRIS befinden, die Erklärung ab: »Das ist doch ganz einfach. Diese Plätze sind für die Götter bestimmt, wenn sie kommen, setzen sie ihre Füße genau auf diese Stellen.«

Ich habe Fußspuren von römischen Legionssandalen gesehen, die sich in frischen Ziegellehm eingedrückt bis heute erhalten haben, und war darüber auch schon beeindruckt. Das waren nun gewiß ganz normale Leute und keine Götter oder Ahnen, aber die in der Zeit so weit zurückliegende Spur eines Menschen rührt uns so oder so einfach an.

Besuch im ›Schwarzen Salon‹

Niaux – ein Gesamtkunstwerk der Eiszeitkultur

NIAUX ist ein beeindruckendes Erlebnis, besonders wenn man an einem warmen Sommertag in die angenehme Kühle der faszinierenden Unterwelt hinabsteigt und die Imagination aufbringt, sich dort wie ein Mensch der Vorzeit andächtig voranzutasten. Ein Besuch der Höhle gehört für jeden Kunstinteressierten zum Pflichtprogramm eines Frankreichaufenthalts. Sie liegt südlich von Tarascon nahe dem Gebirge und der Ebene von Garonne in malerischer Landschaft 670 m über dem Tal des Vicdessos, der bald darauf mit der Ariège zusammenfließt. Der Talsaum unten war schon zur Zeit des CROMAGNON ein beliebtes Wohngebiet, hier liegen der ABRI und die Höhle La Vache, in der deutliche Siedlungsspuren aus dem MAGDALENIEN gefunden wurden, sowie weitere ausgemalte Höhlen, u. a. die bekannteren von Fontanet, BEDEILHAC und Eglises d'Ussat. Uraltes, geschichtsträchtiges Gelände also, das einen so deutlichen ›Platz der Kraft‹ wie NIAUX zum Zentrum hatte.

Wir beginnen unsere Entdeckungsreise nach dem Einstieg, indem wir einen geräumigen, sich später etwas verengenden, Gang passieren. Nach etwa 600 m stoßen wir auf die erste Kreuzung. Nach rechts führt sie zum ›Schwarzen Salon‹ hinauf, geradeaus führt eine parallele Verzweigung bis zur nächsten Kreuzung, die ›Cartailhac‹ genannt wird. Dort hat man die Wahl zwischen zwei weiteren Gängen, die beide ausgemalt

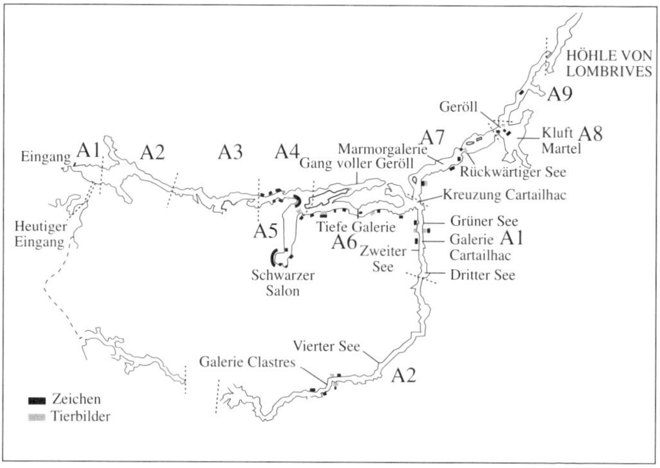

42 Die Verteilung der Darstellungen in der Höhle von NIAUX

sind. Durch die ›Marmorgalerie‹ gelangen wir zum rückwärtigen See, der aber nun nicht mehr mit Wasser gefüllt ist. Würde man ihn durchqueren (was die Höhlenmaler bewiesenermaßen taten), so erreichte man eine wilde, bizarre Unterweltlandschaft, die über Geröll zur ›Kluft Martel‹ führt und später an die Grenze zu einer weiteren Höhle, die Höhle von Lombrives.

Wir benutzen aber zunächst an der Kreuzung den rechten Gang der über allerlei Hindernisse und vier weitere ausgetrocknete Seen zur ›Galerie Cartailhac‹ bzw. nach längerem Fußmarsch zur ›Galerie Clastres‹ führt. Es wird angenommen, daß früher zu diesen Teilen des gut 3 km langen Höhlensystems noch andere Eingänge führten, die heute jedoch nicht mehr auffindbar und möglicherweise verschüttet sind.

Im ›Schwarzen Salon‹ sind die Wände mit Darstellungen von Pferden, Pyrenäenziegen, Steinböcken und mit abstrakten Motiven bemalt, ebenso finden wir drei Fische, zwei Hirsche und ein nicht klar zu definierendes Tier (Farbabb. 8, 9). Die am häufigsten vorkommende Gattung ist aber das Wisent, das mit 48 Exemplaren dominant repräsentiert ist. Auf weitere Wisente stoßen wir bei der Kreuzung vor dem ›Schwarzen Salon‹, in der ›Tiefen Galerie‹ sowie nahe dem vierten See bei der ›Galerie Clastres‹.

Zweierlei fällt uns im ›Schwarzen Salon‹ auf: erstens, daß hier fast alle Tierbilder in schwarzer Farbe gehalten sind, zweitens, daß sich an bzw. neben den Tieren Zeichenmarkierungen befinden. Die Tierbilder in den Gängen der Höhle sind dagegen in Rottönen gemalt. Entsprechend der Schwarz-Dominanz im Salon sind auch die Zeichen dort in schwarz gehalten, während sie in den Gängen ausschließlich rot ausgeführt sind. Hinter dieser Farbwahl muß, wie VIALOU vermutet, ein System, eine Kodierung liegen, die sich uns aber heute nicht mehr erschließt. Die Sache ist wohl wichtig, aber viel zu kompliziert, um darüber zu spekulieren. VIALOU stellt fest:

> »Bei dem Zeichensystem von NIAUX wurde die gesamte Höhle mit einbezogen, und der einheitliche Gesamteindruck ergibt sich gerade daraus, wie sich die Malereien über die Felswände verteilen. Technisch, stilistisch und thematisch wird dieser Eindruck noch unterstrichen.«

Wieder einmal – wie schon so oft in bemalten Höhlen – fühle ich mich auf unangenehme Weise dem Gruppenzwang ausgeliefert, werde gedrängt und habe viel zu wenig Zeit, um alles in Ruhe betrachten und überprüfen zu können. Wie gern würde ich mich einfach irgendwo in einem Seitengang verstecken, alle Besucher an mir vorüberziehen lassen, um die Höhle wenigstens für eine Weile für mich allein zur Schau und Kontemplation zur Verfügung zu haben. Aber das ist nicht möglich, aufmerksam hält die Fremdenführerin ihre Schäfchen zusammen und drängt zum Aufbruch.

Einen solchen ›Alleingang‹, wie ich ihn mir jetzt in NIAUX wünsche, habe ich einmal in einer Höhle ganz anderer Art – im

43, 44 Tabelle der wichtigsten paläolithischen Zeichen (nach VIALOU) ➠

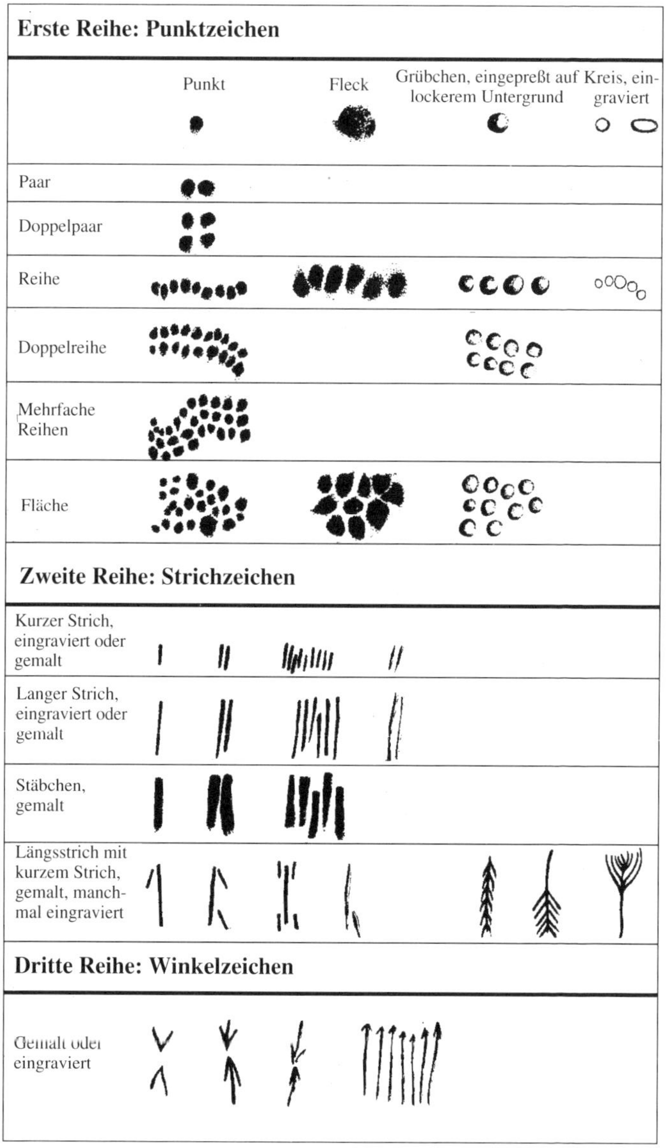
Erste Reihe: Punktzeichen
Punkt
Fleck
Grübchen, eingepreßt auf lockerem Untergrund
Kreis, eingraviert
Paar
Doppelpaar
Reihe
Doppelreihe
Mehrfache Reihen
Fläche
Zweite Reihe: Strichzeichen
Kurzer Strich, eingraviert oder gemalt
Langer Strich, eingraviert oder gemalt
Stäbchen, gemalt
Längsstrich mit kurzem Strich, gemalt, manchmal eingraviert
Dritte Reihe: Winkelzeichen
Gemalt oder eingraviert

Vierte Reihe: Kompositzeichen, kulturell und regional begrenzte Verbreitung	
Schlüsselförmiges Zeichen	gemalt — gemalt — eingraviert  El Pindal — Niaux — Niaux — Lascaux
Geschweiftes Klammerzeichen	gemalt — gemalt  Altamira — Altamira
Dachförmiges Zeichen	gemalt — gemalt — eingraviert — gemalt — eingraviert  Font-de-Gaume
Rechteck	gemalte oder eingravierte Embleme — Lascaux 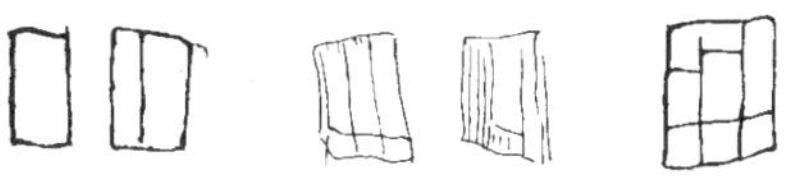 gemalt ‹El Castillo 
Gitter	gemalt oder eingraviert  Marsoulas — El Pindal — Le Gabillou
Geschweiftes Rechteck	gemalt — gemalt — gezeichnet  La Pasiega — El Castillo — Cougnac 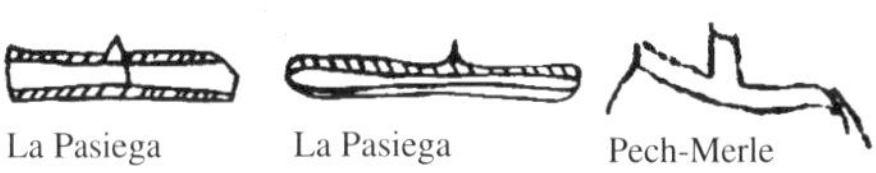 La Pasiega — La Pasiega — Pech-Merle

Hypogäum auf Malta – riskiert. Er sei, das möchte ich an dieser Stelle betonen, nicht zur Nachahmung empfohlen. Ich ließ dort die Gruppe an mir vorbei und versteckte mich in einer Nische. Als alle außer Hör- und Sichtweite waren, begann ich meine Expedition auf eigene Faust. Meine Zielvorstellung war, mich im Labyrinth einschließen zu lassen und die Nacht über in einer jener Wandmulden zu verbringen, in der Besucher früherer Zeit – vielleicht Pilger und beim Orakel Ratsuchende – im unterirdischen Tempelheiligtum schliefen. Der Tempelschlaf als Teil des Rituals soll von besonderer Bedeutung gewesen sein. Am nächsten Morgen ließen die Besucher ihre Träume von entsprechend dafür ausgebildeten (oder einfach nur medial veranlagten) Priesterinnen deuten.

Also vertrieb ich mir im Hypogäum, mit Taschenlampe, Kamera und Blitzgerät ausgerüstet, die Zeit. Ich bewunderte in Ruhe das feine Architekturempfinden der Labyrintherbauer und studierte die Art von ›Höhlenmalerei‹, die hier an diesem heiligen Ort zum Einsatz kam – ausschließlich geometrische und abstrakte Symbolformen in dunklen Rottönen. Schließlich gelangte ich am Orakelloch vorbei und über Treppen hinab in tiefere Teile des Hypogäums, in dem man sich wie im Innern eines gewaltigen Schneckenhauses vorkommt, zum Allerheiligsten. Plötzlich tat sich vor mir ein senkrechter Schacht auf, von dem ich gehört hatte, daß er ursprünglich die sogenannte ›Schlangengrube‹ gewesen sei – ein Hindernis, das jedem unbefugten Eindringling, der sich hier im Dunkeln oder Halbdunkeln vorantastete, damals zum sicheren Verhängnis geworden wäre. Immerhin ging es mehrere Meter nach unten und am Grund sollen – so erzählt es die Legende – Giftschlangen gewartet haben. Aber es führten auch eingehauene Trittstufen wie eine Leiter hinab. Diese benutzte ich, ohne lange zu überlegen, für den Abstieg. Nach der sechsten Stufe glitt mein Fuß unerwartet ins Leere, und ich wäre bestimmt abgestürzt, wenn ich mich nicht instinktiv seitlich nach einem Halt suchend umgedreht hätte. Tatsächlich gab es dort, gut erreichbar, wenn man es weiß, eine weitere Trittkerbe, und über sie kam ich zu meiner eigenen Überraschung in eine mir bis dahin völlig unbekannte Seitenkammer. Ich setzte mich zitternd vor Aufregung hin, um zu überlegen. Mein erster Gedanke war, daß dies nur eine versteckte Schatzkammer nahe dem Allerheiligsten sein konnte. Diese Vermutung wurde mir später von eingeweihten Fachleuten bestätigt.

Zunächst aber brauchte ich etwas Zeit, um mich von dem Schrecken zu erholen. Ich bereute meine Eskapade etwas, beschloß aber, vom ursprünglichen Vorhaben, im Hypogäum zu schlafen, nicht abzuweichen. Es wäre auch fast gutgegangen, wenn mich, kurz vor der Schließung, ein Touristenführer dann nicht doch noch ›erwischt‹ und besorgt zum Ausgang gebracht hätte.

Wie gesagt, ich habe mit meinem Verhalten kein gutes Beispiel für andere Besucher abgegeben, und es wäre in Höhlen wie NIAUX oder anderswo auch recht gefährlich, solche Alleingänge zu wagen. Sehr häufig ist der Boden glitschig, in engen, wenig betretenen Gängen droht Steinschlag oder noch Schlimmeres, und die Nächte im Innern der Erde können unangenehm kalt werden.

Dennoch benötigt man einfach mehr Zeit in NIAUX, um die Qualität der meisterhaft gelungenen Tierbilder betrachten zu

45 Bisondarstellung aus der Grotte von NIAUX

können: die Körper der Wisente im ›Schwarzen Salon‹, die so lebensecht mit sicherer Pinselführung gemalt sind, daß sie neben jedem Kunstwerk späterer Epochen bestehen können, und jener – früher bereits besprochene – ›Bison mit Einschußlöchern‹ im sandigen Boden der ›Tiefen Galerie‹. Wer war oder waren die Künstler, die diese Bildwerke schufen? NOUGIER mutmaßt aufgrund gewisser Indizien, daß er (oder sie) in der Wohnhöhle Alliat gegenüber von NIAUX auf der anderen Seite des Wildbachs Vicdessos lebte. Wenn das zutrifft, so wäre Alliat so etwas wie die Wohnklause eines Schamanen gewesen, und der Künstler hätte von ihr aus direkt auf seine ›Arbeitsstelle‹ geblickt, auf den Eingang von NIAUX.

Damals beim Besuch von NIAUX achtete ich vorrangig auf die gemalten Tiere und schenkte den abstrakten Zeichen im ›Schwarzen Salon‹ und in den Gängen weniger Beachtung, was ich später sehr bedauert habe. Gerade sie stellten sich nämlich in der wissenschaftlichen Untersuchung als höchst interessant heraus. VIALOU katalogisierte sie alle und entwickelte eine Typologie sowie eine Verteilungsanalyse. Er kommt auf die Gesamtzahl von 330 Zeichen, wovon sich ein gutes Drittel im Bereich unmittelbar vor dem ›Schwarzen Salon‹, mehr als ein weiteres Drittel in diesem selbst und der Rest vor allem unmittelbar dahinter in der ›Tiefen Galerie‹ bzw. in der ›Marmorgalerie‹ befinden. Schon diese gewiß nicht zufällige Konzentration auf einen bestimmten Teilbereich der Höhle zeigt an, daß sich dort das Zentrum befand. Der ›Schwarze Salon‹ war das Allerheiligste im unterirdischen Kulttempel NIAUX, er und die Zugänge von beiden Seiten wurden systematisch imagisiert, mit Bedeutung aufgeladen – aber welcher? VIALOU unterscheidet Punkte, Punktreihen, Punktkreise, Striche, gebogene Linien, Winkelzeichen, Gabelzeichen, schlüsselförmige Zeichen und solche, die sich nicht einordnen lassen.

Gehen wir einmal davon aus, diese Zeichen seien Schrift, denn wenn sie Bildcharakter und -bedeutung hätten besitzen sollen, so wäre es für den oder die Künstler in NIAUX ein leichtes gewesen, solche Bilder auch direkt darzustellen. Nein, es müssen abstrakte Symbole sein, die sich nicht in Bildern ausdrücken lassen. Was aber anderes ist Schrift? Nur weil wir heute nicht in der Lage sind, solche Schriftzeichen zu lesen, weil uns der Schlüssel zu ihrer Entzifferung fehlt, ist das doch kein Beweis dafür, daß es sich *nicht* um Schrift handeln kann! Wenn diese Vermutung aber zutrifft, dann ist NIAUX mit 330 Worten oder Begriffen vollgeschrieben – ein ›Stein von Rosette‹, der noch immer auf seinen Champollion wartet.

Inzwischen – seit die UNESCO den ›Bison mit Einschußlöchern‹ und die Höhle insgesamt als ›Weltkulturerbe‹ deklarierte – ist die Besichtigungsmöglichkeit von NIAUX stark eingeschränkt worden. Der ›Schwarze Salon‹ darf nur noch mit Sondergenehmigung betreten werden. Und Forscher aus aller Welt wenden sich nun verstärkt der Entschlüsselung der Schriftzeichen zu.

Der Streit um Glozel
Hieroglyphen der Steinzeit oder raffinierter Schwindel?

Im Zusammenhang mit dem wissenschaftlichen Interesse, das neuerdings wegen der hundert-, ja tausendfachen Funde von abstrakten, an Schrift erinnernden Zeichen in Steinzeithöhlen erwacht ist, werden auch die rätselhaften Funde von Glozel neu diskutiert (HITZ u. a.). Was hat es mit den Hieroglyphen von Glozel auf sich?

1924 stieß ein junger Franzose namens Emile Fradin nahe dem Dorf Glozel (Dépt. Allier) beim Pflügen seines Ackers auf mehrere große Steinquader. Nach der Beseitigung der störenden Hindernisse entdeckte er unter diesen Steinen urgeschichtliche Gegenstände, u. a. auch eine Tafel aus gebranntem Ton, die mit eigenartigen Schriftzeichen bedeckt war. Nachdem der Bauer den Amateurarchäologen Dr. Morlet hinzugezogen hatte, machten die beiden auf eigene Faust Grabungen und bargen nach und nach eine große Kollektion ähnlicher Tafeln. Der damalige Direktor des ›Musée des Beaux Arts‹, Paris, Dr. Capitan, der bald darauf eingeschaltet wurde, war zunächst über die Funde begeistert, geriet aber dann mit Dr. Morlet in Streit wegen der Herausgabe eines Buches und rächte sich damit, daß er von nun an die Funde von Glozel als Fälschung bezeichnete. Dieser Einschätzung schlossen sich die meisten Wissenschaftler (ohne die Stücke untersucht zu haben) an, bis auf BREUIL, der einige der Objekte als neolithisch einstufte. Es kam über Glozel in der Fachwelt zum Disput. 1927 wurde vom ›Institut International d'Anthropologie‹ eine internationale, siebenköpfige Kommission zur Überprüfung eingesetzt. Die Wissenschaftler gruben vor Ort und entdeckten dabei 14 neue Gegenstände, darunter eine weitere Tontafel mit Schriftzeichen. Ihr Fundbericht nennt diese Stücke, kommt aber zu dem Schluß, es müsse sich um Fälschungen handeln, da die Objekte ihrer Meinung nach zuvor dort von jemandem vergraben worden seien. Also war das Ganze doch bloß ein raffinierter Schwindel? Die Fachwelt jedenfalls atmete nach diesem Ergebnis erleichtert auf, ganz einfach deshalb, weil nicht sein kann, was nicht sein darf – Schrift aus der Steinzeit? Das gab es nicht, das war undenkbar und mußte einfach ein Schwindel sein.

1928 kam eine weitere internationale Kommission nach Glozel, diesmal organisiert von Salomon Reinach, dem Polizeilaboratorium in Lyon und dem schwedischen Kriminologen Södermann. Jetzt grub das Komitee in völlig unberührtem Boden und stieß auch diesmal auf mehrere Objekte und eine Schrifttafel aus Ton. Ihr Bericht bestätigte diese und nachträglich die zuvor gemachten Entdeckungen von Glozel.

Die beleidigte Fachwelt blieb indes bei der Aussage, daß die rätselhaften Dinge von Glozel Fälschungen sein müßten, und es tat der Sache auch keinen guten Dienst, daß sich nun der umstrittene französische Schriftsteller Robert Charroux einmischte. Sein spektakulär aufgemachtes Buch polarisierte die Meinungen und verhärtete die Fronten noch mehr. Außerhalb Frankreichs war das Interesse an Glozel ohnehin nie besonders groß gewesen, und bald schlief die Diskussion gänzlich ein. Fradin blieb ein enttäuschter Sonderling, der von nun an seine ganze Kraft in die Errichtung eines privaten Museums steckte. Inzwischen birgt dieses Museum einige tausend Stücke. Man fühlt sich unwillkürlich an den Streit um die Höhlenbilder von ALTAMIRA erinnert, die anfänglich von vielen Wissenschaftlern (vorrangig der Kategorie ›Schreibtischtäter‹) ebenfalls lauthals als Fälschungen abgetan worden waren.

1981 erwachte wieder neues Interesse im Ausland. Fachleute kamen und brachten neue Methoden der Alters- und Echtheitsbestimmung mit. Nun muß man sagen, daß im Acker von Glozel sowohl Tontafeln und urnenartige Gefäße als auch gravierte Knochen und Steinfragmente gefunden wurden. Das Alter von Steinen läßt sich bis heute nicht messen (worunter die Felsbildforschung sehr leidet), wohl aber das von Keramik und von organischen Materialien wie Knochen. Die Thermolumineszensmethode, die die beim Brennen von Keramik aufgetretene Wärme messen kann, kam bei den Schrifttafeln auf ein gesichertes Ergebnis von 2600 Jahren, die Radiocarbon-C14-Methode auf ein Alter der Knochen von etwa 15000 Jahren!

Diese unter den sorgfältigsten Bedingungen durchgeführten Untersuchungen wirkten auf die Fachwelt als Sensation und warfen zugleich zahllose neue Fragen auf: Die Tontafeln und die Knochen stammten also aus weit voneinander entfernt liegenden Zeiten, wiesen aber exakt die gleichen Schriftzeichen auf – wie war das möglich? War Glozel über Jahrtausende hinweg bis in die keltische Epoche hinein nicht verändert? Waren das überhaupt keltische Schriftzeichen oder mußte man sie als vor- oder protokeltisch einstufen? Was bedeuteten die gravierten Texte? Konnte man die Schriftzeichen von Glozel mit anderen, bereits bekannten Schriften, z. B. dem Phönizischen, Etruskischen oder der minoischen Linear-A- bzw. Linear-B-Schrift, die Ventris 1950 entziffert hatte, vergleichen? Gab es unter ihnen vielleicht einen ›Stein von Rosette‹, der mehrsprachig abgefaßt war und somit die Entschlüsselung erleichtert hätte? Bedeuteten die Zeichen Buchstaben, Silben, ganze Wörter, Symbole oder was sonst? Waren es vielleicht gar keine Schriftzeichen sondern Zahlen? Fragen über Fragen, auf die es bis heute keine befriedigende Antwort gibt.

Morlet war der erste, dem auffiel, daß die Zeichen von Glozel mit Gravuren auf Knochenfunden in verschiedenen steinzeitlichen Höhlen und auch mit einigen abstrakten Darstellungen an Höhlenwänden identisch waren. Natürlich war die ›Fachwelt‹ sich diesbezüglich wieder einmal einig. Das Urteil:

ausgeschlossen. Man stelle sich vor: dann wären ja die CROMAGNON mit ihren Höhlenmalereien die direkten Vorfahren der frühen Kelten gewesen, dann mußten die uralten Zeichen ja eine Art ›Prä- oder Protokeltisch‹ darstellen, die Schrift des alten Europa... Und das konnte nun wirklich nicht sein, weil in ihren Köpfen immer noch die Vorstellung spukte, daß alle Kultur aus dem Osten zu den primitiven alteuropäischen Barbaren gekommen war. Die CROMAGNON eine Hochkultur? Einfach unmöglich! HITZ, der linguistisch das Übergangsfeld vom Prä- zum Protokeltischen untersuchte, kann sich über diese Aufregung nur wundern. Seiner Meinung nach liegt von den ältesten Schriftzeichen aus steinzeitlichen Höhlen bis zu den Schrifttafeln von Glozel bzw. den keltischen Fundstücken eine klar erkennbare Entwicklungslinie vor. Er hält Glozel für ein Initiationszentrum, vergleichbar den großen Anlagen mit astronomischer Bedeutung wie Stonehenge, Avebury, Malta u. a. Zentren der westeuropäischen MEGALITHKULTUR. Und bei ihnen, das fanden Wissenschaftler mit modernen Meßmethoden heraus, liegt ja ebenfalls keine Ost-West-Kulturbefruchtung vor, sondern im Gegenteil: Die ältesten Großsteinbauten wurden in der Bretagne, an der portugiesischen und spanischen Küste gefunden. Ihre architektonischen Nachbilder tauchen wesentlich später erst im westlichen und danach im östlichen Mittelmeerraum auf. Die ersten Tempelbauten auf Malta wurden zu einer Zeit errichtet, als es in Ägypten noch keine Großbauten, geschweige denn Pyramiden gab. Die Tempel von Malta scheinen in einigen wesentlichen Details sogar das Vorbild für die spätere Architektur in Ägypten gewesen zu sein, und selbst die ägyptischen Stufenpyramiden haben ihre – um einige tausend Jahre älteren – Vorbilder in der Bretagne (BRAEM).

So erhielt Glozel durch die moderne Technologie, die nun in der archäologischen Forschung Anwendung findet, eine späte Rehabilitation. Also doch keine Fälschung, sondern ein wahrer Jahrhundertfund! Übrigens steht Glozel als Fundort uralter Schriftzeichen schon längst nicht mehr allein da. Inzwischen wurden in den Nachbarorten Puyravel und Chez-Guerrier exakt gleiche Zeichen gefunden, ebenso in Jean-Blancs, Montespan-Ganties, in LAUGERIE-BASSE, LES COMBARELLES und anderen Orten Frankreichs, im deutschen Bautzen, in der spanischen Grotte d'El Pendo und in Radaceni (Rumänien).

HITZ weist darauf hin, daß trotz der vielen bisher ergebnislosen Bemühungen, diese Schriftzeichen zu entziffern, eine gewisse Verwandtschaft zwischen den Zeichen von Glozel und verschiedenen anderen Sprachen besteht, so z. B. mit den alphabetischen Schriften der Phönizier, dem Alt-Hebräisch und dem Früh-Etruskisch, deren Kodierungsprogramm aus jeweils 22 konsonantischen Buchstaben besteht, sowie zu den altnordischen Runen.

46 Schriftzeichen von Glozel

47 Schriftzeichen von Chez-Guerrier bei Glozel

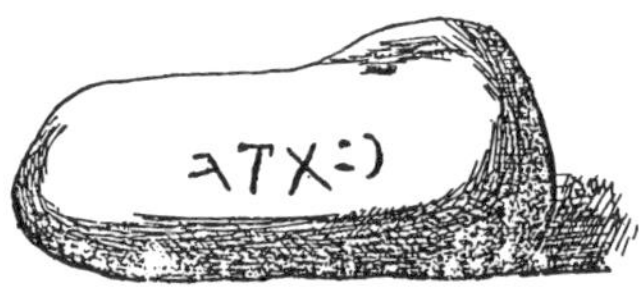

48 In Stein geritzte Zeichen bei Glozel

49 Knochenritzungen aus der Grotte d'El Pendo, Spanien

1983 und 1984 gab der französische Kultusminister Jack Lang die Genehmigung zu neuen Grabungen im Dorf Chez-Guerrier nahe Glozel. Wieder kam dort eine mit Schriftzeichen gravierte Tafel zum Vorschein. Einige an der Grabung beteiligte Wissenschaftler halten sie allerdings nach wie vor nicht für Schrift, sondern für archäo-astrologische Symbole, deren

Bedeutung sich vorerst den Analysen verschließt. Eigenartigerweise wurden bei Glozel neben den Schrifttafeln auch Fruchtbarkeitsidole und Maskenköpfe gefunden, die wohl als Urnen benutzt wurden. In Chez-Guerrier stießen die Spaten der Ausgräber auf eine Treppe, die ebenfalls Rätsel aufgibt.

Und dann platzte in all die euphorische Entdeckerstimmung das Geständnis, daß eine ganze Reihe der Glozel-Tontafeln tatsächlich Fälschungen waren. ANDERSEN fragt: »Kann man es nun überhaupt noch wagen, von Glozel zu sprechen, wo nur noch mitleidiges Achselzucken zu erwarten ist?« Er nennt zwei Argumente, die trotz der Enthüllungen um jenen skandalösen Vorgang bestehen bleiben:

1. C14-Analysen hatten z. T. eine Datierung auf etwa 600 v. Chr. ergeben. Dabei konnte es sich nicht um gefälschte Tafeln handeln, die eben erst gebrannt worden wären. Nicht alles Material kann also gefälscht sein.

2. Die Fälscher haben neolithische Zeichen benutzt – woher kannten sie diese? Es muß wohl einige echte Tafeln gegeben haben, von denen sie kopiert wurden. Ob diese Mustertafeln aber in Glozel selbst gefunden worden sind, das bleibt eine offene Frage – sie könnten von irgendwo stammen.

Die wichtigste Frage im Zusammenhang mit der Glozel-Debatte dürfte aber jene Zeichen betreffen, die sich auf Steinen und Geweihknochen befinden. Das Geständnis der Fälschung bezieht sich nämlich nur auf die Tontafeln, die Echtheit der gravierten Knochen wird bis heute nicht angezweifelt. Bei ihnen hätten wir ja die von ANDERSEN angesprochenen Vorlagenmuster, die eine starke Ähnlichkeit zu jenen Zeichen aufweisen, die sich bei den Bildern vieler französischer Eiszeithöhlen befinden. Der Name Glozel ist in Wissenschaftskreisen in Verruf geraten, man wendet sich ab und möchte sich nicht mehr damit befassen. Und dies, obgleich dort – wie auch an mehreren anderen Stellen – eindeutig echte Knochenstücke mit Ritzzeichen gefunden wurden. Eine durchaus verständliche Angsthaltung, aber eine wissenschaftlich nicht gerade korrekte Vorgehensweise.

Glozel und die vergleichbaren Fundstellen stehen nicht allein. Wir müssen bei unserer Betrachtung generell die kleinen, beweglichen Plättchen, Platten, Knochenteile und Steine mit einbeziehen, die eigentlich – im Vergleich zu den großartigen Höhlenmalereien – unscheinbar und doch so typisch für die Eiszeitkunst sind. Sie haben verdient, daß wir ihnen Aufmerksamkeit schenken, denn sie gehören zum magischen Weltbild des frühen Menschen.

Neben Tierdarstellungen auf solchen Kleinkunstwerken, wie z. B. Cepoy (Loiret), La Roche bei Lalinde (Dordogne) und anderen Fundorten, kommen dabei immer wieder abstrakte, an Buchstaben oder Zahlen erinnernde Zeichen vor. In der spanischen Höhle von Papallo im Monduber-Massiv (Valencia) wurden neben Geräten und Siedlungsspuren aus den Zeiträumen GRAVETTIEN, SOLUTREEN und MAGDALENIEN mehr als 5 000 gravierte oder bemalte Steinplättchen gefunden. Sie stellen Pferde und Hirschkühe dar, einige von ihnen aber auch baumartige Motive. 1 500 solcher Bildplättchen wurden in der Höhle bzw. unter dem ABRI von La Marche (Dépt. Vienne) ausgegraben. Sie enthalten zumeist ein heilloses Liniengewirr, aber auch über 300 realistische Darstellungen von Tieren und sogar Menschen.

Der bekannteste Fundort solcher Bildsteine ist MAS-D'AZIL (Dépt. Ariège) im Vorland der Pyrenäen, also sozusagen im Kerngebiet der CROMAGNON-Kultur. Die Höhle öffnet sich nach Süden mit einem gewaltigen Tunnel – 70 m hoch und 80 m breit. Durch ihn fließt die Arize in einem doppelten Mäanderband von gut 500 m Länge. Wo der Fluß die Höhle im Norden wieder verläßt, ist der Eingang relativ klein und schmal. Ein ideales Siedlungsgebiet also für den Vorzeitmenschen, der während des AURIGNACIEN, SOLUTREEN und AZILIEN den sonnigen Südbereich bis hinein in die vom Tunnel abzweigenden Gänge und Hallen nutzte. Man fand seine Spuren überall, besonders im Bereich der linken Tunnelseite.

Hier wurden 1 400 flache, ovale und ein- oder beidseitig mit roter Farbe bemalte Flußkiesel gefunden. Sie lagerten in einer

Schwemmschicht im Tunneleingang, die von einer MAGDALENIEN-Siedlung am linken Ufer der Arize hereingespült wurde. Die Kiesel sind 9 bis 10 cm groß, von weißlicher bis hellgrauer Farbe, und die Bemalung wurde mit den Fingern oder mit Stäbchen vorgenommen, wobei – wie die Untersuchungen ergaben – eine Paste aus Eisenoxid, Fett und Harz aufgetragen wurde. Als Eduard Piette sie 1887 fand, vermutete er sofort, hier Zählsteine mit Ziffern, alphabetische Zeichen, Bildzeichen mit Bäumen, Augen, Schlangen, Harpunen usw. vor sich zu haben. Überschwenglich bezeichnete er die Höhle von MAS D'AZIL als »Schulzimmer der Altsteinzeit, in der unsere Vorfahren rechnen, lesen und schreiben lernten.« In der Tat besitzen die Darstellungen auf den bemalten Kieseln eine verblüffende Ähnlichkeit mit den Buchstaben des griechischen, lateinischen und phönizischen Alphabets.

Andere Wissenschaftler nach ihm versuchten, die Euphorie über diesen Fund zu dämpfen. HOMMEL z. B. bestritt den Zeichencharakter der Kiesel und tat sie als ›Spiel des Zufalls‹ ab. OBERMAIER zog völkerkundliche Vergleiche und wies darauf hin, daß die Aborigines Zentralaustraliens ihre Ahnen auf folgende Weise verehrten: Jede Stammesgruppe besitzt dort bestimmte, den Vorfahren geweihte Höhlen, wo bemalte Holz- oder Steinstücke (Tschuringas) aufbewahrt werden. Solche Praktiken existierten in grauer Vorzeit wohl auch in Europa. In der Höhle von Bierzeck bei Basel wurden ähnliche Steine wie die von MAS D'AZIL gefunden, die jedoch allesamt Spuren von gewaltsamer Zerstörung aufweisen. Nach OBERMAIER geben sie von dem Racheakt eines feindlichen Stammes Kunde, der den Zweck gehabt haben soll, den heiligsten Ahnenbezirk des anderen Stammes zu entweihen. Wenn die Kiesel also Ahnen darstellen sollten, so war dort der Stamm des Schutzes durch ihre Seelen und guten Geister beraubt worden. Ein Akt, der zu Kriegszeiten auf gewisse Weise bis in unsere Tage hinein von Siegern über Verlierer ausgeübt wird.

Ganz ähnliche Zeichenkiesel wie in MAS D'AZIL wurden inzwischen auch in anderen französischen Höhlen gefunden, so

z. B. bei Rochedane (Doubs) in Ostfrankreich, wo die Ausgräber 122 bemalte Kiesel und 77 kleine Quarz- und Kalksteine fanden, die mit fein eingeritzten Motiven verziert waren. Mikroskopische Untersuchungen ergaben, daß die Zeichen mit einem Höchstmaß an Präzision ausgeführt wurden. Sie folgen zunächst dem natürlichen Aderverlauf im Stein, nehmen aber dann eigenständige Formen an, Symbole, Muster und geometrische Motive. Wirklich nur ›Zufallsprodukte‹ oder ›Stammeszeichen‹?

KUSCH zieht den völkerkundlichen Vergleich zu Tätowierungen bei Naturvölkern, die in der Tat weit verbreitet sind, und in der Vorzeit wohl üblich waren. Der sogenannte Gletschermann aus dem Ötztal, dessen Alter inzwischen auf ca. 5 500 Jahre geschätzt wird, weist jedenfalls auf seinem Rücken auch eine Tätowierung auf, die aus parallel angeordneten Strichen besteht. Sicher, man kann das alles mit Clan- oder Ahnenzeichen erklären, auch mit dem Drang von Naturvölkern, alles in ihrer Umgebung, inklusive den eigenen Körper, mit magischen Zeichen zu bedecken. Aber es bleiben erhebliche Zweifel, ob die Kiesel von MAS D'AZIL wirklich *nur* diese Bedeutung besitzen. Vielleicht stellen die Zeichen doch eine Art Schrift dar, denn auffallend ist schon, daß an den Höhlenwänden und auf Knochen Zeichen auftauchen, von denen viele wie Botschaften in regelrechten Schriftzeilen angeordnet sind. Über zwei sehr schön gemalten Bisons in der südfranzösischen Höhle von Marsoulas befinden sich mehrere rotbraune und rote Zeichen in einer einzigen Zeile. Ihr Charakter als ausgesprochene Schriftnachricht wird dabei deutlich. Noch verblüffender sind die Funde zweier geritzter Knochenstücke (bei Rochebertier und Gourdan, beides Dépt. Haute-Garonne), die unbestreitbar ›richtige‹ Buchstaben aufweisen, u. a. das große A des lateinischen, phönizischen bzw. des griechischen Alphabets. Die Schichtenbestimmung nach Fundlage steht nach BREUIL eindeutig fest: Diese ›Buchstaben‹ stammen aus dem altsteinzeitlichen MAGDALENIEN.

Eine magisch wirkende Bilderschrift befindet sich in der nordspanischen LA PASIEGA-Höhle, die schon zu vielen spekulativen Deutungsversuchen Anlaß gegeben hat. Bei der Höhle handelt es sich – das spürt man beim Betreten sofort – um einen Kultplatz. Sie besteht aus mehreren, schwer zugänglichen Räumen. Im hintersten (Allerheiligsten) fanden die Ausgräber ein scharfes Schneidewerkzeug aus Stein, das auf einer Art Steinaltar lag. Die symbolische Inschrift ist sehr weit oben an der linken Felswand angebracht, genau dort, wo sich der Zugang zur Hauptgalerie verengt. FÖLDES-PAPP schreibt:

> »Es kann kein Zweifel bestehen, daß in dieser stark magischen Atmosphäre der ganzen Höhle auch die bilderschriftlichen Zeichen im Dienst der Magie gestanden haben. Hier liegt der Ausgangspunkt für unsere Deutung. Die bilderschriftlichen Zeichen wollen von keinem Menschen als ›Verbot‹ oder ›Einladung‹ gelesen werden – von wem denn auch? Die Sippe des Zeichners wußte über die Kulträume Bescheid, und daß fremde Eindringlinge solche älteren Zeichen für nichts achteten, das belegen alle späteren Übermalungen. Vielleicht wurde diese magische Inschrift so versteckt angebracht, um sie vor Übermalungen und damit vor dem Verlust ihrer Zauberkraft zu schützen.«

Die Sinndeutung von FÖLDES-PAPP über das magische Denken der Vorzeit ist so interessant und aufschlußreich, daß ich sie hier – beispielhaft für andere – näher vorstellen möchte:

50 Magische Bilderschrift der Späteiszeit, Höhle von LA PASIEGA, Nordspanien

Wie BREUIL hält er die hüttenförmigen Gebilde links oben für »magische Wohnstätten der Geister von toten Vorfahren«. Die Fußspuren daneben (s. Kapitel »Geheimnisvolle Fußspuren«) versinnbildlichen ›Gehen‹, wobei es völlig unerheblich ist, ob es sich um die Spuren von Menschen oder Bären handelt. In der altägyptischen Hieroglyphenschrift stehen zwei menschliche Beine ebenfalls für ›Gehen‹, gleichgültig, ob nun Menschen oder Tiere damit gemeint sind. FÖLDES-PAPP weiter:

> »Das E-ähnliche Zeichen und die drei unteren Striche mit dem ausgefüllten Kreis wie auch die ganze Inschrift müssen als von rechts nach links laufend betrachtet werden, gleich den unvergleichlich viel später entstandenen ersten großen Schriftsystemen des Alten Orients. Die drei Striche – Sinnbilder der Geister der oberen magischen Wohnstätten – scheinen sich zu bewegen, zu schweben, und zwar zu den Wohnstätten von unten nach oben, was schriftpsychologisch soviel wie ›aus dem Unbewußten herauf‹ bedeutet.«

KÜHN erinnerte bei seiner Untersuchung bereits an chinesische Schriftzeichen, die ›Gestalten mit Strichen anstelle eines Kopfes‹ darstellen und ›Geister‹ oder ›Gespenster‹ bedeuten. Der ausgefüllte Kreis kann für den Vollmond stehen, eine Zeit, zu der Geister gern ihre Reise antreten, wie aus vielen völkerkundlichen Studien bekannt ist. FÖLDES-PAPP äußert sich nun weiter so:

> »Was das E-Zeichen betrifft, so läßt es sich nach der Raumsymbolik der Schriftpsychologie unmißverständlich als völlige Absperrung der Beziehungen nach rechts, das heißt zum Mitmenschen bzw. der Umgebung, deuten; es stellt hier ein magisches Verbot dar. (...) Die Striche unten geben dem Fußpaar augenscheinlich die Bedeutung, daß die Geister ihre Wege (insbesondere bei Vollmond) ungehindert gehen können. (...) Bezüglich

der magischen Aussperrung hingegen deuten die Fußspuren an, daß aus dieser Richtung niemand, und zwar weder Mensch noch Tier, Zutritt zu den magischen Wohnstätten der Geister haben darf. Wir glauben also, den Sinn des frühen Dokuments einer magischen Bilderschrift aus der Eiszeit mit folgendem Wortlaut richtig zu deuten: ›Weder Mensch noch Tier darf die (magischen) Wohnstätten der Geister stören, damit diese ihre Wege, insbesondere bei Vollmond, ungehindert gehen können.‹«

51 Ritzzeichen aus der Höhle von LES COMBARELLES

Als Kommunikations- und Designforscher, der sich speziell mit der elementaren Formensprache bei der Botschaftsgestaltung beschäftigt und mit kommunikativen Strukturen täglich zu tun hat, kann ich FÖLDES-PAPP zu dieser sensiblen, ja genialen Interpretation nur beglückwünschen. Zugleich trifft die Aussage der Bilderschrift aus der LA PASIEGA-Höhle sozusagen den Nerv schamanistischer Welt-

52 Bemalte Kiesel von MAS D'AZIL, Frankreich

53 Zum Vergleich: lineare und abstrakte Menschendarstellungen der nacheiszeitlichen spanischen Felsmalerei (links) und einige bemalte Kiesel von MAS D'AZIL (rechts)

vorstellungen und Ahnenverehrung. Diese Höhle wurde deutlich imagisiert, d. h. mit Bedeutung aufgeladen und als Kultraum gekennzeichnet, und dies mit einer so klaren und eindeutigen Botschaft, daß wir die Worte der Steinzeitschrift heute noch verstehen können.

Die bemalten Kiesel von MAS D'AZIL, die Schrifttafeln und mit Zeichen gravierten Knochen von Glozel, all die Zeichen und Symbole an den Felswänden von Höhlenheiligtümern, entspringen dem gleichen Denken, haben ihren tieferen Sinn, wenn auch viele ihre Bedeutung bis heute vor uns verbergen.

1 Das sogenannte ›Chinesische Pferd‹ aus der Höhle von LASCAUX

2 Hirsch im ›Großen Saal‹ der Höhle von LASCAUX

3 Der heutige Eingang der Höhle von NIAUX (Ariège), Südfrankreich

4 ABRI nahe dem kleinen Ort Moustier (Dordogne), Frankreich

5 ›Venus von LAUSSEL‹ (Kopie), Prähistorisches Nationalmuseum in LES EYZIES

6 Negative Handumrisse bei den gescheckten Pferden von PECH-MERLE

7 Handbilder von Aborigines, z. T. mit verstümmelten Fingern, Felsbild bei Laura, (Queensland) Australien

8 Steinbock aus der Höhle von NIAUX (Ariège), Südfrankreich

9 Pferdekopf aus der Höhle von NIAUX

10 TUC D'AUDOUBERT, die berühmten Bisonskulpturen

11 Darstellung von zwei Schnee-Eulen, TROIS FRERES (Ariège), Südfrankreich

12 Bison aus der Höhle von ROUFFIGNAC (Dordogne), Frankreich

13 GUANCHEN-Mumie, Gran Canaria, Kanarische Inseln

14 Gravierte Steine im Norden der Kanareninsel La Palma

15 ›Seelenstein‹ von La Pasada unterhalb des alten GUANCHEN-Friedhofs, La Palma, Kanarische Inseln

16 Schamane der Aborigines mit bumerangartigen Kultstäben, Felsbild im Kakadu Nationalpark, Australien

17 Bemalter Bumerang aus Ngama, Australien

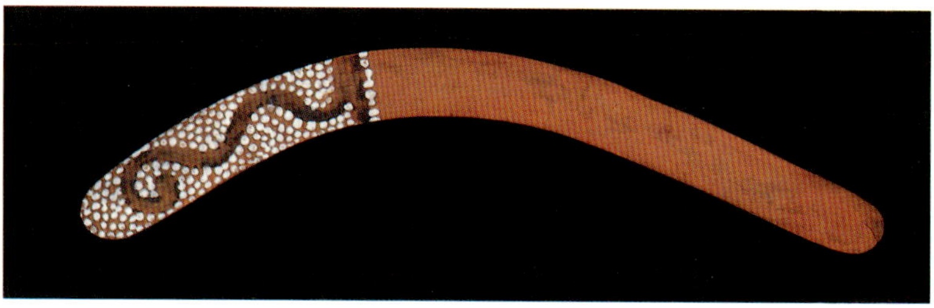

18 Tanzender Frauengeist auf einem gravierten Kultstein australischer Aborigines

19 Gräber bedeutender Persönlichkeiten bei den Tiwi auf Melville Island in Nordaustralien. Die bemalten Pfosten erinnern stark an ähnliche heilige Plätze der nordamerikanischen Indianer.

Vielleicht stehen sie allesamt in einem engen Zusammenhang mit Clandenken und Ahnenkult, mit magischer Beschwörung von Fruchtbarkeit, Astronomie, sind Formeln, die sich um Geburt, Tod und Wiederauferstehung drehen. Aber sie, die einst für die Menschen der Steinzeit sinnvoll und verständlich waren, sind es für uns heute nicht mehr, weil sich unser Bewußtsein so sehr verändert hat. Einzig die Bilderschrift von La Pasiega ist so archaisch kompakt, so kraftvoll naiv, daß ihr Sinn sich uns noch immer auf direkte und unmittelbare Weise erschließt.

Aber wer weiß, welche Überraschungen noch auf uns warten, wo überall auf der Welt es noch unerforschte Höhlen mit Botschaften der Vorzeit gibt, die uns ›Aha-Erlebnisse‹ bieten werden. Wie gesagt, die wissenschaftliche Forschung steht auf diesem Gebiet noch ganz am Anfang, hat längst nicht alle vorhandenen Funde publiziert, geschweige denn bei den bereits bekannten erschöpfend interpretiert. Dies sollte allen – Fachspezialisten wie interessierten Laien – Mut machen und Ansporn zu verstärkter Forschungstätigkeit sein. Denn wie sagte einst Beethoven: »Wer niemals ruht, wer mit Herz und Blut auf Unmögliches sinnt – der gewinnt!«

Gerade auf dem Gebiet der Vorgeschichtsforschung, und im speziellen der Höhlenmalerei und Felsbildkunst, sollte man sehr wach, niemals mit seiner Meinung fertig sein und selbst Unmögliches denken und wagen.

So wie z. B. Alexander Marshack, Forschungsbeauftragter am Peabody-Museum in Harvard, der vielleicht (seine Theorie ist noch umstritten) das älteste Kalendersystem der Welt entdeckte. Es handelt sich um eine kleine Platte aus Rentiergeweih, die unter einem Abri in der Dordogne gefunden wurde und seltsam symmetrisch angeordnete Punktbohrungen aufweist. Marshack untersuchte das Plättchen unter dem Mikroskop und stellte überrascht fest, daß die Punkte kein Muster oder Ornament darstellen konnten – sie waren nämlich einzeln und mit völlig verschiedenen Werkzeugen über einen längeren Zeitraum hinweg eingeritzt worden. Er übertrug auf die Platte ein mehrfarbiges Band, das die in Kurven verlaufende Linie aus 69 Zeichen verdeutlichen sollte. Dabei nahm er an, daß das allererste Zeichen der Nacht vor dem Neumond entsprechen könnte. Jedes Zeichen in der Folge würde dann eine weitere Nacht darstellen, so daß ein kompletter ›schriftlicher‹ Mondkalender entstünde. Die Schlangenlinie verweist dabei vielleicht auf den jeden Abend wechselnden Ort des Mondaufgangs über eine Zeitspanne von zweieinviertel Monaten hinweg. Falls Marshacks Schlußfolgerungen richtig sind, würde das nichts mehr und nichts weniger bedeuten, als daß der CROMAGNON-Mensch bereits in der Lage war, Informationen über den Himmel zu sammeln und in regelmäßigen Abständen aufzuzeichnen – eine Vorgehensweise, die heutigem wissenschaftlich-analytischem Denken entspräche. Wie stets im Falle einer Entdeckung von solcher Tragweite haben sich bisher nur einige wenige Fachexperten gefunden, die Marshacks Theorie anerkennen und als Meilenstein in der Vorgeschichtsforschung betrachten.

Eine vergleichbar aufregende Entdeckung wurde inzwischen in Deutschland gemacht. 1993 wurden in der Geißenklösterlehöhle im Achtal bei Blaubeuren (Baden-Württemberg) an einem Felsvorsprung Reste von Höhlenmalereien gefunden, die vermutlich ein Alter von mehr als 30 000 Jahren besitzen und damit erheblich älter sind als etwa die weltberühmten Bildwerke von LASCAUX! Der Tübinger Prähistoriker Joachim Hahn weist darauf hin, daß es sich allerdings nicht um Darstellungen von Tieren o. ä. handelt, sondern lediglich um ein Dreieck aus schwarzer Farbe. Etwa 10 000 Jahre jünger sind einige in der Kalkhöhle ›Hohler Fels‹ bei Schelklingen (ebenfalls Achtal) entdeckte Gravuren. Es sind eingeritzte Linienbündel ohne erkennbares Muster.

Wahrscheinlich gab es in eiszeitlichen Epochen noch wesentlich mehr Felsbilder in Deutschland. Schuld an ihrem Verschwinden sind vor allem die klimatischen Bedingungen, die hierzulande härter als z. B. in Frankreich oder Spanien waren. Höhlenkunstwerke auf den Jurakalkwänden im Süden Deutschlands wurden durch Nässe und Frost regelrecht ›abgearbeitet‹.

Die Existenz solcher eiszeitlichen Höhlenmalerei in Deutschland war bis vor kurzem selbst in Fachkreisen noch völlig unbekannt und wird unser Geschichtsbild nachhaltig verändern. Vor dem Hintergrund dieser Entdeckungen ist auch der Fund eines etwa 38 x 14 mm großen und 4,5 mm starken rechteckigen Plättchens aus Mammutelfenbein zu bewerten, das ebenfalls aus der Geißenklösterlehöhle stammt. Auf einer Seite zeigt es das Halbrelief einer menschlichen Gestalt. Die Arme der Figur sind in ADORANTEN-Haltung abgewinkelt nach oben erhoben und umrahmen den Kopf. Um den Körper herum sind deutlich Kerben und Einschnitte zu sehen. Die Rückseite des Plättchens weist Einstiche auf, die in vier Spalten geordnet angebracht sind.

RAPPENGLÜCK, der das Plättchen vor allem in astroarchäologischer Hinsicht gründlich untersuchte, hält es für möglich, daß die menschliche Gestalt das Sternbild Orion verkörpert. Bei einigen sibirischen Völkern, z. B. bei den Tschuktschen, wird der Orion als ›Jäger am Himmel‹ gedeutet. Tatsächlich ist er mit bloßem Auge am Himmel erkennbar und war das vor rund 30 000 Jahren auch im AURIGNACIEN. BOSINSKI hält das Plättchen für ein sehr frühes Kalendersystem.

> »Es drängt sich der Gedanke auf, daß diese Einstiche eine zyklische Beobachtung festhalten: einer Zählkarte vergleichbar, auf der durch Einstiche markiert wird. Dabei dürfte ein Zusammenhang zwischen diesem notierten Zyklus und der menschlichen Gestalt auf der anderen Seite des Plättchens bestehen.«

RAPPENGLÜCK konnte diese Mutmaßung mit seinen Untersuchungen und Berechnungen bestätigen. In seiner Zusammenfassung schreibt er:

> »Die Menschen des Aurignacien 0/I (34 000-30 000 B.P.) beobachteten eingehend den Himmel. Sie kannten mindestens ein Sternbild: das des Orion. Die Bewegun-

gen des Sternenhimmels, des Mondes und der Sonne blieben ihnen nicht verborgen. Mit ihrem Wissen entwickelten sie einen kombinierten Mond-, Sonnen-, Stern- und Schwangerschaftskalender. Möglicherweise beachteten sie auch eine einfache Folge der Mond- und Sonnenfinsternisse.«

Der Fund aus der Höhle von Geißenklösterle steht nicht allein da. Paläoastronomische Forschungen an anderem Ort stützen ihn. Und jetzt, da sich das wissenschaftliche Interesse verstärkt diesem Gebiet zuwendet, darf mit weiteren Entdeckungen und Erkenntnissen gerechnet werden.

Trois Frères – Höhle des Zauberers

Schamane, Maskentänzer oder verkleideter Jäger?

Wir befinden uns in den Ausläufern der Pyrenäen, im Westen der Ariège, und wandern am Ufer des kleinen Flusses Volp entlang. Zwei bedeutende Höhlen liegen hier: LE TUC-D'AUDOUBERT und TROIS FRERES, die besonders in ihren schwer zugänglichen Bereichen außergewöhnliche Kunstwerke der Eiszeit vorweisen. Allein ihre Entdeckungsgeschichte klingt wie ein Roman:

Henri Bégouen, Archäologieprofessor an der Universität Toulouse, dem das Ufergelände gehörte, hatte drei Söhne. Diese gingen an einem warmen Sommertag im Jahr 1912 mit dem Floß auf abenteuerliche Erkundungsfahrt auf dem Fluß, weil sie gehört hatten, daß er in ein Labyrinth von Höhlen, Gängen und Schächten führte. Eine dieser Grotten steuerten sie an, landeten in ihr an einem schmalen Kiesstreifen und kletterten von dort aus, mit einfachen Handlaternen ausgerüstet, in die Unterwelt hinein. Nach einem langen dunklen Gang erreichten sie eine geräumige Höhle. Dort passierten sie einen flachen See und klommen am jenseitigen Ufer einen Steilhang hinauf, wo sie auf die Öffnung eines mehrere hundert Meter langen Stollens stießen. Nach anstrengender Klettertour durch diesen Stollen erreichten sie eine weitere Höhle, in der fossile Knochen von Höhlenbären lagen. Am Ende des Höhlenkomplexes angelangt, wurden sie noch einmal fündig, und diesmal verschlug es ihnen den Atem: Dort standen zwei wundervoll aus Ton geformte Wisente gegen einen von der Decke abgestürzten Felsbrocken gelehnt, jeder von ihnen war etwa 60 cm lang (Farbabb. 10).

Voll Begeisterung kehrten sie von diesem Ausflug zurück und holten ihren Vater zur fachlichen Unterstützung. Der Archäologe – zunächst noch skeptisch wegen des völlig unerwarteten Sensationsfundes – geriet bald seinerseits in Euphorie, als er die Höhlen systematisch zu untersuchen begann. Seine erste Vermutung, daß es sich um ein verstecktes Heiligtum handeln müsse, in dem Initiationsriten praktiziert worden waren, bewahrheitete sich: Im Lehmboden einer Nische entdeckte er mehr als 50 gut erhaltene Fußspuren von Steinzeitkindern (ähnlich wie wir sie bereits von NIAUX her kennen) sowie mehrere wurstähnliche Gebilde aus Ton, die von ihm und anderen Wissenschaftlern als Phalli angesehen wurden. Offenbar diente die Höhle einst als Einweihungstempel, in dem Fruchtbarkeitsriten eine Rolle spielten. Möglicherweise hatten die CROMAGNON-Knaben in der Nische Wache gehalten, ein gewisser Zusammenhang besteht auch zu den Wisentmodellen.

Zwei Jahre später nach diesem Fund in TUC-D'AUDOUBERT, der gehörig Furore machte, stiegen Bégouen und seine Söhne erneut in ein Höhlensystem nahe des ersten Eingangs. Es stellte sich heraus, daß beide Höhlen unterirdisch miteinander verbunden waren. Doch die Besichtigung der zweiten übertraf alle Erwartungen. Sie stießen auf mehrere bemalte Galerien, passierten einen Gang mit zwei eingravierten Löwenköpfen und erreichten schließlich tief im Innern einen Saal, der sich am Fuß stufenförmig emporwachsender Stalagmiten öffnet: das Allerheiligste. LES TROIS FRERES (Die drei Brüder), wie der eiszeitliche Kulttempel von nun an genannt wurde, war entdeckt.

TROIS FRERES überwältigt den Besucher in jeglicher Hinsicht. Zunächst quantitativ: rund 1 100 gravierte und zwei gemalte Tierbilder füllen das Heiligtum aus, z. T. sind die Gravuren in vollendeter Technik erhaben geschnitten. Eine solche Bilderflut kennen wir sonst nur von LASCAUX. Dicht an dicht stehen die Motive an den Wänden und wirken dennoch nicht gedrängt, denn bei genauerer Betrachtung erweisen sich die Räume als planmäßig ausgestaltet. Qualitativ finden wir hier mit die schönsten Darstellungen der Eiszeitkunst überhaupt, zudem noch Darstellungen, die äußerst selten vorkommen wie z. B. die Abbildung zweier Schnee-Eulen (Farbabb. 11) und eines Wildesels. Ansonsten machen Rentiere, Pferde, Ziegen und Bären den größten Teil der Bilder aus. Mit Abstand überwiegen aber die Wisente (183 Abbildungen).

Zwischen den Tieren – uns überrascht das inzwischen nicht mehr – finden sich viele abstrakte Zeichen, wobei besonders die sogenannten ›Schlüsselzeichen‹ auffallen, ferner solche, die durchaus wieder Schriftzeichen sein könnten.

Eine Darstellung beeindruckt besonders. Sie diente als Musterbeispiel für die Theorie des Jagdzaubers, und man nahm lange Zeit an, daß die Beschwörung von Wild und Jagdmagie der einzige Beweggrund für die Schaffung der Höhlenmalereien generell war. Es handelt sich um die Gravur eines angeschossenen, von vielen Pfeilen getroffenen und tödlich verletzten Höhlenbären. Äußerst realistisch und dramatisch wird die Szene gezeigt: Dem Bären, dem bereits die Beine wegzuknicken scheinen, schießt ein Blutschwall aus dem geöffneten Maul, er muß jeden Moment niedersinken. Daß diese Darstellung auf jeden Fall etwas mit Jagdkult zu tun hat, erkennt jeder, der sie betrachtet.

Außer den Tierbildern finden wir in der Höhle von TROIS FRERES auch positive Handbilder und eine sehr merkwürdige Komposition von mehrdeutigen Abbildungen, die eine Art Felsenaltar verzieren. Eine etwa 75 cm große Raubkatze mit vier Köpfen bewacht diesen Ort, zwei Köpfe wendet sie dem Betrachter zu, ein dritter wächst daneben aus dem Körper, und ein vierter liegt zwischen den Pfoten. Zudem besitzt das Tier zwei Schwänze, einer endet als Quaste, der andere als menschliche Hand. Der Körper ist mit Pfeilen mehr geschmückt als verwundet. Zwei nicht identifizierbare Vögel sitzen zu Füßen der Raubkatze. Was soll diese Symbolik bedeuten? Handelt es sich um ein Clanzeichen, das aus mehreren Totemtieren zusammengesetzt wurde, um einen Tierdämon, der den Zugang vor Unbefugten bewachen soll?

Aber Trois Freres birgt noch mehr Geheimnisse, die uns Rätsel aufgeben. Berühmt geworden ist das Bild des ›Zauberers‹, es scheint über all die Tierdarstellungen zu herrschen. Man hat ihn deshalb auch schon oft als ›Herrn der Tiere‹ oder als ›Hörnergott‹ bezeichnet. Unmittelbar vor einem engen, schmalen Gang, der in einen geheimen Raum hinabführt, wacht er und scheint mit seinen stechenden Augen jeden Ankömmling zu bannen. Was fand in diesem Raum statt? An Tierbildern finden wir dort elf Rentiere, einige Wisente, Pferde, Ziegen und Bären. Der ›Hörnergott‹ selbst besitzt leicht gebogene Menschenbeine, die aussehen als führten sie Tanzschritte aus. Der restliche Körper setzt sich aus Elementen verschiedener Tiere zusammen: Hundeschwanz, das männliche Geschlecht einer Raubkatze, gebogener Tierkörper mit menschlichen Armen, die aber in krallenbewehrten Händen enden, Gesicht einer Eule, gewaltig ausladendes Rentiergeweih.

Gegenüber den ansonsten üblichen Schamanengestalten in der Höhlenkunst, präsentiert der ›Zauberer‹ von Trois Freres sich eher als ›Ahnherr aller Tiere‹ oder großer Tiergeist. Narr schlug deshalb schon vor, den Begriff Totemismus in Animalismus zu ändern, um stärker auf die Anbetung von Tierahnen hinzuweisen. Andere sehen eher einen Maskentänzer bzw. einen verkleideten, in Trance befindlichen Schamanen, während wieder andere in ihm nichts weiter als einen Jäger erblicken wollen, der sich gut getarnt auf die Jagd vorbereitet. Bei all diesen Interpretationen spüre ich Unbehagen. Ein wichtiger Impulsgeber im menschlichen Erkenntnisprozeß dürfte das Phänomen der selektiven Wahrnehmung sein – verantwortlich für gezielte Erfahrung und Ursache für mancherlei Irrtümer und Verblendungen zugleich, wenn es um das Erfassen objektiver Realität geht. Mit anderen Worten: Wer sein Weltbild schon fertig im Kopf trägt, sieht stets Ergebnisse, die zu diesem Weltbild passen – der Vertreter der Jagdmagie einen erfolgreichen Jäger, wer an Monotheismus glaubt, sieht natürlich den erwarteten ›Hochgott‹, andere finden die Bestätigung für ihren TOTEMISMUS bzw. ANIMALISMUS genau dort, wo sie ein passendes Beweisstück aus der Fülle des Angebots herauslesen können. Aber was ist Wahrheit, gibt es überhaupt eine objektive Realität? Kann es nicht sein, daß mehrere Wahrheiten parallel nebeneinander existieren und sich von einem Erfahrungs-Augenblick zum anderen mischen?

Für mich ist der ›Zauberer‹ von TROIS FRERES sowohl das eine wie das andere. Natürlich trägt er als tanzender Schamane Maske und Verkleidung, die ihn zu einem geisterhaften Wesen machen. Wenn er sich in Trance befindet, kann er sowohl großer Tiergeist als auch ›Herr der Tiere‹ als auch ›Hochgott‹ sein, das eine schließt das andere keinesfalls aus. Und aus dem ethnologischen Studium von Trancetänzen wissen wir, daß sich der Schamane auf einer Geisterreise zwischen den Welten befindet. Er imaginiert stark die jeweils dort vorherrschenden Eindrücke, ist mal Tier, mal Gott, mal Mensch und bleibt bei aller äußerlicher und innerlicher Metamorphose doch stets der eine – der Bote, der Mittler, das Medium, der den Kultablauf Bestimmende.

Die Transzendenz der Symbolik wird durch weitere Bilder nahe des gehörnten Tänzers untermalt. Unterhalb von ihm richtet sich ein weiteres Mischwesen, halb Mensch, halb Wisent, auf. In einem nahe gelegenen Gang taucht noch ein Wisentwesen auf, das sich auf ein weibliches, brünstiges Rentier zubewegt. Sie werfen sich Blicke zu, scheinen aufeinander fixiert zu sein, denn der Wisent-Mann streckt seine Arme (oder Hufe) nach ihr aus.

VIALOU sagt zu diesen drei auffallend viualisierten Mischwesen:

> »Hinter ihnen verbirgt sich der Jäger-Schamane, der weder Mensch noch Tier ist, sondern ein Geist, der sich dem Zugriff entzieht. (...) Wie ein Schöpfergott, der in seiner Gestalt die Grundstoffe seiner eigenen Schöpfung vereinigt, scheint der Hörnergott aus der Verbindung

zwischen Mensch und Wisent herausgelöst zu sein. Er bezieht seine Macht von den gefürchteten Raubkatzen und Hunden, seinen durchdringenden Blick hat er vom Nachtvogel und seine umfassende Weisheit vielleicht vom Rentier, das für den gesamten Lebensunterhalt der Jäger sorgt, vor allem mit seinem Geweih, aus dem Waffen und Jagdgeräte angefertigt werden. Von dieser symbolischen Bildgestalt, die die menschliche Vorstellungskraft im MAGDALENIEN hervorgebracht hat, strömt eine gewisse Geistigkeit aus. Durch die Zeitalter der Vorgeschichte hindurch vereinigt sie Götter, Teufel und Geister, die von ihren Felswänden aus die menschlichen Geschicke lenken.«

In TUC-D'AUDOUBERT und vor allem TROIS FRERES manifestiert sich das magische Weltbild des frühen Menschen so deutlich und stark wie kaum an anderen Orten sonst in Frankreich. Leider – oder sollte man eher sagen glücklicherweise? – sind beide Höhlen derzeit nicht oder nur mit großen Schwierigkeiten zu besichtigen. Vielleicht schützt sich auf diese Weise das Geheimnis selbst, das so viele Jahrtausende verborgen im Schoß der Erde geruht hat.

Rouffignac – Kultplatz der Mammutjäger

Sinnbilder der kosmischen Dreifaltigkeit

Eines der imposantesten Tiere der Eiszeit ist das Mammut. Das seinen Nachkommen, den heutigen Elefanten, an Größe und Gewicht erheblich übertreffende und vor etwa 12 000 Jahren ausgestorbene Wesen bewohnte die zirkumpolare Steppentundra Europas, Nordasiens und Nordamerikas. Als ergiebiger Fleischlieferant ist es – wie wir mit Sicherheit wissen – von den Jägern der Vorzeit gejagt worden. Sein dichtes Fell diente als Kleidung und wurde wahrscheinlich als Schlafdecke verwendet, aus den wuchtigen Knochen wurden Grillplätze und sogar ganze Behausungen gebaut, und das harte Elfenbein der bis zu 3,50 m langen, gekrümmten Stoßzähne fand als Ausgangsmaterial für Waffen, Schmuck, geschnitzte Kleinplastiken usw. vielerlei Verwendung. In Sibirien wurden bis 42 m^2 große, halb in die Erde vertiefte Hüttenkonstruktionen ausgegraben, die völlig aus Knochen und Stoßzähnen des Mammuts bestanden. Interessanterweise wiesen einige der Knochen geritzte und mit roter Farbe ausgemalte lineare Muster auf.

Die Mammutjagd war – bei der Größe der in Herden lebenden Tiere – gewiß kein leichtes Unterfangen, erforderte Mut und Geschicklichkeit und wurde mitunter gar zum Kampf auf Leben und Tod, denn die Tiere wurden, besonders wenn sie verletzt oder umzingelt waren, zu unberechenbaren, rasenden Giganten. Früh schon entwickelten die eiszeitlichen Jäger daher ausgeklügelte Treibjagdtechniken, bei denen große Fallgruben Verwendung fanden. Bei Pavlov in der Tschechischen Republik entdeckten Archäologen bei der Ausgrabung eines Jagdplatzes die Skelettreste von über 100 Mammuts. Ein Höhlenbild in der Grotte von FONT-DE-GAUME AUX EYZIES (Dordogne) zeigt deutlich, wie eine solche Falle ausgesehen haben kann, auch wenn es sich bei der Abbildung wohl mehr um eine ›magische‹ Darstellung handeln dürfte. Wenn die Tiere dort erst einmal festsaßen, konnte man sie leicht mit Speeren und Messern töten und an Ort und Stelle zerlegen. Wir sprechen daher von Jagd- und Zerlegeplätzen, an denen die Knochen – falls sie nicht anderweitig benötigt wurden, zurückblieben. Das Fleisch wurde wahrscheinlich in Streifen geschnitten und in bearbeitetem Zustand zum Räuchern oder Trocknen an der Sonne ins Lager getragen.

Wie gesagt, es stellte bestimmt ein lebensgefährliches Wagnis dar, ein einzelnes Mammut von der Herde zu trennen, es zu stellen und in die vorbereitete Fallgrube zu treiben. Die Bedeutung des Jagderfolges erhöhte sich um so mehr, als mit dem einsetzenden Klimawechsel gegen Ende der Eiszeit, als es immer wärmer wurde und die großen Herden keine Überlebenschancen mehr fanden, das Mammut immer seltener anzutreffen war. Vielleicht setzte um diese Zeit erst ein intensiver Jagdkult ein, der sich um die Ahnen und Nachkommenschaft der starken Totemtiere drehte. In Gönnersdorf, das uns vor allem durch die in Schieferplatten geritzten tanzenden Frauen bekannt ist, wurde – neben vielerlei und oft dargestellten Tierarten – nur noch ein einziges Mammut abgebildet. Vielleicht war das Tier etwa 10 000 v. Chr. im warmen Klima des Rheintals schon selten geworden. In Frankreich, in der Nähe der damals noch schnee- und eisbedeckten Pyrenäenkette, finden wir in manchen Höhlen dagegen noch häufig Mammute als Motiv der Höhlenmalerei. Eine dieser Höhlen ist ROUFFIGNAC.

Sie liegt im Périgord, nördlich des Flusses Vézère und westlich von LASCAUX und gehört zu den ganz großen, bedeutenden Höhlenheiligtümern der Vorzeit. Das über zwei Stockwerke hinweg etwa 10 km unterirdisch verlaufende Gangnetz wurde

54 Gravierte Mammut-Darstellung aus der Höhle von ROUFFIGNAC, Dordogne

vollständig zur Malerei genutzt. Auch hier können wir wieder von einem wohldurchdachten, planmäßig durchgeführten Gesamtkunstwerk sprechen. In der zentralen Galerie nahe des sogenannten ›Heiligen Weges‹ wurden die weite Höhle, die mit ihrem nach innen gewölbten Deckenschild wie eine Kuppel wirkt, sowie der nahe gelegene Schacht, der ins darunter liegende Stockwerk führt, über und über mit realistischen Tierfiguren bemalt. Wir sehen Wisente und Steinböcke, eine Reihe von stattlichen Wollnashörnern und immer wieder schwarze Mammute. Manche der Bilder sind interessanterweise über die Kratzspuren von Bären gemalt bzw. die Spuren der Krallen geschickt in die Darstellung integriert. Auch treffen wir die wirren, keineswegs aber wohl sinnlos angebrachten Linienmuster der MAKKARONI-Handmalerei an der Decke sowie feine Ritzungen ohne jeglichen Farbauftrag. Für manche Wissenschaftler gilt ROUFFIGNAC daher als ein besonders deutliches Musterbeispiel der Höhlenkunst, weil sich hier nahezu alle nur denkbaren Stilelemente mischen. Außerdem zeugen die Kunstwerke von einer sehr langen Zeitspanne kultischer Nutzung der Höhle. Auch ROUFFIGNAC muß demzufolge ein wichtiges religiöses Zentrum gewesen sein.

Unverkennbar dominierend sind aber die Mammute. War ROUFFIGNAC eine ›Kathedrale der Mammutjäger‹? Eines fällt jedenfalls sofort auf: diese Tiere sind hier mit großem Respekt dargestellt. Während man bei anderen peinlich genau darauf achtete, sie möglichst naturalistisch abzubilden, kommt es mir bei den Mammuten vor, als sei ihre Größe und Form bewußt übertrieben worden. Die hoch gewölbten Rückenbuckel z. B. wurden wesentlich und wohl mit voller Absicht überzeichnet. Auf künstlerisches Unvermögen der Maler sind sie mit Sicherheit nicht zurückzuführen. Vielmehr, so scheint es mir, wollte man diese Typik noch deutlicher machen, das Markante wie bei einer guten Karikatur herauspicken und überhöht darstellen, um die kraftvolle Majestät der Tiere zu unterstreichen.

Insgesamt kommen in der Höhle von ROUFFIGNAC 150 Mammutabbildungen vor – im Vergleich zu anderen Höhlen eine auffällige Betonung gerade dieses Tieres. Aber es wird noch interessanter: Alle Darstellungen sind nach bestimmten Richtungen orientiert, sie weisen den Blick des Betrachters und verraten dadurch viel von ihrem Symbolcharakter. Im tiefen Teil des ›Heiligen Weges‹ treffen wir z. B. links und rechts an den Wänden auf zwei Mammute, die hinein- und gegenüber drei, die hinausgehen. Für NOUGIER, den großen Erforscher der Höhle, leitet gerade diese Komposition eine neue Epoche der prähistorischen Kunst ein:

> »Zwei Mammuts kommen herein, vermutlich im Herbst, in der kalten Jahreszeit, und suchen Asyl und Schutz in der Wärme der Höhle; zwei Mammute gehen hinaus, aber mit einem jungen Mammut, das in der Höhle geboren wurde, in den schönen Frühlingstagen. Damit erhält

die Höhle eine tiefe Bedeutung. Sie ist der Ort der Trächtigkeit der Tierwelt, sie ist das Symbol des neuen Lebens. (...)«

Betrachten wir die eigenwillige Komposition noch etwas genauer. NOUGIER:

»Zwischen dem ersten Tier, das hereinkommt, und dem ersten, das hinausgeht, stehen sich zwei große Mammute gegenüber ›von Angesicht zu Angesicht‹; dazwischen schiebt sich ein eigentliches Mammutkind, von geringer Größe, wie es sich für dieses Alter gehört, mit einem sehr prominenten Stirnbuckel, der sogar etwas überproportioniert erscheint. (...) Das Auge des Säuglings liegt genau unter einem Vorsprung, und sein Rüssel ist reichlich mit langen Haaren versehen, die für die Gattung typisch sind. (...) Der Szene fehlt die Gewalt, und sie nähert sich eher einem Familienbild.«

Wir können das Familienbild auch als kosmische Dreifaltigkeit Vater-Mutter-Kind betrachten, als ›heraldische Pyramidenkonstruktion‹, wie es NOUGIER ausdrückt. Allgemein wurde in der Kunstgeschichte der prähistorischen Eiszeitkunst der Komposition gerade diese Möglichkeit abgesprochen, sie galt als Erfindung des Nahen Ostens, wo als Beweis für die von dort kommende ›Fortschrittlichkeit in der Kunst‹ stets das heraldische Motiv zweier sich angreifender Raubkatzen im Tempel von Catal-Hüyük (Anatolien, 6000 v. Chr.) angeführt wurde. Nun, diese Annahme ist falsch. Im westlichen Abendland ist das Motiv bereits seit über 12000 Jahren bekannt. Allein aus der Höhle von ROUFFIGNAC sind schon 16 Beispiele bekannt, wo sich Mammute, Bisons und sogar Menschen heraldisch gegenüberstehen. Mittlerweile hat man auch in LASCAUX, FONT-DE-GAUME und LES COMBARELLES solche Darstellungen aufgespürt. Wieder einmal müssen also die Geschichtsbücher umgeschrieben werden.

Rouffignac hat noch eine weitere Besonderheit aufzuweisen. Sie ist nicht spektakulär, aber immerhin bezeichnend für die gesamte Höhlenmalerei. Ich meine damit die Deckengemälde in der Kuppel des großen Saales. Wenn es die Absicht der Cromagnon-Künstler gewesen wäre, es sich leicht zu machen, so hätten sie in Rouffignac viele Kilometer Fels zum Bemalen vorgefunden, leicht erreichbare Stellen, die ein bequemes Malen erlauben. Aber sie wählten ausgerechnet die stellenweise über 3 m hohe Kuppel des Heiligtums aus. Das bedeutet, sie mußten dafür ein Gerüst benutzen. An anderen Stellen wiederum wölbt sich die Decke so sehr, daß man nur in gebückter Haltung arbeiten konnte, und die Enge erlaubt überhaupt keine Distanz, um das Werk richtig beurteilen zu können. Dennoch wurden gerade dort Gemälde angebracht, die in ihrer Vollkommenheit beeindrucken, z. B. ein 2,70 m langes Pferd in perfekter Detailtreue. Was können wir daraus schließen? Erstens, daß hier grandiose Künstler am Werk waren, wahre Meister ihres Faches, die mit Michelangelo durchaus konkurrieren können. Zweitens, daß sie keinerlei Mühen scheuten, um ihre ›Kathedrale‹ zu einem feierlichen Ort, zu einem Platz höchster Kontemplation auszugestalten. Ihr Glaube, ihre Religiosität muß sehr stark ausgeprägt gewesen sein, und sie stellten ihre Kunst, ihr Wissen und ihr hohes technisches Niveau vollständig in den Dienst dieses Glaubens.

Sind die Mammute in Rouffignac auch maßgebend, so wird der Eindruck eines bedeutenden Heiligtums noch einmal dadurch gesteigert, daß sich in einem tiefer gelegenen, äußerst schwer zu erreichenden, dritten Stockwerk eine Figur von beeindruckender Intensität befindet. Am Zugang zum unterirdisch rauschenden Fluß ragt eine Säule auf, von der ein menschliches Gesicht herabblickt. Das Seitenporträt schaut in Richtung Flußspalte, also weiter als man hinabsteigen kann in die unendliche Tiefe zum Erdmittelpunkt. Nougier nennt es »das Gesicht des Großen Wesens«. Wir erkennen ein Auge, den Nasenflügel, Mund und Kinn. Breuil bezeichnete es als die beste Menschendarstellung der gesamten prähistorischen

Kunst und die wichtigste Figur der Höhle von ROUFFIGNAC, als eine Widerspiegelung des Geistes, der über die Vermehrung des Wildes und die Jagdunternehmungen herrscht.

Andere Teile des Höhlensystems, vor allem in der ›Galerie Henri-Breuil‹, bieten ebenfalls überraschende und überwältigende Erlebnisse. Das Bild des ›Patriarchen‹ z. B. oder die von Louis-René NOUGIER ›Adam und Eva‹ getaufte Zeichnung eines Menschenpaares, das sich einander zuwendet, aber eher wie eine moderne Karikatur wirkt. Oder das Deckenbild mit Schlangen in einem Seitentrakt, der bald rechts nach dem Eingang abzweigt und weit in die Höhlendunkelheit hineinführt.

Bei aller Vielfalt bleibt die Höhle von ROUFFIGNAC für mich ein Zentrum des Mammutkultes. Vielleicht wurde sie von Stammesangehörigen dieses Clanzeichens in besonderem Maße aufgesucht. Spätere Künstler haben – ohne das vorherrschende Gesamtkonzept verändern zu wollen – ihrerseits weitere Zeichnungen hinzugefügt, und die Menschendarstellungen wirken auf mich relativ jung, obgleich auch sie unbestreitbar aus der Frühzeit künstlerischen Schaffens stammen. Wer weiß, wie lange ROUFFIGNAC als Kult- und Initiationstempel diente. Die Faszination des magischen Platzes aber wirkt noch bis heute weiter (Farbabb. 12).

Der Flug des Bumerangs

Vom Zauberstab der Vorzeit zum Sportartikel

Als ich den Bumerang zu werfen begann, hatte ich die erste Zeit teuflische Angst, das seltsame Ding, das da so völlig unberechenbar im Bogen schwirrend auf mich zurückkam, zu fangen. Ich duckte mich, legte schützend die Hände über den Kopf, lief weg, und das Verrückte war, daß das Ding mich manchmal sogar zu verfolgen schien, als besäße es einen eigenen Willen.

Dabei ist es ja bloß ein dünnes, gebogenes Holz mit angeschliffenen Kanten, das sich auf seiner Flugbahn nach erklärbaren Gesetzen bewegt. Ja, wie erklärt man es nur? Ich gebe freimütig zu, daß mir die Gesetze der Aerodynamik, die Strömungsmechanik und die Tragflügeltheorie des 20. Jahrhunderts immer noch wie ein Buch mit sieben Siegeln vorkommen. Auch wenn sie mir jemand zum hundertsten Male erklärt, für mich bleibt das Ganze einfach ein geheimnisvolles Rätsel. Ich habe Kinder beobachtet, und sie reagieren ganz genauso: Sie laufen weg und behaupten, das Ding hätte es auf sie abgesehen und würde eine Verfolgungsjagd auf sie machen. Vielleicht verhält es sich so: Wir leben zwar kurz vor Beginn des 21. Jahrhunderts, aber unser Bewußtsein ist in dieser (und mancherlei anderer) Hinsicht noch immer tief im 21. Jahrtausend vor unserer Zeitrechnung verhaftet. Das seltsame Ding, der Bumerang, das ›Wurfholz der Wiederkehr‹ oder wie wir es nennen wollen, ist beseelt, besitzt einen eigenen Geist, eine eigene

Kraft, die nur schwer begreiflich ist, das Gerät ist einfach unfaßbar.

Genauso muß es den Menschen der Eiszeit vorgekommen sein, als sie zum erstenmal die Bekanntschaft damit machten. Wer es erfand und wo das geschah, kann heute niemand mehr sagen. Vielleicht in Australien vor 30 000 oder 40 000 Jahren, oder in Sibirien, in Nordamerika oder in Europa. Ein funktionstüchtiger Bumerang wurde unlängst im südlichen Polen ausgegraben. Er besteht aus Mammutelfenbein und besitzt ein Alter von 28 000 Jahren.

EVERS, von dem ich die Kunst des Bumerangwerfens erlernte, hat viele solcher uralten Geräte aus Holz, Knochen oder Elfenbein auf ihre Funktionstüchtigkeit hin überprüft. Er kommt zu dem Schluß, daß es in der Eiszeit wohl *viele* ›Erfinder‹ gegeben haben muß. Die Sache lag einfach in der Luft, sie wurde zeitgleich in vielen Gebieten der Erde entdeckt und von dem, der mit dem Geheimnis umzugehen wußte, stets zu kultischen Zwecken genutzt. Der Bumerang ist ein typisches Instrument des Schamanen, und wahrscheinlich wurde das Wissen darum sorgsam gehütet und nur bestimmten, auserwählten Menschen (Initianten) weitergereicht. EVERS, der sein Leben lang in Skandinavien unterwegs war, um dort von Felsbildern Abreibungen mit dem Chlorophyll von Pflanzenfasern anzufertigen, stieß sehr häufig auf gravierte Darstellungen von Bumerangs und Bumerangwerfern. Stets sind sie in kultischem Zusammenhang anzutreffen, schweben über Ahnenbooten, werden von verkleideten Schamanen geworfen, oder gemäß ihrer Bedeutung übergroß, meist schwebend dargestellt. EVERS folgte im archäologischen Experiment genau den Formen und Größenangaben der Geräte, baute sie nach und testete sie auf ihre Tauglichkeit hin. Was er dabei Überraschendes feststellte, werden wir gleich erfahren, doch zuvor muß – um für den Ausgang unserer Beschreibung einen guten Verständnishorizont zu erreichen – die wissenschaftliche Chronologie eingehalten werden. Wir stehen dabei nämlich, wie wir gleich feststellen werden, mit unserem Wissen noch ganz am Anfang.

Als zuerst einigen Kuriositätensammlern, bald aber auch den Wissenschaftlern Knochen-, Elfenbein- und sogar Holzstäbe mit eingeritzten Tierkörpern (einige darunter von allerfeinster Art) oder auch Tierköpfen als archäologische Funde in die Hände kamen, die sorgsam gebohrte Löcher besaßen, gebogene Form und z. T. Schleifspuren an den Kanten, wußte man wenig damit anzufangen. Man sprach von Lochstäben, Kommandostäben oder auch Zeptern, man hielt sie für die Erkennungszeichen von Häuptlingen, für Waffen oder Schmuckgegenstände von Jägern. So oder ähnlich steht es noch heute in vielen Büchern, und die Autoren, die von Sinn und Funktion dieser Geräte nichts verstehen, gleichen ihr Wissensdefizit damit aus, daß sie sich in aller Ausführlichkeit über die Schönheit der Tierformen auslassen, das handwerkliche Geschick der Eiszeitkünstler preisen oder dergleichen. Da werden die Bumerangs einfach zu den ›Bildträgern aus tierischem Material‹ gerechnet, zur mobilen Kleinkunst usw.

Nun, auf den ersten Blick sind die Lochstäbe wirklich nur schön. Man vergleicht sie stilistisch untereinander und sieht bei den Gravuren und Ornamenten enge Verwandschaften zu Schmuck, Werkzeug und Waffen. VIALOU betont:

> »Die Aufgabe, Menschen und Tiergestalten sowie Zeichen auf den schmalen, langgestreckten und halbrunden Flächen eines Gerätestiels oder eines Wurfgeschosses unterzubringen, haben die Künstler auf zweierlei Weise gelöst. Entweder stellten sie nur ein einziges, der Längsachse folgendes Motiv auf die Fläche oder reihten kleinere, gleichförmige oder unterschiedliche Motive zu einer Gesamtkomposition aneinander.«

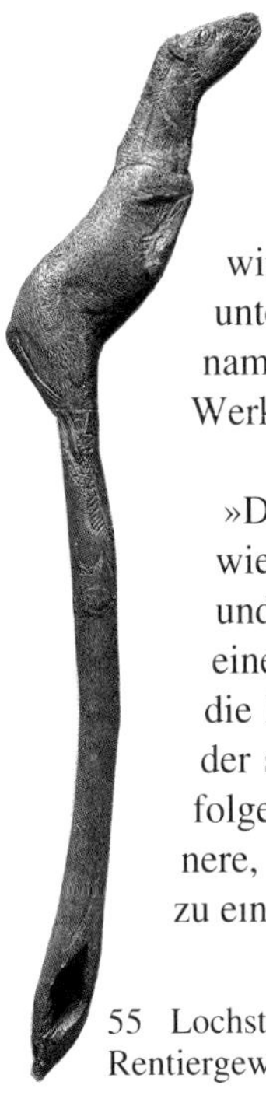

55 Lochstab mit springendem Pferd, aus der Stange eines Rentiergeweihs geschnitzt, Bruniquel, Frankreich

Ähnlichkeiten oder Abweichungen zu den Motiven der Höhlenmalerei werden diskutiert, ferner festgestellt, daß in der Hauptsache Knochen von Fleischfressern, kaum aber von pflanzenfressenden Tieren Verwendung fanden (letztgenannte sind oft zu spröde und weniger haltbar), und die Fundorte systematisch aufgelistet und – falls möglich – in Beziehung gebracht. Das ist auch nötig, denn mittlerweile sind Tausende solcher sogenannter Loch- oder Kommandostäbe bekannt. Allein aus dem französischen Raum füllen die Fundobjekte diverse Museen. Viele Archäologen äußerten von Beginn an die Ansicht, daß die Lochstäbe vor allem wohl eine magisch-rituelle Bedeutung gehabt hätten und stellten dazu eine Fülle von Theorien auf. So sollen sie – wegen ihrer länglichen Form – Phallussymbole gewesen sein. Andere vermuteten, mit ihnen hätten die Vorzeitjäger ihre Pfeile begradigt. Wenn ein verbogener Pfeil durch das Loch gesteckt und an beiden Enden festgehalten wird, kann der Stab als Hebel dienen, um den Pfeil zu begradigen. Dazu hätte man ihn zuvor durch Dampf oder durch Einweichen biegsam machen müssen. Gedacht wurde auch an ein magisches ›Kraftaufladen‹, wenn die Pfeile durch das Loch gezogen würden. Auf seltsame Ideen kommen manchmal selbst seriöse Wissenschaftler. Den Namen desjenigen, der sie für eine frühe Form von Heringen zum Befestigen von Zeltplanen hielt, möchte ich aus Höflichkeit lieber verschweigen.

Dabei fällt dem einen oder anderen schon mal auf, daß viele der Stäbe am oberen Ende eingravierte Vogelmotive besitzen oder direkt in plastische Vogelform übergehen. VIALOU über eine als ›Zepter‹ bezeichnete Stange eines Rentiergeweihs aus der Höhle La Vache:

> »Durch den an einem Ende eingeschnitzten Vogel erhält das Stück einen zweiseitig-symmetrischen Aufbau. Hinter einem Gebilde, das links hinter dem Vogel dessen ausgestreckte Flügel darstellen könnte, ist mit umgekehrter Blickrichtung der Kopf einer Raubkatze einge-

schnitzt, die ihr Maul aufreißt. Auf der vom Vogel aus gesehen rechten Seite wendet ein Pferd seinen Kopf nach unten und scheint den Vogelkörper zu verlängern. Ein in die andere Richtung gewandter großer Hecht überschneidet das Pferd. Kreuzzeichen, tief eingekerbte Linien und kurze Schraffuren sind mitten in diese außergewöhnliche Tierversammlung hineingesetzt.«

Wohlgemerkt, es handelt sich um ein ›Zepter‹, kein Gerät, das als Speerschleuder hätte nützlich sein können. Solche Instrumente existieren natürlich auch. Es waren nützliche Hilfsmittel, die dazu dienten, dem am Schaft angelegten Speer oder Pfeil bei seinem Abwurf eine größere Kraft und Zielgenauigkeit zu verleihen. Und es gibt auch Speerschleudern, die am unteren Ende durchbohrt sind, damit man eine Schnur zum Aufhängen am Gürtel hindurchziehen konnte. Möglich ist auch, daß durch diese Löcher kultische Gegenstände eingebunden wurden, die dem Jäger Glück bringen sollten.

Was dem nur die Objekte betrachtenden Wissenschaftler entgeht, bringt die experimentalarchäologische Handhabung und Erprobung ans Licht: Viele der sogenannten Loch- oder Kommandostäbe, Zepter usw. sind als Speerschleudern völlig ungeeignet. Sie ähneln ihnen nur, ohne wirklich zur Jagd nützlich sein zu können. Wozu also dienten sie dann? Und was ist mit den vielen gebogenen Stäben, die zudem angeschliffene Kanten besitzen?

Nun, dann sind das eben Wurfstangen ähnlich den Wurfhölzern, die die australischen Aborigines noch heute benutzen, heißt es. Das ist im Prinzip richtig, denn etwa 90 Prozent aller Wurfhölzer dort kehren nicht wieder, sind keine ›echten‹ Bumerangs. Mit diesen Waffen kann man tatsächlich – vorausgesetzt, man ist in der dazu erforderlichen Technik geübt – werfen und Tiere erlegen, ein Känguruh etwa oder ein einzelnes Tier aus einem Schwarm Enten. Auch zum Kampf wurden solche Hölzer verwendet, darüber hinaus zum Fischfang (!), bei zeremoniellen sportlichen Wettkämpfen, als Grabbeigabe,

Spielzeug, Würdenzeichen, Musikinstrument, Tanzkeule, Botenstab, Tauschgerät, Harke, Feuermesser, Sense, Tragstock, Hackmesser, Hebel, Abdrücker zur Bearbeitung von Flintstein, Schneidegerät, Feuerhaken, Werkzeug zum Graben, Abschläger für Äste usw. usw. Wir sehen: die Liste ist unglaublich lang, das Gerät scheint ein wahres Universalinstrument zu sein.

Und so müssen wir die Angelegenheit wohl auch betrachten. Man brauchte ein solches Gerät aus Holz, Horn oder Knochen für vielerlei Zwecke und das nicht nur in Australien, sondern im ganzen zirkumpolaren Raum der Eiszeit und darüber hinaus. Ich habe selbst auf den Kanarischen Inseln mehrere solcher Gerätschaften der GUANCHEN-Kultur gesehen, die als Grabbeigaben hochgestellter Persönlichkeiten gefunden wurden. Beispielsweise in Brena Alta auf La Palma. Sie sind 50 cm lang und werden ›Crosses‹ oder Krummstäbe genannt. Ein paar besonders schöne Exemplare werden im Museo de la Sociedad La Cosmologia in St. Cruz de La Palma aufbewahrt.

Damals erinnerten mich die ›Crosses‹ sofort auffällig an die Felsbilder Skandinaviens und die Ritzzeichnungen auf DOLMEN und MENHIREN der Bretagne, Galiziens und Englands (z. B. in Gavrinis, de Lizo, Moustier, Mané Rutual, Moustoirac, Petit Mont, Kerveresse, Mané Lud, de Couedic, Stonehenge u. a.).

Ferner tauchen exakt die gleichen Krummstäbe im alten Ägypten auf (hier als zepterartiges Hoheitszeichen der Pharaonen) sowie bei neolithischen Plastiken, bei denen menschliche Figuren solche Geräte (fälschlich als Hacke oder Hackstock bezeichnet) geschultert tragen.

Das sind also die Wurfhölzer, die nicht zurückkehren und mit ihnen haben wir soeben – neben den Speerschleudern – die zweite Kategorie der verzierten, ominösen Objekte beschrieben. Erstaunlicherweise gibt es darüber hinaus aber eben auch echte ›Wiederkehrer‹, Wurfhölzer, die im Flug eine kreisförmige Bahn beschreiben und in die Hand des geschickten Werfers zurückkehren. Und sie können vielerlei Gestalt besitzen: mehr oder weniger gekrümmt, abgerundet oder oval, hammerartig oder sogar aus drei oder mehr Flächen bestehend und von solch eigenwilliger Form, daß man ihnen die Bumerangfunktion überhaupt nicht zutraut.

Und genau diese Bumerangs sind eben keine Jagdwaffen oder bloß irgendwelche Herrschaftssymbole, Zepter oder dergleichen. Diese Objekte, vor allem jene mit Tierköpfen, Vögeln usw. stammen aus der Hand, dem Wissensstandard und der geheimen Magie des Schamanen. Erinnern wir uns nur an jenen Vogelstab neben dem maskierten Schamanen am Schacht von LASCAUX.

Wie hat das alles angefangen? Wie gelang dem ersten Schamanen die Entdeckung? Bestimmt nicht als Ergebnis eines zuvor gefaßten Arbeitsplanes, gewiß wurde es aus einem mehr oder weniger zufälligen Versuch heraus zum ›Aha-Erlebnis‹, zur bewußtseinserweiternden Entdeckung, daß jenes ›Holz der Wiederkehr‹ lebte, beseelt war, auf geheimnisvolle Weise zum Schamanen gehörte und seine magische Kraft durch den Luftraum erweiterte.

Ich möchte an eine andere Szene erinnern, die das Erlebnis hautnah und überaus eindrucksvoll wiedergibt, auch wenn sie wohl in ganz anderer als der hier geschilderten Absicht eingesetzt wurde: In Stanley Kubricks Film »2001 – Odyssee im Weltraum« schlägt ein affenartiger Vormensch mit einer Knochenkeule auf ein Lager gebleichter Tierknochen. Spielerisch schwingt er sein Werkzeug und zertrümmert damit Schädel. Immer fester und wilder schlägt er zu und erlebt in einer (filmisch perfekt inszenierten Sequenz) das Über-sich-hinaus-Wachsen seiner Kraft mit der Waffe. Wie in einer Vision der TRAUMZEIT zerspringen dabei nicht nur morsche Knochen, sondern sinken plötzlich auch lebendige Tiere unter der Wucht der Schläge zu Boden. Der Mensch richtet sich auf, packt seine ›Wunderwaffe‹ mit beiden Händen und schlägt in Ekstase zu. Brüllend erhebt er sich und schleudert schließlich die Keule in die Luft. Aus ihr wird im Flug ein weißes Raumschiff, und die Neuzeit beginnt.

Eleganter als Kubrick es mit diesem Zeitraffertrick tat, kann man die Jahrzehntausende dauernden Zeitabläufe wohl kaum zusammenfassen. Von einer Sekunde auf die andere ist die Urzeit vorbei, beginnt die Zukunft, Science fiction.

Der Mensch wirft die Knochenkeule weg – und das Raumschiff kehrt wie ein Bumerang auf vorprogrammiertem Flug zu uns zurück. Ein Wunder? Ja, ein Wunder! Das Fliegen war wohl von Anbeginn an ein Traum des Menschen, ein durchaus realistisch erlebbarer, wenn er dazu gewisse Drogen wie z. B. den Fliegenpilz benutzte. Wir können davon ausgehen, daß der berauschende Genuß des Fliegenpilzes auf engste Weise mit dem Schamanismus verbunden ist, wie der Genuß von Rauschdrogen als Hilfsmittel im Ritus überhaupt.

Und wie das bei Schlüsselszenen von größter Bedeutung oft der Fall ist, tauchen beim miterlebenden Betrachter Assoziationen auf, die so stark sind, daß sie plötzlich alles zu erklären scheinen, ein Moment absoluter Klarheit entsteht. Ich mußte im Kino schlagartig an die altnordische Edda denken und an Thors Göttergestalt, die so eindrucksvoll beschrieben wird. Auch er besaß bekanntlich einen Hammer, der auf geheimnisvolle Weise stets nach dem Wurf in seine Hand zurückkehrte.

Nun ist aus Sibirien bekannt, daß die dortigen Schamanen nicht nur das Flugerlebnis als wesentlichen Bestandteil ihrer magischen Reise durch die drei Weltebenen ansehen (Weltenbaum, auf dem der Vogel sitzt, Vögel als Archetypus des Fliegens), sondern daß sie auch Hilfsgeister benutzen. Solche Hilfsgeister führen sie ständig in Form von aus Holz oder Knochen geschnitzten Tierkopfstäben mit sich. Diese sind Reitpferd, Vogel und Zauberstab zugleich. Der Schamane trägt sie ständig griffbereit, sie dienen ihm in vielerlei Hinsicht, vor allem aber, um seinen Flug in die Oberwelt der Ahnen im Himmel zu ermöglichen, seinen Abstieg in die dunkle Unterwelt zur ›Herrin der Tiere‹. ELIADE führt zu diesem Phänomen aus:

»Über den ekstatischen Charakter der Himmelfahrt kann kein Zweifel bestehen. Wir wissen, daß die Ekstasetechniken für dieses Phänomen grundlegend sind, das allgemein unter dem Namen Schamanismus bekannt ist. Der

›Flug‹ drückt plastisch die Fähigkeit gewisser bevorzugter Individuen aus, willentlich den Körper zu verlassen und ›im Geist‹ durch die drei kosmischen Bereiche zu reisen. Man unternimmt den ›Flug‹, d. h. man verursacht die Ekstase – die nicht notwendig mit Trance verbunden sein muß – entweder um die Seele eines geopferten Tieres in den höchsten Himmel zu tragen und als Gabe dem Himmelsgott darzubieten, oder um die Seele eines Kranken zu suchen, von der man annimmt, daß sie sich verirrt habe oder von Dämonen geraubt worden sei – und in diesem Fall kann die Reise ebenso in horizontaler Richtung erfolgen, in entfernte Gegenden, wie in vertikaler, in die Unterwelt oder schließlich, um die Seele des Toten zu ihrer Wohnstätte zu geleiten.«

Besonders schön bearbeitete Tierkopfstäbe, die voll die Funktion von Bumerangs erfüllen, wurden großen Schamanen als wertvollste Beigabe mit ins Grab gelegt (z. B. im jungsteinzeitlichen Gräberfeld der Insel Oleni Ostrow im russischen Onegasee, in Karelien und andernorts).

EVERS zeigt und beschreibt die Abbildung eines Schamanen mit Vogelfüßen bei der Felsbildstation der Insel Laxön in dem nordschwedischen Fluß Ångermanälv. Mit Hilfe seines – eindeutig als Bumerang identifizierbaren – Tierkopfstabes reist er durch die Unterwelt. Das ist eine magische Darstellung, keine Jagdszene, denn das Schweben und Fliegen wird durch eine magische Linie zum ebenfalls schwebenden Tier dargestellt.

Andere Felsbilder in Skandinavien zeigen Schamanen mit übergroßen Bumerangs, die Ahnenboote mit Verstorbenen begleiten. Die Ahnen werden stets als seltsam körperlose Strichwesen dargestellt, und die Bootssteven wiederum besitzen selbst Tierköpfe. Man muß dabei an die Tierköpfe an den Steven der Wikinger-Drachenboote denken. Selbst zu diesen – relativ kurz zurückliegenden Zeiten – hatten die Bootssteven mehr eine kultisch-magische als praktische Funktion. Und dann gibt es Felsbilder, auf denen die Tierkopfstäbe entsprechend ih-

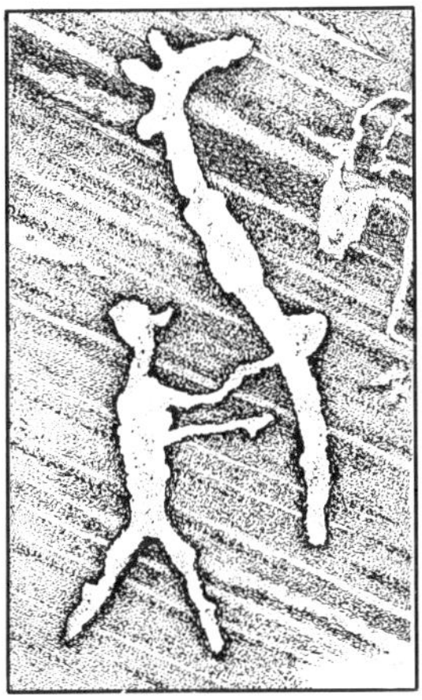

56 Vogelfüßiger Schamane mit Tierkopfstab, Felsbildabreibung von der Insel Laxön, Ångermanälv, Nordschweden

57 Überdimensionaler Tierkopfstab, Felsbildabreibung aus Alta, Norwegen

rer Bedeutung riesengroß, viel größer als der sie tragende Mensch z. B., abgebildet sind, als wollten diese übertriebenen Darstellungen den letzten Zweifler mit der Botschaft überzeugen: Sieh her, dies ist ein geheimnisvolles Ding, das fliegen kann und in meine Hand wie durch Zauber zurückkehrt, ein Bumerang.

Die Benutzung von Tierkopfstäben hat sich bei einigen sibirischen Völkern (z. B. den Burjäten) noch bis ins 20. Jahrhundert erhalten. Evers berichtet von dem Stamm der ostfinnischen Mordwinen bei Nischnig-Nowgorod, bei denen noch im vorigen Jahrhundert ein schamanistischer Geheimbund bestand, dem ausschließlich Frauen angehören durften. Diese Frauen wurden ›Pferde‹ genannt, trugen am Hals einen Beutel mit Hirse und benutzten lange Stäbe mit Pferdeköpfen, auf denen sie ritten.

Wenn wir nun noch das weitverbreitete Flugmotiv hinzunehmen, fühlen wir uns unwillkürlich an unsere Hexen des Mittelalters erinnert, die auf Hexenbesen ritten und zu nächtlichen Geheimtreffen flogen. Das ursprünglich heilige Pferd (Pegasus u. a.), das von vielen zirkumpolaren Völkern bis hin zu Angeln

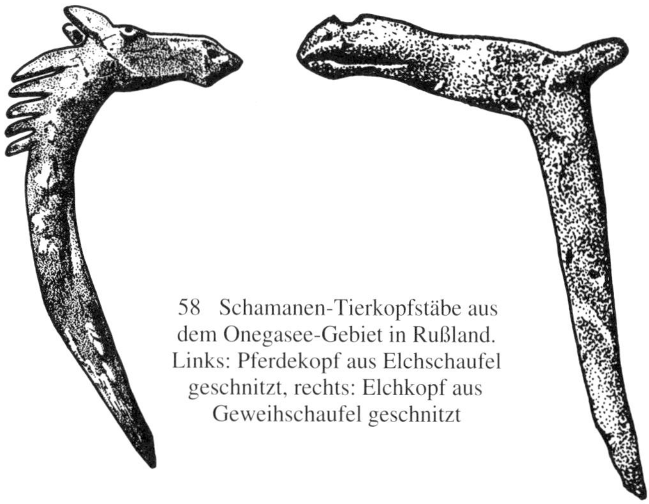

58 Schamanen-Tierkopfstäbe aus dem Onegasee-Gebiet in Rußland. Links: Pferdekopf aus Elchschaufel geschnitzt, rechts: Elchkopf aus Geweihschaufel geschnitzt

und Sachsen als göttlich verehrt wurde, mutierte im Laufe der Zeit zum ›Steckenpferd‹, zum Kinderspielzeug.

In der Edda wird nicht nur von Odins Bumerang-Hammer berichtet, sondern auch von Schamaninnen, die ›sei o Kona‹ genannt wurden. Sie kannten die magischen Künste der Göttin Freyja, trugen Zeremonialtracht, Kultstäbe und beherrschten die Kunst ekstatischen Fluges. Hier begegnet uns erneut das Leitbild der fliegenden Hexe, des großen Menschheitstraumes und der uralte Archetypus der Geistreise durch die verschiedenen Weltebenen.

Der Schamane, der sich im Rhythmus seines Trommelschlages in Trance versetzt, glaubt felsenfest daran, daß das Fell seiner Trommel beseelt ist, daß das Tier in diesem Zustand erneut zum Leben erwacht und zum Reittier wird und daß er auf diesem starken Hilfsgeist durch die Lüfte reisen kann. Wenn er seinen Hilfsgeist – den Bumerang – wirft, fliegt seine Seele mit ihm durch die Luft und kehrt schließlich zum Körper zurück. Die Geistreise mittels des Bumerangs kann bis zu den Seelen der Verstorbenen, den Ahnen, gehen, ihnen Botschaften bringen und ihre Auskünfte und Segenswünsche von dort wieder zurück in die Welt der Menschen bringen. EVERS beschreibt einen Begräbnisplatz auf einer Insel in schwedischen Stromschnellen (Nämforsen). Am Ufer gibt es Felsbilder mit deutlich gravierten Bumerangs. Versuche, sie nachzubauen und zu jener Insel der Ahnen zu werfen, gelangen. Die Bumerangs kehrten trotz der erstaunlich weiten Distanz sicher zurück.

Man muß sich diese Szene einmal in grauer Vorzeit denken: Der Schamane steht mit dem vollständig versammelten Stamm am Ufer und wirft sein ›Wurfholz der Wiederkehr‹ zur Insel in das Reich der Ahnen hinüber. Und das Holz kehrt schwirrend, seltsame Stimmen im Wind erzeugend, zu den Lebenden zurück. Müssen das nicht Botschaften der Ahnen sein? Ähnliche experimentalarchäologische Erlebnisse werden aus dem östlichen Sibirien berichtet (BRAEM). Man kann sich den Eindruck, den ein von solchen Orten heulend zurückkehrender Bumerang hervorruft, sicher lebhaft vorstellen.

Der Flug des Bumerangs begann in der Eiszeit. Dort wurden bereits die Gesetze der Aerodynamik genutzt, ohne daß man dazu komplizierte Erklärungsmodelle brauchte. Man ging mit dem ›beseelten Holz‹ höchst achtsam um, denn es war ein starker Hilfsgeist, ein Garant für Wiederkehr und Wiederbelebung. Der Träger eines solchen Geräts besaß unvorstellbare Macht. Kein Wunder, daß aus dem Holz später ein Zepter und Hoheitszeichen wurde. Inzwischen ist der Bumerang über den Umweg Australien wieder in die Neuzeit zurückgekehrt –

59 Bemalter Bumerang, Zentralaustralien (links) und Hakenbumerang, Nordwestaustralien (rechts)

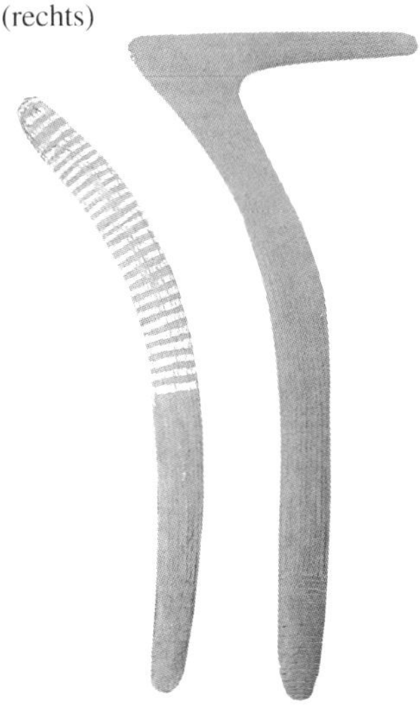

unserem Bewußtsein und Lebensstil entsprechend als Sportgerät zur Freizeitgestaltung. Aber die Faszination seines Fluges ist bis heute geblieben. Der amerikanische Bumerangsportler Chet Shouffer beschreibt sie so:

> »Wenn man darüber nachdenkt: Bumerangs werfen ist ja wirklich ein wunderbares Allheilmittel, und vielleicht haben wir als Bumerangwerfer das immer gewußt. Der Erholungsaspekt ist der eine. Aber hier (gemeint ist der Einsatz von Bumerangs zu Psychotherapie-Zwecken) würde es sich darum handeln, eine professionalisierte Anwendung in dieser Richtung herauszufinden, wenigstens ein ernsthaftes Suchen danach. Es klingt wie eine große Idee und verleiht den immerwährenden Worten der Weisheit eine völlig neue Bedeutung.«

60 Old Nipper, ein Aborigine-Bumerangmeister aus Zentralaustralien

Weiße Steinzeitmenschen im Atlantik

Was Chroniken über die Altkanarier berichten

Wie lebten die Menschen der Steinzeit? Wie dachten sie über die Welt? Welche Götter verehrten sie? Bei all diesen Fragen, so differenziert und vielschichtig sie oft sind, helfen ethnologische Vergleiche zu noch auf ähnlichem Niveau lebenden Völkern bzw. solchen, die bewußtseinsmäßig noch bis vor kurzem in der Steinzeit zu Hause waren. Eine faszinierende Sonderstellung nehmen in diesem Zusammenhang die Urbewohner der Kanarischen Inseln ein, denn sie lebten bis zum Eintreffen der portugiesischen und spanischen Eroberer im 14. bzw. 15. Jahrhundert noch in der Steinzeit. Was wir über die GUANCHEN – so lautet ihr Name in der eigenen Sprache – wissen, verdanken wir fleißigen Chronisten, vor allem jenem italienischen Ingenieur und Festungsbaumeister Leonardo TORRIANI, der im Auftrag der Spanischen Krone die Inseln bereiste und als zuverlässiger, genau recherchierender Beobachter die dortigen Lebensverhältnisse, Sitten und Gebräuche dokumentierte. Wir berufen uns in der Folge vorrangig auf ihn und ergänzen den Bericht durch weitere Quellen und eigene Forschungsergebnisse, die wir in über zehnjähriger Feldforschungstätigkeit vor Ort sammeln konnten (BRAEM).

Zunächst muß festgestellt werden, daß das Golfstromsystem (hier: der südliche Kanarenstrom) eine Einbahnstraße von Südwesteuropa aus darstellt, d. h. einfache Boote, die noch nicht zum Kreuzen geeignet waren, trieben von dieser Richtung aus im nahezu ganzjährig wehenden Passat auf die Kanarischen Inseln zu. Eine Möglichkeit zur Rückkehr besteht demzufolge nicht mehr. Das genau ist der Grund, warum die Inseln so lange Zeit von jeglichem Kulturaustausch abgeschnitten waren und bis zum 14. bzw. 15. Jahrhundert eine Art ›Freilichtmuseum der Steinzeit‹ darstellten. Es gibt auf den Kanaren keinerlei Erz. Das begünstigte ein rezentes Festhalten an der Steinzeittechnologie und -tradition.

Woher die GUANCHEN ursprünglich kamen, wissen wir nicht genau zu sagen. Verschiedene Wissenschaftsschulen streiten darüber mit jeweils mehr oder weniger guten Argumenten. Einig sind sie sich nur in der Einschätzung, daß sie irgendwann mit einfachsten Booten und in planmäßigen Siedlungsschüben die Inseln erreicht haben müssen. Vielleicht waren es Versprengte, Flüchtige, die vor übermächtigen, waffentechnisch überlegenen Feinden ausweichen mußten und ihr Heil durch eine Flucht auf dem Seeweg suchten.

Sehen wir einmal von unhaltbaren Hypothesen (die GUANCHEN wären Nachkommen der Wikinger oder Menschen, die dem Untergang von Atlantis entkamen) ab, so konzentriert sich die neuere Forschung vor allem auf zwei Theorien. Die eine hält eine Abstammung vom afrikanischen Festland für möglich und datiert die Emigration auf das erste vorchristliche Jahrtausend, die zweite auf bedeutend ältere Funde und hält eine Erstankunft auf den Kanaren im 3. Jahrtausend oder noch früher für durchaus möglich. Auch die Ähnlichkeit zahlreicher Felsbildmotive mit neolithischen Zeichen aus Irland, der Bretagne, Nordspanien und Portugal weist in diese Richtung. Anthropologische Untersuchungen (SCHWIDETZKY u. a.) ordnen die GUANCHEN jedenfalls als Cromagnoide des nördlichen Typus ein, ihre Statur, Schädelformen und selbst die Blutgruppe (0 mit Rhesusfaktor negativ) sind mit diesen identisch. CARPENTIER, der die Basken als reinblütige Nachkommen der CROMAGNON ansieht, hält es für möglich, daß dieses äußerst seetüchtige Volk von der Biskayaküste aus den Atlantik erkundete und dabei auch die Kanarischen Inseln als Siedlungsgebiet für sich entdeckte. Ihm zufolge wären die Altkanarier also direkte Nachfolger der Höhlenmaler von ALTAMIRA, LASCAUX, NIAUX usw. Abwegig ist dieser Gedanke keineswegs. Auch die andere Schule (die eine Besiedlung von der nordafrikanischen Küste aus präferiert) hält die Altkanarier für Nachkommen der CRO-MAGNON, allerdings mehr des südlichen Typs, der in der Wissenschaft unter der Bezeichnung Capsien-Kultur firmiert.

Der Streit über die Herkunft der GUANCHEN ist noch nicht entschieden, jedes neue Fundstück wird von der einen oder anderen Seite entsprechend interpretiert und als ›Beweisstück‹ in die jeweilige Theorie eingeordnet, wobei über gewisse dabei auftretende Irritationen und Widersprüche großzügig hinweggesehen wird. So ignorieren z. B. die Vertreter der sogenannten ›Insel-Berber-Theorie‹ völlig die Wind- und Strömungsverhältnisse und stürzen sich voll Entzücken auf jede neue Fundstelle an den Ostküsten der Inseln, wo doch gerade an den Nordwestküsten bisher die reichhaltigsten Siedlungsplätze und Felsbildstationen entdeckt wurden. Ich selbst habe die ursprünglich möglichen Anlandeplätze per Schiff mit großer Sorgfalt überprüft und bin zu den gleichen Ergebnissen gekommen wie bereits HEYERDAHL, der 1970 in einem Experiment mit seinem Binsenboot ›Ra‹ vergeblich von Marokko aus versuchte, die Kanaren zu erreichen. Thor HEYERDAHL schrieb damals in sein Logbuch:

> »Eine Woche lang hatten wir hart gearbeitet, um vom Land wegzusteuern, und hier passierten wir Kap Juby mit dem Strom, nur einen Büchsenschuß entfernt (...). Wir hatten die Kanarischen Inseln bei schlechtem Wetter passiert, ohne Land zu sehen.«

Wie gesagt, Thor HEYERDAHL war es unmöglich, von der afrikanischen Küste aus die Kanaren zu erreichen. Wir alle wissen, daß er statt dessen vom Kanarenstrom (dem südlichen Arm des Golfstroms) getrieben auf der kleinen Antilleninsel Barbados in der Karibik landete.

1989 – während der Dreharbeiten zu dem Terra-X-Film »Die Inseln des Drachenbaums – magische Plätze auf den Kanaren« – haben wir das Experiment wiederholt. Zu diesem Zweck charterten wir den historischen Dreimaster ›Thor Heyerdahl‹. Von der afrikanischen Küste aus kommend nehmen wir Kurs auf Gran Canaria. Das Schiff hat bei relativ gutem Wetter schwer gegen den Wind und die Meeresströmung anzukämpfen. Es befindet sich weit abseits der üblichen Seewege. Aber es hält Kurs, denn es kann wie alle neuzeitlichen Segelschiffe kreuzen. Die primitiven Boote der GUANCHEN konnten das nicht. Nicht nur aus diesem Grund bleibe ich vorerst dabei: Sie müssen von Südspanien, der portugiesischen Küste oder von noch weiter nördlich gekommen sein.

Wie auch immer, wenden wir uns den Chroniken und den archäologischen Funden zu, die diese Berichte bestätigen, und versuchen wir so die Frage zu klären: Wie lebten eigentlich die Menschen der Steinzeit?

Zunächst ihr Aussehen: Groß und blondhaarig sollen sie gewesen sein, berichten die Chronisten mit Erstaunen, von wilder Kraft die Männer und großer Schönheit die Frauen. Nun, wenn dabei auch gewisse Idealisierungen im Spiel gewesen sein mögen, so ist doch festzustellen, daß viele der Skelette und Mumien ein ansehnliches Körpermaß hatten. Größen von 1,80 m und mehr stellen – wovon ich mich mit eigenen Augen überzeugen konnte – durchaus keine Seltenheit dar. Auch ist bei einigen Mumien tatsächlich blondes Haar festzustellen, ebenso gibt es rötliches und dunkelbraunes.

Diese Merkmale sprechen für beide Theorien – sowohl die nördlichen als auch die südlichen CROMAGNON, deren Nachkommen die Berber und die Tuareg sind, entsprechen der Beschreibung. Letztgenannte überragen den durchschnittlichen Nordafrikaner erheblich an Größe, sie sind hellhäutig, häufig blond und besitzen mitunter auffallend blaue Augen.

Damit kein falscher Eindruck entsteht: Keineswegs sahen alle Altkanarier so aus, es gab ebenso einen kleinwüchsigen, mehr dunkleren Typus, und es liegt durchaus im Bereich der

Wahrscheinlichkeit, daß dies im gesamten cromagnoiden Raum der Fall war.

Die GUANCHEN siedelten in kleinen Höhlen, die es als natürlich geformte Gasblasen vulkanischen Ursprungs zu zehntausenden auf den Kanaren gibt, unter ABRIS und vor allem in Erdhöhlen und Hütten, die mit Holz, Laub oder Gras abgedeckt waren. Als Betten dienten trockene Kräuter, zum Zudecken Tierfelle. Bei den Wohnhöhlen findet man im Eingangsbereich stets die Kulturschichten (eigentlich Schichten aus Hausmüll) mit Feuerstellen und Abfall wie Keramikscherben, Knochenresten, zerbrochenem Werkzeug, Schmuck usw. Es ist auffallend, wie viele Wohnplätze sich in Quellennähe befinden.

Vor den Hütten lag meist ein Eß- und Versammlungsplatz (Tagoror), der aus Steinen zum Kreis geformt war und eine gewisse Ähnlichkeit zu den Steinkreisen (Cromlechs) der westeuropäischen MEGALITHKULTUR aufweist. Schaf, Ziege, Hund und Schwein wurden von den GUANCHEN mit hoher Wahrscheinlichkeit bereits domestiziert eingeführt. Diese Tiere sicherten – in Ermangelung von Wild – den Fleischanteil der Nahrung. Das Schwein galt als heilig und wurde wohl nur zu besonders festlichen Anlässen mit kultischer Ausrichtung verspeist. Vielerorts findet man Sauzähne als Schmuckstück und Grabbeigabe. Wie ihre europäischen Steinzeitvorfahren mästeten und aßen die Altkanarier mit Vorliebe kastrierte Hunde. Eine spezielle Rasse (Bardino genannt, einem braun-schwarz gefleckten Boxer nicht unähnlich), die nachweislich auch in Alteuropa vorkam, existiert noch heute auf den Kanaren.

Hauptbestandteil der Nahrung waren aber Wildpflanzen, Wurzeln, Pilze, Käse, Butter, Honig, Samenkörner und Waldfrüchte sowie Wildgemüse und bestimmte Frischkräuter. Außerdem lieferte das Meer einen ganz beachtlichen Anteil für den Speisezettel der Altkanarier: Fische, Seetiere, Muscheln und Schnecken. Die Schalenberge (Concheros) der Seeschnecken dienen auf den Kanaren als sicheres Erkennungszeichen für eine uralte Siedlung, sie sind oft beträchtlich groß und enthalten außer Essensresten wie Fischgräten, Seeigelschalen usw. auch Keramikscherben, Steinklingen und anderes zerbrochenes Werkzeug.

Ernährungswissenschaftler, die die Speisegewohnheiten der Guanchen untersuchten, bezeichnen das Nahrungsangebot und die Zusammenstellung als außerordentlich nahrhaft und ausgewogen. Der durch seine Vollwertkost bekannt gewordene Arzt Bruker kam regelrecht ins Schwärmen. Seiner Meinung nach läßt sich der in der Regel gute Gesundheitszustand und das hohe Lebensalter der Guanchen (und auch des heute noch nach ähnlichen Gesichtspunkten lebenden Teils der ländlichen Bevölkerung dort) unmittelbar von dieser Ernährungsweise ableiten.

Die Kleidung der Altkanarier bestand aus Ziegen- und Schaffellen, seltener auch aus gewebten Binsen- und Palmblättern. Ein echter Webstuhl war allerdings unbekannt, ebenso wurde die Wolle der Schafe nicht gesponnen. Die Schuhe bestanden aus Leder und waren den indianischen Mokassins ähnlich. Als Schmuck wurden durchbohrte Tonperlen, Holz, Steine, Muscheln, Knochen und Tierzähne getragen. Federn kamen als Kopfschmuck in Frage. Interessanterweise wurde die Haut bemalt, um Tätowierungen nachzuahmen, wie wir das auch von anderen Naturvölkern und sogar vom Gletschermann aus dem Ötztal her kennen. Für diese Art von Hautschmuck wurden Farbstempel (Pintaderas) aus Holz oder Ton benutzt, in die entsprechende Motive eingeschnitzt waren.

Holz war – wie bei allen Völkern der Frühzeit – das Material, aus dem vorrangig Werkzeug hergestellt wurde. Allerdings ist davon wegen der raschen Verwitterung des Materials nicht viel erhalten geblieben. Die vorliegenden Funde weisen häufig schöne Schnitzmuster und ein ausgeprägtes ornamentales Empfinden auf. Reichlicher erhalten sind die Steinfunde. Auf den Kanarischen Inseln kommt Basalt in großen Mengen vor, ebenso Feuerstein und gelegentlich Unidian. Daraus wurden Abschlage als Messerklingen, Bohrer, Schaber usw. benutzt. Nadeln, Stichel und Ahlen wurden aus Knochen und Gehörn gefertigt. Hinzu kommen Utensilien aus Leder, Binsen und Pflanzenbast.

Die Töpferscheibe war gänzlich unbekannt, sämtliche Keramik wurde in Schichtbauweise von Hand geformt und im Erdofen gebrannt. Erstaunlicherweise wirkt sich diese ›primitive‹ Vorgehensweise nicht auf das Formempfinden aus. Im Gegenteil, die GUANCHEN-Keramik zeichnet sich durch eine große Formenvielfalt und durch ein ungewöhnlich ästhetisches Empfinden aus, sowohl was die Gefäßgestaltung als solche, als auch die Verzierung mit Dekors und Mustern anbelangt, die z. T. dem Repertoire der Felsbildzeichen entliehen sind. Die Wellenband- und Spiralverzierung der Tongefäße wurde mit Knochennadeln und Holzsticheln ausgeführt, zum Glätten wurden runde Kiesel, sogenannte ›Glättsteine‹ eingesetzt. Das Niveau der Töpferkunst unterscheidet sich zwischen den einzelnen Inseln erheblich, durchweg die schönsten Stücke wurden auf La Palma und auf Gran Canaria gefertigt.

Interessant ist auch, was TORRIANI über den Fischfang mit kleinen Booten und Netzen aus Binsen und Palmfasern schreibt. Die GUANCHEN setzten dabei eine besondere Technik ein: Sie träufelten den Saft der Euphorbien (Wolfsmilchgewächse) ins Wasser; das Lähmungsgift betäubte die Fische, und mitunter konnten Fischschwärme eingeholt werden, indem der ganze Stamm in die Bucht hinausschwamm und die in ihren Bewegungen stark eingeschränkten Fische ans Ufer trieb.

Als Waffen dienten vor allem Holzstangen und Wurfspeere, scharfe, schneidende Steine, ferner Wurfsteine und Schleuderhölzer. Die aufgefundenen Bumerangs dienten wohl nicht zur Jagd oder zum Kampf, sondern besaßen mehr magisch-kultische Bedeutung bei bestimmten Zeremonien.

Die medizinische Versorgung lag fast ausschließlich in den Händen weiser, heilkundiger Frauen, die über die Wirkung bestimmter Pflanzen (die noch heute in der Volksheilkunde der Inseln eine große Rolle spielen) Bescheid wußten. Insgesamt gesehen muß die soziale Stellung der Frau in der GUANCHEN-Gesellschaft beachtlich gewesen sein, denn es wird berichtet, daß kein Häuptling oder König Entscheidungen von Belang treffen konnte, ohne zuvor den Rat der weisen Frauen und Seherinnen eingeholt zu haben. Frauen waren im sportlichen Wettkampf ebenso dem Manne gleichgestellt wie ihre Stimme im Rat zählte, es gab gefürchtete Kriegerinnen, und der Sittenkodex, über den die ach so ›fortschrittlichen‹ spanischen Eroberer äußerst verwundert waren, sah ausdrücklich die Achtung und Gleichberechtigung der Frau vor.

Politische Entscheidungen wurden demokratisch gefällt, der König und die Adligen vom Volk gewählt, und bei einem Verstoß gegen den Sittenkodex wurden drastische Strafen verhängt. Interessant dürfte es auch sein zu hören, daß es regelrechte Nonnenklöster gab (die sogenannten ›Tamogantes‹ auf Gran Canaria, von denen das Cenobio de Valeron und die Montana de las Cuatro Puertas die eindrucksvollsten sind), in denen junge Mädchen (Harimaguadas) für eine gewisse Zeit enthaltsam lebten, um spezielle Kenntnisse in medizinischer und kultisch-religiöser Hinsicht zu erwerben.

Zwei Besonderheiten gilt es zu erwähnen: Offenbar war bereits – wie schon im Bereich der cromagnoiden Höhlenmaler

61 Steinzeitliches Höhlenkloster der GUANCHEN: das Cenobio de Valeron auf Gran Canaria

(durch Funde bewiesen) und später in Ägypten und Peru – die Schädelbohrung (Trepanation) bekannt. Geisteskrankheiten, Tumore, Epilepsie und Kopfschmerzen wurden auf diese Weise behandelt und, wie sich rekonstruieren läßt, durchaus mit gutem Erfolg. Es sind etliche GUANCHEN-Schädel mit typischen Trepanationsmerkmalen gefunden worden, bei denen die Knochenränder wieder einwandfrei verheilt waren.

Die zweite Besonderheit der Altkanarier betrifft die Kunst des Mumifizierens in einer archaischen Weise, die noch nicht ganz so ausgefeilt war wie jene in Ägypten oder Peru (Farbabb. 13). Dabei spielte das verklebende Harz des Drachenbaums eine gewisse Rolle. Die Tatsache, daß überhaupt mumifiziert wurde, weist auf den bei den Altkanariern stark ausgeprägten Jenseits- und Wiedergeburtsgedanken hin, wobei wir nun einen äußerst wichtigen Punkt anschneiden – die Religion und das magisch-mystische Weltbild der Steinzeitmenschen.

Von einigen inselspezifischen Besonderheiten abgesehen, stellt sich der Glaube der GUANCHEN in einheitlicher Struktur dar. Sie verehrten eine einzige oberste Gottheit, die sie sich dualistisch in ein gutes und ein böses Prinzip aufgeteilt vorstellten. Die gute Kraft wurde in einer Urmutter mit deutlichem Bezug zu Höhlen und Quellen sowie in einem Urvater, der auf Berggipfeln und in den Lüften wohnte, verehrt. Wahrscheinlich neigten die Frauen in ihren Kulten mehr der Urmutter, die Männer mehr dem Urvater zu. Ihnen brachten sie Opfer, vor allem Milch, Butter, tierische Eingeweide und Jungtiere. Sie beobachteten, wie ihre Gaben von den ›Seelenvögeln‹ – Raben, Krähen, Falken, Adlern und Geiern, die man sich als Reinkarnation der Seelen verstorbener Ahnen vorstellte – angenommen wurden. Als Opfersteine dienten sogenannte ›Seelensteine‹, MENHIRE mit Altarfunktion, einige von ihnen wurden deutlich imagisiert, d. h. mit gravierten Felsbildern ausgestattet, manche sogar in besonderer Weise zu Menschengestalten verformt, wie z. B. der rote Seelenstein von El Calvario, La Palma, der eingebohrte Augen und Mundöffnungen besitzt, aus denen der Blick austreten bzw. der Atem aus- und einströmen

62 Die Spiralform gehört zu den häufigsten Petroglyphen der Kanarischen Inseln, La Palma

kann. Diese spezielle Art des imagisierten MENHIRS kommt übrigens nicht nur auf den Kanarischen Inseln vor, sondern auch in Frankreich, auf Korsika, den Balearen und Malta.

Dem guten Prinzip stand ein böses gegenüber, das häufig in Gestalt eines dämonischen Hundes gedacht wurde. Es war der Coyote aus dem Vulkan, der für plötzliche, unberechenbare und verheerende Vulkanausbrüche sorgte, aber oft genug auch dem Menschen als Warner und helfender Bote diente.

Insgesamt stellte man sich die Natur mit allen Tieren, Pflanzen und Steinen, dem Wetter und allen Elementen (auch und besonders das Feuer) als belebt vor. Die Ahnen waren in allen Erscheinungsformen der Natur präsent und wurden von den Schamanen um Rat gefragt. Der Ahnenkult besaß eine so große Bedeutung, daß selbst noch im 16. Jahrhundert bei Gerichtsverhandlungen mumifizierte Vorfahren mit in die Ratsversammlung gebracht wurden, als könne ihre Anwesenheit entscheidend zur Rechtsfindung beitragen, wie spanische Chronisten verwundert registrierten. Auch das Clanwesen war stark verbreitet: Es existierten Zeichen (auch Felsbilder), Markierungen, Stempel und Bemalungen, die eine Zugehörigkeit zu einem bestimmten, klar von anderen abgegrenzten Clan unterstrichen.

Interessant ist auch das gleichzeitige Fortbestehen totemistischer bzw. animalistischer Anschauungen. Auf El Hierro z. B. wurde bei Wassermangel ein Schwein, das man für eine Reinkarnation des Urvaters hielt, in eine bestimmte Höhle gejagt, um dort mit der wasser- und fruchtbarkeitspendenden Urmutter zusammenzutreffen. Vergleichbare Bedeutung besaßen auch die bereits erwähnten Seelenvögel und der Hund. Hätte es auf den Kanarischen Inseln Jagdwild wie in Frankreich oder Spanien gegeben, ich bin sicher, so hätten sie wie dort Stiere, Wisente, Hirsche oder Bären totemistisch verehrt und in ihren Felsbildern entsprechend abgebildet. So aber beschränken sich diese auf abstrakte Motive, noch immer nicht entschlüsselte Schriftzeichen und einige wenige figürliche Abbildungen von Menschen und Idolen.

Die Felsbildkunst und die Schrift der Altkanarier ist ein so komplexes Thema (ich habe es bereits in mehreren Büchern und Filmen zu behandeln versucht), daß ich mich in unserem Zusammenhang darauf nicht weiter einlassen will. Wichtig erscheint mir nur, einmal eine ›funktionierende‹ Welt von Steinzeitmenschen zu schildern, die in ihrer Kultur und in ihrem magisch-religiösen Weltbild noch uralten Vorstellungen anhängt. Sicher läßt sich dieses Modell, das ›Freilichtmuseum der Kanaren‹ nicht so ohne weiteres auf die Welt der eiszeitlichen Höhlenmaler und Schamanen übertragen, jedoch schimmern in ihm so offensichtlich archaische, archetypische Bedingungen und Grundsätze durch, daß ein Vergleich zumindest erlaubt sein sollte. Nach allem, was uns bekannt ist, können wir davon ausgehen, daß das Klima und damit die elementaren Lebensbedingungen auf den Kanarischen Inseln über lange Zeit hinweg stabil waren, so daß für die frühen steinzeitlichen Aussiedler wenig Anlaß bestand, ihre Kultur zu verändern. Man hing in der Abgeschiedenheit der besonderen Lage der Inseln lange der uralten Tradition an und bewahrte sie noch bis nach dem Eintreffen der spanischen Eroberer. Von daher sind einige ihrer Verhaltensweisen für uns überaus aufschlußreich und lassen Rückschlüsse auf die Kultur der europäischen höhlenbemalenden CROMAGNON zu.

Ich möchte – um das Bild noch etwas abzurunden – nun einen weiteren Vergleich ins Blickfeld rücken, der noch nie aus solcher Perspektive betrachtet wurde. Ich meine die Kultur der australischen Ureinwohner, die so weit von den Kanaren und von Europa entfernt leben, keine Abkommen der CROMAGNON, sondern eher des Menschentypus Neandertaler sind, in keiner Weise mit den Kulturen unseres Untersuchungsbereichs in Austausch standen und dennoch einige erstaunliche Parallelen aufweisen. Vielleicht gelingt es uns, auf diese Weise einige grundsätzlich bedeutungsvolle Züge der frühmenschlichen Existenz herauszuarbeiten und in Bezug zu unser Thema zu setzen.

Die Traumzeit lebt

Das Weltbild der australischen Aborigines

Vor mehr als 40 000 Jahren erreichten die Vorfahren der heutigen Aborigines den australischen Kontinent. Ihre lange Wanderung nach Osten begann irgendwo in Südostasien. Es war im wahrsten Sinne des Wortes eine Wanderung, denn noch bis etwa vor 20 000 Jahren waren Neuguinea, Australien und Tasmanien eine einzige feste Landmasse. Der Meeresspiegel lag gut 130 m tiefer als heute. War auch der sogenannte ›Sahulschelf‹ begehbar, ebenso wie der ›Sundaschelf‹ der heutigen Inseln Indonesiens und Malaysias – so trennte beide Landmassen zwischen Bali und Lambok bereits in grauer Vorzeit eine tiefe Wasserstraße. Die Wanderer müssen also zumindest dieses Hindernis mit einfachen Wasserfahrzeugen überwunden haben. Das Boot war also bereits in der Altsteinzeit bekannt, seine Erfindung liegt mehr als 40 000 Jahre zurück. Erst mit Ende der Eiszeit trennten sich Tasmanien (vor etwa 12 000 Jahren) und Neuguinea (vor ca. 8 000 Jahren) von Australien.

Die Archäologie der australischen Ureinwohner befindet sich noch ganz am Anfang, deswegen liegen momentan auch noch so wenige gesicherte Funde vor. Fest steht nur, daß vor etwa 32 000 Jahren bereits erste Menschen am – inzwischen lange ausgetrockneten – Mungo-See siedelten. Hier wurden Muschelschalen und Steinwerkzeuge gefunden und verläßlich mit der C14-Methode datiert. Die Begräbnisreste einer Frau weisen ein Alter von 26 000 Jahren auf und geben einen klaren Hinweis darauf, daß die Rolle der Frau bei den Aborigines einen hohen Stellenwert besaß. Dies hat sich bis heute, wie ethnologische Studien ergaben, wenig geändert. Der Frau als Nahrungsbeschafferin, Gebärerin und Garantin für die Zukunft des Stammes, werden in der Aborigine-Gesellschaft Respekt und Achtung geschenkt. Wenn wir diese Tatsache mit dem Sittenkodex der Altkanarier vergleichen, so treten erstaunliche Übereinstimmungen zutage. Wir dürfen mit einiger Sicherheit davon ausgehen, daß es sich bei den europäischen Cromagnon, unseren höhlenmalenden Sammlern und Jägern, nicht viel anders verhielt.

Es hat – wie auf den Kanaren – auch in Australien mehrere Einwanderungswellen gegeben, wobei jeweils die Neuankömmlinge die bereits ansässigen Stämme weiter nach Süden verdrängten. Jedenfalls wiesen die aufgefundenen Skelette unterschiedliche Merkmale auf. Das gleiche gilt für die Typiken der Werkzeugbearbeitung, wie z. B. bei Steinbeilklingen, Waffen und Grabstöcken. Der älteste bisher in Australien bekannte hölzerne Bumerang (übrigens ein nach den Gesetzen der Aerodynamik gefertigter ›Rückkehrer‹) lagerte gut erhalten im Torfboden eines Sumpfgebietes und blickt auf stolze 10 000 Jahre zurück.

Wilpert berichtet vom Fund eines Männergrabes in der Nähe des Mungo-Sees, das vor ca. 30 000 Jahren angelegt wurde und hochinteressante Details aufweist, die Aufschluß über das magische Weltbild der australischen Ureinwohner geben. Hier wurden nämlich Reste einer Bemalung mit rotem Ocker gefunden, wie wir dies bereits vom französischen Raum her bei Bestattungen kennen. Offenbar folgten die Aborigines dem gleichen Denkmuster wie ihre europäischen ›Zeitgenossen‹, mit denen sie nachweislich in keinerlei Kulturaustausch standen: Das rotfarbene Ocker galt als das ›Blut der großen Erdmutter‹ und mit dieser Vorstellung muß ein Wiedergeburtsglaube verbunden gewesen sein. Die Farbe Rot verkörpert also wie keine andere den Archetypus vom ewigen Leben. Uns wundert das nicht, denn etwa aus der gleichen Zeit stammen

Funde aus Brasilien, die deutlich beweisen, daß der Archetypus auch auf dem südamerikanischen Kontinent wirksam war.

Bei den Aborigines hat sich die starke Zuneigung zur Farbe Rot bis heute gehalten. Wir wissen, daß sie bereits vor Jahrtausenden diese Erdfarbe zur Körperbemalung bei Zeremonien benutzten, sie färbten bestimmte hölzerne Kultobjekte damit ein und verzierten sie mit Mustern. Rotocker ist zudem bei den Felsmalereien die mit Abstand am häufigsten vorkommende Farbe. Trotz der starken Verwitterung, denen freiliegende Felsbildgemälde ausgesetzt sind, konnten in Australien über 20000 Jahre alte Bilder registriert werden. In Arnhem-Land wurde ein tasmanischer Tiger gemalt, der nachweislich in dieser Region vor 3000 Jahren ausstarb. Auch er ist in der roten Farbe der Ur- und Erdmutter gemalt.

In diesem Zusammenhang gilt es, das Augenmerk auf eine Besonderheit zu lenken, die mir äußerst wichtig erscheint: Für die Aborigines war die Erde weiblich, ein lebender Organismus, und es war strengstens verboten, diesen heiligen Körper der Großen Mutter zu verletzen. Deshalb benutzten sie nur mit Vorsicht ihre hölzernen Grabstöcke, ›erfanden‹ nie eine planmäßige Landwirtschaft und vermieden es, etwa mit Metallwerkzeugen den Boden aufzupflügen. In traditionellem Denken verhaftete Aborigines halten sich noch heute an dieses Tabu und erklären, sie wollten »dem Leib der Mutter Erde auf diese Weise keinen Schaden zufügen«. Aus dieser Vorstellung heraus, die Höhlen und das Erdinnere mit Respekt und Scheu betrachtet, wird es auch verständlich, daß sie fassungslos und mit wachsendem Zorn das Treiben der weißen Siedler, Erzschürfer und Minenarbeiter beobachten. Für die Aborigines ist solches Treiben ein großer Frevel, der schlimme Folgen nach sich ziehen muß, denn sie fürchten den Zorn der großen Erdmutter.

In der Mythologie der Australier wurde das Land von den Ahnen mit Hilfe übermächtiger Geisterwesen in seiner heutigen Form geschaffen und gestaltet. Jeder Eingriff verstößt demzufolge gegen den Willen der Schöpfungsgeister. Die Aborigine-Stämme leben zwar als wandernde Jäger und Sammler, bewegen sich aber stets in den Grenzen ihres urtümlich angestammten Territoriums. Auf ihren Wanderungen benutzen sie stets die alten Wege der TRAUMZEIT, auf denen schon ihre Ahnen zogen, und hüten sich, diese wissentlich zu verlassen oder mutwillig zu ändern. Bestimmte Stationen an diesen Wegen, die sich durch Besonderheiten auszeichnen, wie z. B. die exponierte Lage eines Felsrückens (am bekanntesten ist wohl Ayers Rock), zumal wenn sich dort eine Quelle befindet, gelten als ›Plätze der Kraft‹, als heilige Orte mit starker Ausstrahlung, die es zu verehren gilt. Wasserstellen sind in den trockenen Steppen und Wüstenzonen dabei von großer Wichtigkeit und gelten als Zentren mit magischer Bedeutung. Hier haben bereits in der TRAUMZEIT die Ahnen und Heroen ihrer Mythologie gerastet, also müssen ihnen zu Ehren entsprechende Zeremonien durchgeführt werden. An diesen magischen Plätzen hinterließen die Vorfahren ihre spirituelle Kraft, die sich auf die Nachkömmlinge überträgt. Deshalb war (und ist) das Betreten einer heiligen Stätte nur jenen Personen gestattet, die in die Geheimnisse eingeweiht (initiiert) waren. Zuwiderhandlungen kamen einer Entweihung gleich und gefährdeten den Bestand des ganzen Stammes.

Wir müssen unwillkürlich an SHELDRAKE und seine MORPHOLOGISCHEN FELDER denken, der eigentlich etwas sehr ähnliches, nur moderner und wissenschaftlich ausgedrückt, äußert. Ferner an den Prozeß der IMAGISIERUNG, denn genau das geschieht an den ›Plätzen der Kraft‹: Aborigine-Schamanen, die die spezifische Ausstrahlung der Orte kennen, laden sie regelmäßig mittels kultischer Handlungen wieder auf, wobei das Anbringen von Felsbildern eine entscheidende Rolle spielt. Wir hörten bereits, daß der Akt des Malens selbst dabei sozusagen nur den Schlußpunkt setzt. Ihm gehen uns kompliziert erscheinende Rituale voraus, bei denen die Reinigung des Körpers und des Bodens wichtig sind, ferner die Gesänge, in denen die Geschichte der TRAUMZEIT noch einmal rezitiert wird und alle namentlich bekannten Ahnen und Vorzeithelden genannt und gebührend gewürdigt werden.

Die Felsbilder werden somit zum sichtbaren Zeichen für den Besitz des Landes und das Weiterleben der alten Religion. Ihr Übermalen und Auffrischen symbolisiert den Schöpfungsakt, die Kunst wird zur gestalteten Religion. Zugleich bedeuten die Felsbilder aber auch Anspruch des Stammes auf das jeweilige Territorium. Anders verhält es sich mit den leicht vergänglichen Scharrbildern im Sand, die häufig in konzentrischen Ringen ausgeführt und mit Erdpigmenten zusätzlich eingefärbt werden.

Diese Tätigkeiten sind weder Kunst noch verkörpern sie irgendwelchen Besitzanspruch – sie gelten als magisch-religiöse Handlung mit offenbar sexuellem Charakter. Die Bearbeitung symbolisiert einen Geschlechtsakt mit der großen Erdmutter und wird im Zusammenhang mit dem Wunsch nach Wasser und Fruchtbarkeit durchgeführt. Wieder einmal stoßen wir also auf konzentrische Wellenkreise und Spiralen, die einen deutlichen Hinweis auf den Archetypus ›Wasser des Lebens‹ geben.

Der Begriff TRAUMZEIT umfaßt ein komplexes Bedeutungspotential. BURCHARD erklärt, daß die australischen Ureinwohner – wie viele andere Urvölker – den Traum für einen Teil der Realität halten:

> »Damit haben sie zum Teil sogar recht. Verspürt nämlich ein Mensch im Traum große Angst, dann empfindet er die gleichen Emotionen, als fürchte er sich im wachen Zustand. Das gleiche betrifft auch andere Erlebnisse und Empfindungen. Die Eingeborenen liebten Träume und erzählten sie sich gegenseitig gern, sie interpretierten sie je nach Empfindung als gut und böse. Und da ihre Erinnerung an die reale Vergangenheit nach und nach verblaßte, schien sie ihnen nach einiger Zeit genauso verschleiert wie die Erinnerung an die Träume. Damit gewann der Begriff ›Dreamtime‹ eine ganz besondere Bedeutung und umfaßte Realität und Schein ohne Grenzen.«

TRAUMZEIT ist Schöpfungszeit, aber im Bewußtsein der Aborigines ist diese Schöpfung ewig wirkend und bis heute keineswegs beendet. Vielmehr wirken die Kraft und die Phantasie der Ahnen fortwährend in das heutige Leben hinein. Wurde etwa ein Kind an einem bestimmten Platz mit magischer Bedeutung geboren, waren damit seine Zugehörigkeit zu der entsprechenden Kultgesellschaft und sein weiteres Dasein bereits festgelegt. Totem- und Clanwesen gewannen daraus an Bedeutung. Ein Aborigine versucht zu gewissen Zeiten, immer wieder diesen Kraftquell seiner Bestimmung aufzusuchen und dort neue Energie zu schöpfen. Beim Nahen des Todes kehrte er möglichst wieder dorthin zurück. Ferner wurden an solchen Plätzen die heiligen Geräte aufbewahrt, über die wir noch näher berichten werden.

WILPERT berichtet ausführlich über die Initiationsriten junger Aborigines, und anhand dieser Schilderungen können wir uns möglicherweise ein besseres Bild auch über jene machen, die in LASCAUX, ROUFFIGNAC, NIAUX und in anderen Höhlen der Eiszeitmenschen stattfanden.

> »Die Akteure repräsentierten mythische Wesen durch Körperbemalung, durch das Tragen von Symbolen und durch mimische Gestaltung. Die kultischen Gesänge – Corroboree – referierten den mythischen Vorgang. Im Anschluß an jeden Akt erfolgte die Unterweisung für die Neuankömmlinge durch die alten Männer. Sie erklärten den Vorgang, die Dekorationen und Symbole. Dadurch wurden die Taten der Heroen einprägsam vermittelt.«

Neben der Einführung der Initianten in die Mythologie der TRAUMZEIT mußten sie auch eine praktische Lehre durchlaufen, z. B. wurde die Benutzung von Speer und Bumerang geübt, es gab eine Reihe von Mutproben, zu denen auch das schmerzhafte Anbringen von Schmucknarben, die Beschneidung oder das Ausschlagen von Schneidezähnen gehörte.

»Dies reicht zwar in den sozialen Bereich hinein. Da sie den Status von dem des Kindes zu dem des erwachsenen Mannes hin verändern, gehören Initiationen allgemein zum sozialen Leben. Der ausgiebigen Zeremonien wegen haben sie jedoch überwiegend religiösen Charakter. Schon der Ort des Geschehens, nämlich die heiligen und geheimen Plätze des Stammes oder der Kultgruppe, weisen eindeutig in diese Richtung. Gerade Operationen, bei denen Blut floß, hatten auch religiöse Bedeutung. Blut war im Ritus unentbehrlich. So wurden neben heiligen Geräten auch die Körper der Teilnehmer mit Blut bestrichen.« (WILPERT)

Über den Wiedergeburtsgedanken erfahren wir, daß die Aborigines glaubten, der Geist des Verstorbenen kehre an den Ort des Totems, also den Ausgangspunkt vor der Geburt, zurück und er warte dort auf den Tag seiner Wiedergeburt. Es wundert uns daher nicht, daß auch die australischen Ureinwohner – neben Erdbestattungen und Verbrennungen – die Kunst der Mumifizierung kannten. Wie bei den altkanarischen GUANCHEN ist auch über die Mumien der Aborigines allgemein wenig bekannt, selbst Fachbücher schweigen sich über dieses Thema gern aus, was wohl vor allem daran liegen mag, daß die Aborigine-Forschung (ähnlich wie die GUANCHEN-Forschung) noch in den Kinderschuhen steckt. Dabei wurden gerade dazu in beiden – soweit voneinander entfernt liegenden – Teilen der Erde in jüngster Zeit eine Reihe von spektakulären Entdeckungen gemacht. So hören wir z. B., daß in Australien die sogenannte ›Sekundärbestattung‹ einzelner Skelett-Teile und ein damit verbundener Ahnen-Knochen-Kult häufig verbreitet war. Im Kakadu-Nationalpark (Northern Territory) wurden solche Knochen- und Schädelstätten gefunden, ebenso wie ja auch der Begräbnisplatz der Frau vom Mungo-See nach den Fundumständen eindeutig als Sekundärbestattung einzuordnen ist. Die gleiche Praxis finden wir bei GUANCHEN-Friedhöfen, in Neuguinea, bei sibirischen Völkern und sogar noch aus der Frühzeit des alten ägyptischen Reiches. Die Parallele zu europäischen Fundplätzen, an denen nur Schädel bzw. Langknochen aufbewahrt wurden, ist allzu deutlich.

Immer mehr kommt bei Wissenschaftlern verschiedenster Fachrichtung der Gedanke auf, daß die lokalen Unterschiede zwischen räumlich weit voneinander liegenden Kulturen geringer sind, als man vermutet hat. In den Grundzügen ihrer Entwicklung, in den Archetypen ihrer Vorstellungen und Symbole sind sie identisch. Wir haben es also tatsächlich mit einer universellen Menschheitsfamilie zu tun, die bestimmten, dominierenden Gestaltfeldern wie einem großen Programm folgten und daraus Verhaltensmuster entwickelten, die sich über Kontinente hinweg verblüffend gleichen.

Wenn ich also vom magischen Weltbild des frühen Menschen spreche, so trifft diese Bezeichnung nicht nur auf die europäischen Höhlenmaler und Schamanen zu, sondern auf ein gewisses Stadium des Menschheitsbewußtseins insgesamt. Gegenseitige Rückschlüsse lassen sich ziehen, Verständnis wecken für ein Verhalten, das keineswegs in rätselhaften Zonen der Vergangenheit liegt und dort mühsam von Archäologen mit präziser Beweisführung herausgeschürft werden muß, sondern dieses magische Bewußtsein ist immer noch vorhanden. Wir brauchen uns dazu nur genau in verschiedenen abgelegenen Teilen der Welt umzusehen.

Nehmen wir beispielsweise jene zunächst äußerst geheimnisvoll und rätselhaft wirkenden Figuren der Höhlenmalerei und Felsbildkunst, die übernatürlich wirken und von Sensationsschreibern (wie Däniken) vorschnell als ›Außerirdische‹ eingestuft werden. Solche Darstellungen gibt es überall in der Welt, im brasilianischen Amazonasgebiet ebenso wie in der Sahara. In Australien werden sie WONDJINAS genannt.

Die eindrucksvollsten Felsbilder dieser Art wurden im Kimberley-Gebiet (Nordwestaustralien) gefunden. Nach den Aussagen heutiger Aborigines handelt es sich bei den WONDJINAS um Gestalten der TRAUMZEIT. Es sind Heroen, die einst die Landschaft nach ihrer Vorstellung formten und noch heute über sie wachen. Die menschenähnlichen Gestalten ohne Mund und mit weiß geschminkten Gesichtern tragen eine Art Strahlenkranz um den Kopf herum, der auf den ersten Blick dem Heiligenschein der christlichen Kirche nicht unähnlich ist. Ich mußte beim Betrachten dieser Figuren sofort an die ›Astronauten‹ der norditalienischen Valcamonica denken. Auch diese gravierten Felsbilder dort mußten schon für mancherlei haarsträubende Spekulationen um Außerirdische herhalten, obgleich sie, wie wir wissen, tanzende Schamanen in Trance darstellen. Ihr ›Heiligenschein‹ symbolisiert die Kraft ihrer Gedanken, ihre starke zauberische Macht und Ausstrahlung.

In der Mythologie der Australier verkörpern die Heroen die Schöpfer und Hüter lebenswichtiger Wasserstellen. Von diesen zogen sie sich in der TRAUMZEIT zurück und lebten von da an versteckt in Höhlen, deren Zugang nicht jedermann bekannt war. Nur die Schamanen des Stammes wußten um sie, imagisierten ihre Porträts und pflegten die Bilder, die sie bei regelmäßig stattfindenden Zeremonien nachmalten und auffrischten. Der Gedanke war, daß ihre Kraft erlöschen würde, wenn man dies eines Tages nicht mehr täte. Sie blieben dann vergessen in ihren Felsenhöhlen zurück und würden nicht mehr zu den Quellen und Wasserlöchern fliegen können, um sich um das ›Wasser des Lebens‹ zu kümmern. Alles Leben würde dann verdorren.

Wir haben es also mit einem – im Grunde völlig verständlichen und gut nachvollziehbaren – Wassermythos und Regenzauber zu tun. WILPERT schreibt:

> »Bei einigen Gruppen gelangte das an einer nahen Wasserstelle gefundene Geistkind erst durch die Berührung des Vaters mit einem Felsbild zur Inkarnation in den Mutterleib. Eventuell mußte der werdende Vater auch ein Geistkind dazumalen, was vor allem bei einigen Darstellungen der Regenschlange Urgud gebräuchlich war. Damit blieb der Bestand an Geistkindern mit dem Totem dieses Schöpferheroen erhalten.«

63 Felsmalerei der Aborigines, Gebärszene, Nordwestaustralien

Wir müssen also die Begriffsbilder Wassermythos und Regenzauber noch um einen weiteren wichtigen Gedanken ergänzen: den Fruchtbarkeitskult. Um genau diese Dinge scheint es mir auch bei den Höhlenbildern der CROMAGNON in Frankreich und Spanien zu gehen. Mit dieser Konsequenz durchdacht, hat die Kritik am ›Jagdzauber‹ allerdings Berechtigung. Die Vorstellung, die Eiszeitbilder seien allein aus Gründen des Jagdzaubers gemalt, greift viel zu kurz, ist oberflächlich und unvollständig. Erfolgreiche Jagd ist nur ein Ergebnis und Ausdruck dessen, was als komplexes Gedankengebäude der Höhlenmalerei zugrunde liegt. Genauer betrachtet ging es dem Menschen der Vorzeit, dem künstlerisch wirkenden, imagisierenden Schamanen, um dreierlei: um die Sicherung des Lebens, um Geburt und Wiedergeburt. Damit stoßen wir unvermittelt auf den Hauptnerv und Quell jeglicher Religion und müssen erkennen: Die Religion begann bereits mit dem Erwachen des menschlichen Bewußtseins in grauester Vorzeit, alle heutigen Religionen sind dazu im Vergleich lediglich ein Abglanz dessen, was schon einmal fundamental tief gedacht und empfunden wurde. Und der Fortschritt im Denken, wo bleibt der bei uns? Wenn wir es ehrlich bekennen, ist davon heute nur noch wenig zu spüren. Wir haben zwar allerlei wohlklingende Erklärungshypothesen für unsere irdische Existenz und die Möglichkeiten eines Davor und Danach konstruiert, doch in Wirklichkeit wissen wir über diese Dinge immer noch so gut wie nichts.

Einen bisher wenig beachteten Aspekt im Verständnis der australischen Ureinwohner stellen die ›sprechenden Steine‹ dar. Die Aborigine-Gesellschaft hat keine direkte Schriftsprache entwickelt, wohl aber ein durchaus vergleichbares Kommunikationssystem, das auf Bildzeichen beruht, so wie man ihr gesamtes Weltbild als ausgesprochen visuell orientiert bezeichnen kann. Die ›sprechenden Steine‹ nun, die erst kürzlich entdeckt wurden, verkörpern Wort-Bild-Marken. Ihr tieferer Sinn entgeht dem uneingeweihten Betrachter, der in den einfachen Formen vielleicht bloß irgendwelche Symbole oder Stammeszeichen erkennt. In Wirklichkeit sind die ›sprechenden Steine‹ aber weitaus mehr. Wie bei den Masken und Kostümen der Eleusinischen Mysterienspiele im klassischen Griechenland verkörpern die Darstellungen komplexe Inhalte im magischen Weltbild, es sind ›handhabbare Denk-male‹, die im INITIATIONSRITUAL durch den Schamanen interpretiert und umfassend verständlich gemacht werden.

Da gibt es z. B. die eng mit dem lebenspendenden Wasser verbundene Regenbogenschlange. Die Wege, die sie in der TRAUMZEIT nahm, verwandelten sich in Bäche, Flüsse und Wasserstellen. Im Regenbogen, der die Feuchtigkeit des Himmels anzeigt, verkörpert sie sich für den Menschen. Sie ist ein bedeutendes Fruchtbarkeitssymbol, das von den Aborigine-Schamanen im Ritual beschworen wird, denn wer Macht über die Schlange besitzt, vermag ihre Wege – also auch die Regenwolken – zu lenken. Als Wasserzeichen wagt sich die Regenbogenschlange nicht an das Gegenelement, das Feuer, heran.

Aus diesem Grund müssen Frauen und Kinder, vor allem Gebärende und Wöchnerinnen dicht beim Feuer bleiben, um nicht von der Schlange verschlungen zu werden. Ebenso hilft der Tanz, sich dem starken Einfluß der Schlange zu entziehen.

Der Mimi-Mann ist ein böser, zerstörerischer Geist, der viele Mensch- oder Tierformen annehmen kann und deshalb im Stein gefangen gehalten werden muß. Das Zerbrechen eines solchen Steins – etwa durch einen gegnerischen Stamm – befreit den Geist und setzt seine gefährlichen Kräfte frei. Im Feuer wohnend kann er sich wie ein Phönix aus der Asche immer wieder in neue Gestalten verwandeln. Er überfällt Frauen und schwängert sie, hütet heilige Stätten in der Gestalt großer Echsen und kann durch Gesang und Klanghölzer besänftigt und für gute Absichten ›umfunktioniert‹ werden.

Geisteramulette dürfen nur von Schamanen an einer Kette um den Hals getragen werden, weil in ihnen starke Kräfte schlummern, die zu Heilungszwecken eingesetzt werden können. Die rote Farbe des Ockers und Federn bestimmter Vögel spielen dabei eine große Rolle. Die Aborigines glauben, daß ein starker Schamane außerordentliche Fähigkeiten besitzt, z. B. die, an jedem beliebigen Ort in der Erde zu verschwinden (Unterwelt) und an anderer Stelle wieder aufzutauchen (Himmelfahrt). Um solche Kräfte freizusetzen, bohrten sich manche Schamanen ein Loch in die Zunge, das tunlichst beim Heilprozeß nicht zuwachsen durfte. Manche der ›sprechenden Steine‹ zeigen solche Darstellungen, andere sind mehr auf eine Durchbohrung reduzierte Symbole. Daneben existieren einfache, geglättete Steine ohne jede Verzierung, die direkt in der Heilungszeremonie eingesetzt werden. Mit ihnen massiert der Schamane schmerzende Muskeln, ähnlich der modernen Chiropraktik, bei der Tennisbälle zur Massage eingesetzt werden.

Der Kurdaitscha-Mann mit seinen Federfüßen wird in den Stein graviert, um die Gerechtigkeit und Gerichtsbarkeit zu verkörpern. Träger solcher Steine werden vom Stamm beauftragt, Verbrecher zu jagen und zu bestrafen. Mit ihren gefiederten Füßen können sie angeblich durch die Lüfte fliegen. Finden sie den oder die Gesuchten, so genügt es, den oder die Betreffenden mit den ›Gerechtigkeits-Steinen‹ zu bewerfen, worauf angeblich nach wenigen Tagen der Tod eintritt.

Der Kurdaitscha-Mann kommt auf ›sprechenden Steinen‹ in vielfältiger Verkleidung und Bewaffnung vor, die ihn unsichtbar und unantastbar machen sollen.

Regelrechte Bilderrätsel und mitunter sogar Landkarten stellen die Begräbnissteine dar. Auf diesen kleinen Kieseln werden die unterschiedlichen Seelen des Menschen bei ihrer Wanderung durch die Welten gezeigt. Neben der ›normalen‹ Seele glauben die Aborigines nämlich noch eine Traumseele, einen Schattengeist und eine Tierseele zu besitzen.

Große gesellschaftliche Bedeutung, besonders bei der Brautwerbung, besitzen auch die Liebesamulette, die zusammen mit aromatischen Substanzen eingesetzt werden.

Interessanterweise stellen sich die australischen Ureinwohner sowohl die Erde als auch die Sonne, alle Vögel, das Wasser und die gesamte Vegetation als weiblich vor. All diese Erscheinungsformen des belebten Kosmos werden auf den sogenannten Mutter-Erde-Steinen abgebildet.

Andere ›sprechende Steine‹ zeigen Darstellungen von Tierskeletten (mit denen die Tierseelen beschworen werden), konzentrische Kreise (die stets Wasserstellen bedeuten!), den heiligen Ibis (der wie im Alten Ägypten als Vogel der Weisheit verehrt wird), tanzende Feuergeister sowie als ›Lehrsteine‹ für Neueingeweihte kultische Tanzszenen (Farbabb. 18). Zumeist im RÖNTGENSTIL dargestellt wird der Barramundi-Fisch, der ein Stammes- oder Sippentotem verkörpert. Daneben gibt es Schildkrötengeister, solche, die Stachelschweine, Honigameisen und andere Schutzgeister zeigen. Es existieren ›Lehrsteine‹ für Frauen, junge Mädchen und Knaben, Steine, die bei der Gesetzeslehre eine Rolle spielen und solche, die reine Symbole für den Anspruch auf ein bestimmtes Stammesgebiet darstellen.

Gewiß, all diese Steine mit ihren gravierten Zeichen können als Amulette und Talismane verstanden werden. Sie sind aber eigentlich viel mehr, nämlich ein ›steinernes Lexikon‹ der

Bildsprache, deren Bedeutung von jedem Eingeweihten sofort verstanden wird, man könnte sie auch als Kommunikations-Module bezeichnen. Das besondere an ihnen ist die Tatsache, daß die dargestellten Inhalte nicht an feste Plätze, z. B. Felsbildstationen, gebunden sind, sondern daß sie jederzeit betracht- und vorzeigbar am Körper getragen werden. Wenn wir nun einen kühnen Bogen durch Raum und Zeit schlagen, finden wir uns unvermittelt bei den bemalten Kieseln von MAS D'AZIL wieder. Ist es nicht möglich, daß die Symbole dort etwas ganz ähnliches verkörpert haben und daß sie in einem durchaus vergleichbaren Verwendungszusammenhang standen? Wie wir von Australien her wissen, ist es nicht nötig, die Steine zu durchbohren, um sie an einer Halskette tragen zu können. Erdpech und andere natürliche Klebemittel, Lederriemen, Menschenhaar und Pflanzenfasern mögen dabei dienlich gewesen sein. Auch weiß man, daß die Aborigines viele der Steine nicht als Kette, sondern sorgsam in einem Beutel verpackt dicht am Körper tragen. Die bemalten Kiesel von MAS D'AZIL und die ›sprechenden Steine‹ der australischen Ureinwohner könnten durchaus aus dem gleichen symbolischen Kontext stammen.

Die Mutter der Rentiere
Spurensuche in Sibirien

Noch ein dritter Kulturraum sollte zum Vergleich herangezogen werden, um das magische Weltbild der frühen Jäger und Sammler besser zu verstehen: Sibirien, das größte Land der Erde, mit seiner unermeßlich weiten Taiga und Tundra und vor allem mit seinen Völkerschaften, die es z. T. verstanden haben, ihren alten Glauben allen Gegenströmungen der Neuzeit, der Christianisierung und des Kommunismus zum Trotz bis heute noch zu bewahren. Es ist vor allem den Forschungsarbeiten von ELIADE, FINDEISEN, LISSNER, STOLZ u. a. zu verdanken, daß wir so viel über sie wissen, und es erscheint mir interessant, diese Kenntnisse mit dem zu vergleichen, was uns die archäologischen Funde aus dem eiszeitlichen Raum Westeuropas an Einblicken gewähren bzw. an Fragen aufwerfen.

Zunächst einmal ist festzustellen, daß die frühen Völker des zirkumpolaren Raums über lange Zeiten hinweg unter nahezu identischen klimatischen Bedingungen lebten. Von je her folgten sie den großen Tierherden auf ihren jahreszyklischen Wanderungen, vor allem das Ren stellte für sie eine kontinuierliche Nahrungsquelle dar. Darüber hinaus lieferte das Ren auch sonst alles, was man zur Lebenssicherung brauchte: Fell für Kleidung, Schuhe, Handschuhe, Zeltplanen und Bootsbespannung, Fett für Lampen und das Mischen von Farben, Knochen für Nadeln und anderes Werkzeug. Das Ren diente als Reittier, zum Lastentragen und zum Ziehen der Schlitten, sein Geweih wurde von Schamanen als Kopfschmuck und Zeremonialobjekt geschätzt.

Als sich mit dem allmählichen Abklingen der Eiszeit die Durchschnittstemperaturen spürbar erhöhten, zog sich das Ren aus den gewohnten Weidegründen zurück, wich z. B. aus den Tälern der Dordogne, Vézère, Garonne in kältere Regionen nach Osten und Norden aus, und einige Jägerstämme folgten ihm beim großen Exodus. Gängigen Theorien zufolge sind nordostasiatische Völker auf diese Weise in den Norden Amerikas gelangt, andere zogen in die weiten Kaltsteppen der skandinavischen Tundra, wo sie ihnen gemäße Lebensbedingungen fanden.

Vor allem die Mythen, Märchen und Legenden sibirischer Völker wie der Tungusen, Manega, Orotschon, Golden, Ostjaken, Wogulen und Giljaken – um stellvertretend für das Vielvölkergebiet Sibiriens nur einige zu nennen – geben anschaulich Auskunft, wie das Leben der Steinzeitmenschen und ihre Vorstellungen von der Welt einmal ausgesehen haben. Authentische Romane, wie »Dersu Usala, der Taigajäger« von ARSENJEW (meisterhaft vom japanischen Regisseur Akira Kurosawa verfilmt), ergänzen das Bild. Vor allem aber sind es die ethnologischen Protokolle über sibirische Schamanen und ihre Techniken, die uns etwas vom magischen Weltbild des frühen Menschen berichten.

Da geht es vor allem um die schamanistischen Reisen durch die drei Weltebenen – den Abstieg in die Unterwelt, die Auffahrt in den Himmel und das Durchqueren der mittleren Ebene. In allen drei Realitäten spielen Tiere eine wichtige, wenn nicht gar dominierende Rolle. Den Abstieg in die Unterwelt unternimmt der Schamane vor allem, um dort die Seele eines Kranken zu suchen. Die Unterwelt ist Sitz des Totenreiches und der Wiedergeburt. In realen (oder auch nur gedachten/geträumten) Höhlen tief im Innern der Berge, am Wohnort der ›Herrin der Tiere‹, sind auch die weiblichen Schutzgeister zu Hause, die den Menschen helfen. Häufig werden sie halb in Menschen-, halb in Rentierkörpern gedacht: nackte Frauen, die mit dichtem

Pelz behaart sind. Oft sind sie schwanger und gebären junge Rentiere, die paarweise in alle Himmelsrichtungen entsandt werden, ›um den Menschen Nahrung, Kleidung und ihre Arbeitskraft zu bringen‹. Der Schamane ist mit diesen Schutzgeistern, die oft als ›himmlische Gattin‹ vorgestellt werden (und als Projektion erotischer Vorstellungen dienen), durch ein unsichtbares Haar verbunden. Dies ist die ›Nabelschnur‹ zum Hort seiner Herkunft, zum unterirdischen Reich der großen Erdmutter. Solche ›Nabelschnüre‹ finden wir auch bei neolithischen Felsgravuren.

Wir sollten an eine andere Form dieses Archetypus denken, der sich in unseren Märchen als gute Fee hilfreich offenbart, an die Quellnymphen und die meist weiblichen Schutzengel.

Andere Hilfsgeister erscheinen in Tiergestalt, als Wolf, Bär, Hirsch oder Hase oder als Vogel: Adler, Eule, Krähe, Ente, Schwan und dergleichen. Jeder Schamane hat ein Muttertier, ein mystisches Abbild des Clanzeichens, das für alle anderen sonst unsichtbar bleibt und ihm Warnungen zuflüstert, das er im Namen des Stammes um Hilfe anfleht usw.

Ergreifen Schutzgeister Besitz von einem Schamanen, so kann er sich in ein Tier verwandeln. ELIADE beschreibt den Beginn einer schamanistischen Séance mit solcherart Verwandlung, von denen viele der Anwesenden festen Glaubens sind, daß sie sich tatsächlich und auch körperlich vollzieht:

> »Im allgemeinen zeigt sich ihre Anwesenheit (gemeint sind die Schutzgeister) dadurch, daß der Schamane Tierschreie ausstößt und das Verhalten von Tieren nachahmt. Der Tungusenschamane, der eine Schlange als Hilfsgeist hat, bemüht sich während der Sitzung die Bewegungen eines Reptils nachzuahmen; ein anderer, welcher den Wirbelwind hat, benimmt sich entsprechend. Die Schamanen der Tschuktschen und Eskimos verwandeln sich in Wölfe, die lappischen werden Wölfe, Bären, Rentiere, Fische, und der Hala der Semang kann sich in einen Tiger verwandeln.«

64 Tungusenlager in Sibirien mit tanzendem Schamanen

Schon jetzt kann man ahnen, daß das Erlernen einer oder mehrerer Tiersprachen für den Schamanen von großer Wichtigkeit ist, sie dienen ihm als Geheimsprache, die den übrigen Anwesenden unverständlich erscheint, aber als klares Indiz für die Anwesenheit von Geistern gilt. Wie bei den australischen Aborigines sind auch für die Sibirer die Geisterstimmen wichtig, und sie versuchen, sie mit allerlei seltsamen und geheimnisumwobenen Musikinstrumenten zu erzeugen. Bei den erstgenannten erfüllt diese Funktion im besonderen Maße das Didjeridoo – ein Blasholz, mit dem man Tierstimmen und andere Laute der Natur nachahmen kann –, ferner das Schwirrholz und auf gewisse Weise auch der Bumerang mit seiner unheimlichen Windstimme. Bei den Sibirern wird die gleiche Wirkung (wie bei Indianern und afrikanischen Stämmen) durch das Fell der Trommel erreicht. Ähnliche Bedeutung besitzen bei einigen sibirischen und mongolischen Völkern die zwei- oder dreisaitige Geige sowie die Knochenflöte, die – zusammen mit Hörnern, Muscheltrompeten und Klangschalen – bei den weiter südlich lebenden Völkern des Himalayagebietes den ersten Rang einnehmen.

Auch die Auffahrt in den Himmel wird durch hilfreiche Tiergestalten bewirkt, durch fliegende Rentiere, Hirsche oder große Vögel; und wieder werden wir daran erinnert, daß auch unserem Kulturkreis solche Vorstellungen nicht fremd sind – denken wir doch nur an die Geschichte von Nils Holgerssons Reise mit den Wildgänsen, an Schwäne, die eigentlich verzauberte Jungfrauen sind, oder dergleichen mehr.

Die innige Verbundenheit mit Tierseelen kennzeichnet den sibirischen Menschen. Wie der Schamane tritt auch der ›normale‹ Jäger mit ihnen in Verbindung. Er, der viel Zeit seines Lebens mit der Beobachtung von tierischen Gewohnheiten verbringt, der ihren Wegen folgt und sich ihnen in des Wortes wahrstem Sinne annähern muß, empfindet Achtung vor ihnen, ja eine Art brüderliches Verwandtschaftsgefühl, er weiß, daß er Tiermütter schonen muß, um den Bestand des Wildes zu sichern, und er entschuldigt sich beim Tier, wenn er gezwungen ist, es zu töten. Wir können also noch heute von einem praktizierten ANIMALISMUS und TOTEMISMUS bei den sibirischen Völkern sprechen.

Intensiv beschäftigten sie sich mit der Seele. In einer Vorstellungswelt, in der alles beseelt ist, wird natürlich gerade ihr besondere Aufmerksamkeit und Pflege gewidmet. So ist der Schamane, der Krankheit für einen Zustand des Ungleichgewichts hält, in seinen Heilungszeremonien darauf bedacht, Ausgleich zu schaffen. Er betätigt sich nicht nur als Mittler zwischen den Geistern und Menschen, sondern auch – modern ausgedrückt – als Psychotherapeut. Dabei ist seine Heiltherapie

65 Heiliger Berg an der Straße zur Mongolei, Altai-Gebirge

stets ganzheitlich angelegt, d. h. er bezieht die gesamte Umgebung des Patienten, seine Familie, die Nachbarn mit ein, der ganze Stamm ist an der Behandlung des Kranken beteiligt. RÖSING, die sich mit Heilungsritualen in den Hochanden Boliviens beschäftigt, weist auf diesen holistischen (ganzheitlichen) Ansatz explizit hin und macht dadurch deutlich, was frühere Forscher bereits bei den schamanistischen Séancen der Sibirer noch fragmentarisch erkannt und herausgestellt hatten.

66 Schamanistische Gebetsfahnen an der ›Quelle zum goldenen Schlüssel‹, Altai-Gebirge

Eine wesentliche Rolle spielt dabei das Opfer. Die Seele des geopferten Tieres wird zugunsten des Patienten auf die Reise geschickt, um die Ahnen – auch die Tierahnen – zu versöhnen. Der Schamane, der Tiergestalt annehmen kann, wird zum Seelengeleiter und begleitet das Opfertier in die Unter- bzw. Oberwelt.

Ein weiteres, wesentliches Kennzeichen ist die Verehrung von magischen Plätzen. Bei meiner Altai-Expedition im Jahre 1992 traf ich verschiedene solcher Orte an, und sie zeigten allesamt deutliche Anzeichen einer kultischen Nutzung bis in die Gegenwart hinein. So gibt es dort Stellen, an denen sich heiratswillige Paare treffen, vom Wasser der Quelle trinken und ihre Wünsche in Form von Stofflappen in die Zweige der Bäume binden. Je länger man im Altai unterwegs ist, desto zahlreicher findet man solche Plätze vor. Es sind Bergpässe und besondere Quellen, Stellen, an denen seit altersher Menschen zusammentreffen und mitunter solche, die aufgrund ihrer exponierten Lage als Anziehungspunkt wirken.

An einer Quelle, die mit zwei kleinen MENHIREN und Tausenden von ins Gebüsch geknüpften Stoffstreifen imagisiert war – sie nennt sich ›Quelle zum goldenen Schlüssel‹ –, hörte ich folgendes Märchen, das viel über das Denken der Altaier verrät:

> »Ein Jäger folgte einst einem tödlich getroffenen Malu (Hirsch), in dem noch der Pfeil steckte. Mit letzter Kraft schleppte sich der Hirsch zur Tränke, trank vom Wasser und genas. Auch der Jäger trank und wurde unsterblich. Nun versucht er, seinen Pfeil wiederzufinden, denn er steckt noch immer im Malu. Die Menschen aber suchen die Quelle, üben sich im Bogenschießen und richten zu Ehren des Malus große Steine auf.«

In diesem Märchen stecken gleich mehrere in Sinnbildern versteckte Weisheiten. Es zeigt die intensive Beziehung zwischen Jäger und Tier, ihre lebenslange Schicksalsverflechtung. Zudem wird die Quelle als ›Wasser des ewigen Lebens‹ be-

67 Skythische MENHIRE und Fürstengräber im Altai-Gebirge

schrieben, eine Kennzeichnung des Archetypus, wie sie deutlicher kaum sein kann. Im letzten Satz aber verdichten sich alle Vorstellungsbilder zu einer einzigen großen Aussage: Immer ist der Mensch auf der Suche nach Unsterblichkeit, der Jagdpfeil ist das Bindeglied zum Tier, der Schlüssel zum großen Geheimnis, und das getötete, dennoch nie wirklich sterbende Tier wird als großer Hilfsgeist verehrt.

Dazu muß noch folgendes angemerkt werden: Nicht nur im Altai und im benachbarten Tuwin, sondern vor allem auch in der Mongolei wurden über lange Zeiten hinweg (massiv in der skythischen Ära) tatsächlich MENHIRE errichtet, die wegen ihrer spezifischen Typik im archäologischen Terminus ›Hirschsteinstelen‹ heißen. Der Malu ist kein gewöhnlicher Hirsch, sondern eine fast schon ausgestorbene Riesenform, die heute nur noch in einzelnen Wildgehegen vorkommt. Interessanterweise ist der Malu genau das Tier, das z. B. in LASCAUX, ja in der gesamten westeuropäischen Höhlenmalerei dargestellt wurde. Ich konnte ein Rudel solcher Tiere im Altai beobachten, als ich einen unter russischer Leitung stehenden Wildpark besuchte. Der Grund für die nahezu restlose Ausrottung ist im Handelswert seines Geweihes zu suchen. Damit aber hat es eine ganz besondere Bewandtnis:

Bei den sibirischen Völkern galt der Malu als heilig. Dennoch gab es Stämme, die ihn gezielt jagten, um sein Gehörn an Russen, Mandschuren und vor allem an die chinesischen Nachbarn im Süden zu verkaufen, wo das zu Pulver gemahlene Malugeweih noch heute als Potenzmittel und ›Elixier für ewiges Leben‹ gilt.

Ich hatte schon in Finnisch-Lappland erfahren, wie begehrt zermahlenes Geweih (hier vorrangig vom Ren) als Potenzmittel ist. In großen Mengen wird es als sensationslüstern aufbereitetes Souvenir für Touristen vermarktet. Den Hintergrund

68 Bogenschütze auf der Pirsch, skythisches Felsbild aus dem Altai-Gebirge

für diese Geschichte erfuhr ich aber erst auf meiner Altai-Expedition: Der Malu wirft alljährlich sein Geweih vollständig ab, im Frühjahr wächst ihm ein komplett neues, das jeweils um ein weiteres Stück angewachsen ist. Es braucht nicht einmal zwei Mondwechsel, um sich zu seiner vollen Größe zu entfalten. Der Geweihbast ist in dieser Phase sehr durchblutet und hinterläßt beim Kratzen an Baumstämmen entsprechende Spuren, die Duftstoffe enthalten und möglicherweise als Reviermarken Geltung erlangen. Genau in dieser Zeit kämpft der Malu um sein Revier und besamt viele weibliche Tiere. Im rasch wachsenden Geweih muß – so jedenfalls im Denken der Jäger – gerade in dieser Zeit ungeheure Kraft stecken, vielleicht der Schlüssel zum ewigen Leben.

Die vernarrte Gier nach dieser so ungewöhnlichen Trophäe hat dazu geführt, daß der Malu heute kaum noch anzutreffen ist. Inzwischen ist man – wie auch in der zuvor erwähnten russischen Zucht – dazu übergegangen, das Geweih abzusägen und die Tiere am Leben zu lassen. Die menschliche Perversion greift wieder einmal gestaltend in den Naturkreislauf ein. Nun ist solcherart Glaube (besser Aberglaube), wie wir wissen, nicht nur auf den Malu beschränkt, gleiches passierte über Jahrtausende hinweg mit dem Gehörn anderer Tiere – dem Nashorn zum Beispiel, mit Elefanten, Steinböcken, großen Antilopen usw. Das Pulver solcher Hörner galt als wunderwirksames Mittel in den Apotheken der Volksmedizin, man sagt ihm Zauberkräfte nach, und bis zum heutigen Tag wird es als Potenzmittel vermarktet.

Wieder fallen mir dazu Mythen, Märchen und Legenden ein, die Vergleichbares zum Inhalt haben. Ich denke an das sagenhafte Einhorn und seine versteckte Sexualsymbolik, an die vielen Erzählungen, die sich um heilige bzw. heilbringende Hirsche und dergleichen ranken.

Der christianisierte Hubertushirsch, dem ein Kreuz zwischen den Geweihstangen wächst (was heute als Markenzeichen eines weltweit bekannten Magenbitters fungiert), ist ein neuzeitlich uminterpretiertes Modell des uralten Archetypus.

Im Altai erfuhr ich aber noch mehr: Die Stoffstreifen an den ›Plätzen der Kraft‹, die Segenswünsche verkörpern, erinnern erstaunlich an die Gebetsfahnen des Himalaya. Wissenschaftler, die diesen Brauch untersuchten, glauben beweisen zu können, daß die Handhabung von Norden aus kommend, also aus dem gorno-altaiischen, tuwinischen und nordostsibirischen Raum, sich nach Süden hin ausgebreitet hat.

Als ich nach Deutschland zurückkam, war im Nachbarort gerade Kirmes, die Straßenränder waren mit Birkengrün (Birke wie in Sibirien!) geschmückt, und an die Zweige waren bunte

Stoffstreifen geknüpft. Obgleich jeder, den man dazu befragt, die Schultern zuckt und sagt, dies sei eben die übliche Dekoration, mußte ich unwillkürlich an die Wunsch-Stoffstreifen des Altai und an die Gebetsfahnen Nepals denken. Aber mal etwas tiefer gedacht: Sind unsere Kirmesdekorationen wirklich so sinnlos und völlig ohne Bedeutung, oder flechten nicht auch wir im Grunde Segenswünsche zum Gelingen des Festes mit in die Zweige? Und wie ist es bei den Bändern des Maibaums? Die Vorzeit lebt, wir brauchen sie nur zu be-greifen.

LISSNER, der viele Jahre seines Lebens bei sibirischen Völkern unterwegs war und aufgrund guter Kenntnisse der Vorzeit zu bemerkenswerten Vergleichen im Kulturverhalten kam, wagt die Aussage: Die Menschen der Eiszeit waren nicht primitiver als wir. Bei den Orotschon, Golden und Girjaken stieß er auf Weisheit, die beim ganz einfachen Volk verbreitet war. Er erkannte eine tief verwurzelte Geistigkeit, die ihn als modernen Westeuropäer in Erstaunen versetzte. Und er mußte feststellen, daß die meisten großen, so oft gerühmten Erfindungen bereits in der Steinzeit gemacht und bis heute nur geringfügig modifiziert worden waren. Er, der durch und durch neugieriger Wissenschaftler und zugleich ein religiöser Mensch war (eine Seltenheit in unserer Zeit!), staunte über die drei Dimensionen im Bewußtsein der Sibirer, die er nicht als Ausdruck einer Dreifaltigkeit auffaßte, sondern als drei historisch nacheinander entstandene Ideen – die ältere Vorstellung einer alleinigen Gottheit, die Aufsplitterung in Zuständigkeitsbereiche (Erdmutter, Herr der Berge, des Waldes und der Meere) und die Idole für mannigfaltige Bezüge. Seiner Meinung nach sind wir in unserem ›Rationalisierungswahn‹ bereits dabei angelangt, auch diese letzte geistige Manifestation zu verlassen und zugunsten eines sinnentlehrten Materialismus zu opfern. Dieser Gedanke stellt unser hierarchisch aufgebautes Fortschrittsmodell geradezu auf den Kopf.

Natürlich läßt sich darüber streiten, ob dies nun in letzter Konsequenz so stimmt, aber wir kommen bei genauerer Untersuchung des Glaubens der sibirischen Völker (und damit wohl auch unserer eiszeitlichen Vorfahren) dazu, diesen Menschen intensiv erlebte Dimensionen des Bewußtseins zu attestieren. Was uns an ihnen erstaunen sollte, sind nicht die Erfindung des Bumerangs und der Umgang mit den Gesetzen der Aerodynamik, so unbestritten nützliche Dinge wie das Boot, der Schneeschuh oder Psychotherapie, sondern ihr ökologisch-ganzheitlich orientiertes Denken und Handeln, die Achtung der natürlichen Ressourcen, der Schöpfung insgesamt und vor allem auch ihr naiv gefundener Zugang zu Bewußtseinsschichten im Menschen, die sich uns heute nur noch mit allergrößter Mühe offenbaren. Der Schamanismus war der adäquate Ausdruck dieses Bewußtseins, eine verantwortlich formende und bewahrende Kraft. Heute denken viele Menschen beim Stichwort ›Schamanismus‹ nur noch an faulen Zauber. Vielleicht deshalb, weil sie instinktiv fühlen, daß etwas im heutigen Denken des Menschen faul ist, daß das Falsche, Unheilige inzwischen zur Norm geworden ist. Und nach dem Umkehrschluß ›wie heute so auch früher‹ projizieren sie das eigene Chaos in eine Welt hinein, in der die Ordnung noch natürlich war und Chaos ein Synonym für die vielfältigen Möglichkeiten der Schöpfung.

Dunkle Opferkulte

Die Versöhnung zürnender Geister

Opferzeremonien sind Hauptbestandteil in nahezu allen Religionen der Welt. Unter einem Opfer wird zumeist etwas verstanden, das von Wert ist, etwas, dessen freiwillige Abgabe nicht leicht fällt und eine gewisse Überwindung kostet. Dies entspricht rein materieller Vorstellung, keineswegs aber dem Bewußtsein unserer Vorfahren. Wie wir mehrfach gehört haben, stellten sich die Menschen der Steinzeit alle Wesen der Natur, also auch Pflanzen und Tiere als beseelt vor. Die Seele des jeweiligen Opfertieres bzw. der Pflanze, die geopfert werden sollte, wurde auf eine magische Reise zu den Ahnen, zur großen Erdmutter, zum Herrn des Waldes, des Himmels usw. geschickt, um dort um Versöhnung zu bitten, Segenswünsche zu überbringen oder die Bitten der Menschen zu vermitteln. Der Schamane war der ›Reisebegleiter‹ der Opfergaben, der, der den Weg zu den so unvorstellbar anderen Dimensionen der Ober- oder Unterwelt kannte. Die Opferung war also vorrangig ein spiritueller, weniger ein materieller Akt. Nur in diesem Zusammenhang werden auch Menschenopfer verständlich, wie sie wohl von der Steinzeit an bis in unsere Hochkulturen hinein und selbst noch in biblischen Zeiten üblich waren (Abraham z. B. wollte noch mit der für ihn größten Selbstverständlichkeit seinen Sohn Isaak opfern).

Höhlen und Felsspalten, Seen und Moore waren beliebte Opferplätze, an solchen Stellen fanden Archäologen sonder-

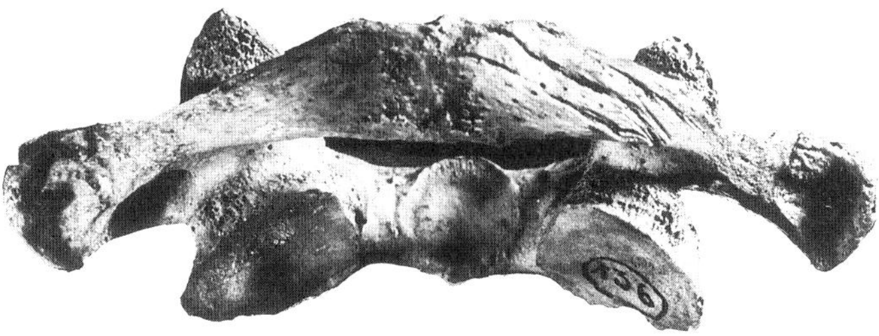

69 Halswirbel eines Menschen mit Schnittspuren aus dem Opferschacht I (Nord), Kosakenberg beim Kyffhäuser

bare Anhäufungen von Schädeln oder Einzelknochen, die Merkmale ritueller Handhabung aufwiesen, und auch andere Gegenstände, die absichtlich dort deponiert waren. Von Opferkulten kann nämlich nur gesprochen werden, wenn andere Möglichkeiten wie Sekundärbestattungen, Abfallgruben von Siedlungsplätzen, Unfälle und dergleichen mit Sicherheit ausgeschlossen werden können.

Häufig ranken sich gerade um solche Plätze Mythen und Sagen, die sie zu unheimlichen, tabubeladenen Orten machen, was auf ein über viele Jahrhunderte und Jahrtausende tradiertes Verhalten schließen läßt. Diese Annahme wird in vielen Fällen durch die Grabungen der Archäologen bestätigt, die dann auf regelrechte Fundhorizonte mit langer und intensiver Nutzung über große Zeiträume hinweg stoßen.

Opferplätze der Alt- und Jungsteinzeit finden wir in Frankreich und Spanien, in der Schweiz und Italien, in Slowenien und vor allem in Deutschland, was nicht daran liegt, daß in diesen Regionen besonders viel geopfert wurde, sondern sich dadurch erklärt, daß hier die archäologische Forschung bereits sehr weit fortgeschritten ist und seit über 100 Jahren intensiv gegraben wird. Nachdem wir im vorangegangenen einiges über die Kanarischen Inseln, Australien, Sibirien und andere Gebiete der Erde gehört haben, ist es vielleicht nützlich, sich einmal dem heimischen Kulturkreis näher zuzuwenden.

RUST entdeckte in den dreißiger Jahren im Ahrensburg-Meiendorf-Tal nahe Hamburg einen Siedlungsplatz von Rentierjägern, die vor gut 12 000 Jahren hier Werkzeuge aller Art, vor allem solche aus Silex hinterließen: Abschläge, unretuschierte Steinklingen, Klingenkratzer, Eckstichel, Pfriemen aus Rengeweih, Pfeilspitzen, Harpunen, Nähnadeln und andere Dinge, insgesamt fast 2 700 Artefakte. Einige von ihnen waren besonders formschön bearbeitet und mit gravierten Tiermotiven versehen, so z. B. Bernsteinscheiben und rundliche Sandsteine, auf denen Pferde, Rentiere, ein Raubtierkopf und Vögel abgebildet sind. Auf einem Riemenschneider aus Rengeweih sind sogar buchstabenähnliche Zeichen eingraviert! Dies alles läßt darauf schließen, daß der Ort nicht nur einmal, sondern häufig als Rastplatz und Sommerlager in Gebrauch war.

Etwa 25 m von der Siedlung entfernt, lag einst das Ufer eines später ausgetrockneten Sees. Und hier gelang RUST der wohl interessanteste Fund, der ohne Zweifel in einem kultischen Zusammenhang gestanden haben muß: Es handelte sich um eine Renkuh mit Bastgeweih, die als Opfertier von Menschenhand in den See versenkt worden war, denn sie lag mit unversehrten Knochen auf der Seite, und ihr Leib war mit einem dicken Stein beschwert.

Bei einer späteren Grabung entdeckte er nahe dabei einen 2,15 m langen Pfahl, der senkrecht in den See eingelassen worden war. Auf seiner Spitze thronte ein Rentierschädel. LISSNER erinnerte der Fund sofort an die Rentieropferplätze der sibirischen Völker, und er wies darauf hin, daß der Pfahl sehr wohl die mythologische Bedeutung einer Himmelssäule symbolisiert haben mochte. Einigen Wissenschaftlern, die nicht so recht an eine Opferstelle glauben wollen, sondern sowohl den versenkten Tierkörper als auch die Schädelstange für ein Fleischdepot im kalten Wasser nebst entsprechender Markierung halten, widerspricht LISSNER entschieden:

> »Der Gedanke (...) erscheint mir fremd, nachdem ich in der Taiga erlebt habe, daß hoch angebrachte Rentier-

> oder Bärenschädel niemals praktische Maßnahmen waren. (...) Menschen, deren ganzes Leben auf Jagd eingestellt ist, finden jeden Gegenstand auch ohne Markierung wieder, ganz gleich ob sie ihn im Boden verstecken oder ob sie ihn ins Wasser werfen. Nun werfen aber die Tungusen, wie überhaupt die meisten altaischen Völker, nichts Unreines ins Wasser. Das würde nämlich den ›Herrn des Wassers‹ erzürnen (...) alle Seen der Taiga gelten als heilig.«

Machen wir einen Sprung nach Thüringen. In der Nähe von Bad Frankenhausen liegen die berühmten Kyffhäuser-Höhlen, von denen die Sagen erzählen, daß hier Kaiser Rotbart, Barbarossa, wie er auch genannt wird, im Berge ruht. Aufrecht an einem Tisch soll er dort sitzen, in tiefen Schlaf versunken ausruhend, bis er eines Tages wieder aus dem Totenreich zu den Lebenden entlassen wird. Zu seiner Gefolgschaft im Fels gehört bezeichnenderweise Frau Holle, die alte Erdmutter und Herrin des Totenreichs. Diese Vorstellung kommt uns bekannt vor, sie leuchtet archetypisch durch viele Märchen und Legenden. Und der Kyffhäuser könnte einer jener ›Seelenberge‹ sein, wie die alten, vorzeitlichen Heiligtümer im Volksmund oft genannt werden. Noch fehlt für diese Theorie ein archäologischer Beweis, und es wird schwer sein, ihn zu finden, denn schon zu viele Generationen neugieriger Anwohner haben dort nach den angeblich verborgenen Schätzen gesucht.

Aber ganz in der Nähe, an den Südhängen östlich der Barbarossahöhle, fand BEHM-BLANCKE 1951 tatsächlich Opferschächte, die tief ins Totenreich hinabführen. KASTENHOLZ hat über sie einen Film für die ZDF-Sendereihe »C14 – Archäologische Entdeckungen in Deutschland« gedreht und den magischen Platz dadurch bekannt gemacht.

Es ist ein neblig verhangener Frühlingstag, als ich mit einem Institutsmitarbeiter in Bad Frankenhausen ankomme und nach dem Weg zum Kosakenberg, an dessen zerklüfteter Westflanke die Opferschächte liegen, frage. Die Suche stellt sich zunächst

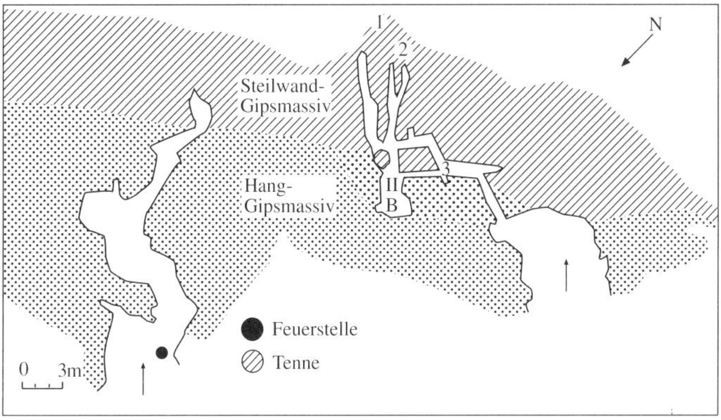

70 Grundriß der Höhlenheiligtümer am Kosakenberg beim Kyffhäuser

schwieriger als gedacht heraus, denn niemand im Ort scheint darüber Bescheid zu wissen. Endlich weist uns ein heimatkundlich bewanderter Rentner den Weg. Launischer Wind springt uns an, als wir endlich den Steilhang erreicht haben. Ein Schwarm Krähen stiebt auf, umkreist mit schrillem Gezeter den Berg. Wahrlich ein unheimlicher Ort, wenig einladend zum Wandern. Die Ausstrahlung des Platzes läßt uns frösteln, und wir denken mit Unbehagen daran, daß wir zuvor oben am Kyffhäuser, wo noch Eis liegt, in ein unangenehmes Schneegestöber geraten sind.

Wir klettern den brüchigen Hang hinab und stoßen bald auf die ersten Klüfte, Schächte und Höhlen, die tief in die Erde hineinführen. Einige von ihnen weisen offene Vorplätze auf, andere sind so eng und die Steine glitschig, daß wir auf eine nähere Untersuchung verzichten. Im Innern des größeren Komplexes finden wir kurz nach dem Eingang treppenförmig geschichtete Gipspodeste, die deutlich Bearbeitungsspuren aufweisen und auf schmale Erdsockel hinabführen. Kurz danach kommt ein etwa 5 m tiefer Schacht. Auch die anderen Höhlen weisen im Innern Schächte auf. BEHM-BLANCKE stieß hier auf größere Anhäufungen von Menschenknochen, die Schnittspuren wie nach medizinischen Sektionen aufweisen. Die Schädel waren eingeschlagen und vom Hals abgetrennt – man hatte die Menschen geköpft, ihre Körper zerlegt, gebraten und die Überreste in die Schächte geworfen. Viele der Knochen waren geöffnet, um an das Mark zu gelangen. Am ›Seelenberg‹ Kyffhäuser wurde also in grauer Vorzeit Kannibalismus praktiziert.

KASTENHOLZ sagt dazu:

> »Die Menschen am Kyffhäuser verzehrten ihre Mitmenschen auch nicht aus Hunger oder weil sie sich nicht anders mit Proteinen versorgen konnten – das beweisen die großen Mengen ausgegrabener Tierknochen. Es muß ein anderes, ein starkes Motiv gewesen sein, das die Menschen veranlaßte, dieses große Opfer zu bringen. Dieser Antrieb kann nur ihr Glaube gewesen sein (...) sie wollten die Kräfte, die sie umgaben, positiv beeinflussen: Die Fruchtbarkeit ihrer Böden, ihr Vieh und sie selbst sollten mittels Magie beschworen werden. War die Not besonders groß, konnte nur ein entsprechendes Opfer die Götter versöhnen – die Tötung eines Menschen, der eine göttliche Kraft versinnbildlichte. Indem man die Jungen und Mädchen diesen Göttern weihte und sie dann verzehrte, glaubte man dieser göttlichen Stärke teilhaftig zu werden und sie günstig beeinflussen zu können. Dazu wurden den Göttern Getreide oder ein Brei aus Getreideschrot, Fett und Wasser oder Brotfladen dargeboten, deren Reste ebenfalls in den Höhlen auftauchten. Nach der Kultmahlzeit warfen die Teilnehmer alle Überreste und alle beim Ritual benutzten Gegenstände in tiefe Opferspalten, den Wohnsitz dieser Mächte: Opfergaben waren den Göttern geweiht, und keine menschliche Hand sollte sie je wieder berühren.«

ROSENTHAL, der Spuren eines weltweit praktizierten menschlichen Kannibalismus untersuchte, erinnert daran, daß solches Gedankengut ja auch noch im christlichen Kult durchschimmert, sehr deutlich beim heiligen Abendmahl, bei dem von der Gemeinde das Fleisch und das Blut Christi verzehrt wird – wenn auch ›nur‹ noch in symbolisierter Form.

Die menschenfressenden Bewohner am Kyffhäuser lebten, wie die vielen aufgefundenen Opfergaben in den Schächten – Schmuck, Spinnwirtel, Armreifen, Schnüre aus Menschenhaar, magische Knoten und Fackeln – nachweisen, nicht in der Eiszeit, sondern wesentlich später, etwa vor 3 000 bis 3 500 Jahren. Es handelt sich um Veneto-Illyrer, die wahrscheinlich einem Kult der großen Erdmutter huldigten. Als sie von eingewanderten Germanen verdrängt wurden, hörten die Menschenopfer auf. Der Kyffhäuser aber blieb bis heute ein magischer Ort.

BEHM-BLANCKE grub die Skelettreste von über 100 Personen aus. Seiner Meinung nach muß die Kultstätte am Kyffhäuser für die Bewohner Thüringens, des Harzes und Hessens sowie des Salinengebietes um Halle von zentraler Bedeutung gewesen sein. Die Funde mehrerer Votivgaben, darunter der Anhänger eines Halsschmucks und Perlen eines weiteren Halsrings, weisen auf andere bekannte Zentren im Donaugebiet hin, wo besondere Riten für zwei Göttinnen nachgewiesen sind. Ähnliche Funde von Menschenopfern wurden auch in Süddeutschland, vor allem in Oberfranken, und in Tschechien gemacht. In den Schachthöhlen vom fränkischen Dietersberg grub man zahlreiche Schmuckgegenstände in Verbindung mit Opfern von Kleinkindern, Jugendlichen, Frauen und Föten aus.

Nach BEHM-BLANCKE läßt sich der Ritus bis in das Balkangebiet zurückverfolgen. Auch noch bei den Griechen stoßen wir auf eine entsprechende Göttinnen-Zweiheit (Kornmutter Demeter und ihre Tochter Kore/Persephone), die in einem reinen Frauenfest (Thesmophoria) und später in den kultischen Mysterienspielen von Eleusis verehrt wurden. Die Höhlen am Kosakenberg beim Kyffhäuser weisen alle Anzeichen eines solchen Mysterienzentrums auf:

> »Von hohem Wert für die urgeschichtliche Religionsforschung ist die Höhle II B. Eine verhältnismäßig

> kleine Gruppe von Mitgliedern der Kultgemeinschaft konnte den zum Heiligtum gehenden schmalen Gang in Reihenfolge betreten. Sie näherten sich mit Opfergaben und Fackeln dem Allerheiligsten. Im Innern der Höhle vollzog sich die Epiphanie der Gottheiten: Die unterschiedlichen Schmuckdepots der Ostspalten 1 und 2, die in das Berginnere zum vorgestellten Aufenthaltsort der verehrten Mächte führten, bezeugen die Verehrung von zwei weiblichen Wesen, die zusammen eine sakrale Einheit bildeten.« (BEHM-BLANCKE)

Die Burghöhle von Dietfurt bei Sigmaringen im Oberen Donautal, die durch ihr umfangreiches Fundmaterial eine kontinuierliche Nutzung aller Perioden vom MAGDALENIEN bis zur Römerzeit aufweist und besonders durch die Entdeckung eines Kalkestrichs mit tief eingravierten konzentrischen Kreisen (der Nachweis des ältesten Zirkelschlages in Europa!) berühmt wurde, dürfte ebenfalls als Opferhöhle für die große Erdgöttin in Gebrauch gewesen sein. Jedenfalls weisen einige Fundumstände in diese Richtung.

Über die Drachenloch-Höhle bei St. Gallen, in der sich sorgfältig deponierte Höhlenbärenschädel und in Steinkisten gestapelte Langknochen befanden, sowie neun schrägstehende Steinplatten, die dahinter lagernde Bärenschädel schützen, wurde bereits früher (im Kapitel »Bruder Bär«) berichtet.

Weitaus weniger bekannt, dennoch von überragender Bedeutung dürfte die Oeger Höhle im westfälischen Raum bei Hohenlimburg sein. Sie war, wie neuere Untersuchungen, vor allem von BLEICHER, ergaben, eindeutig eine Kultstätte altsteinzeitlicher Rentierjäger. Er schreibt:

> »Die Oeger Höhle ist in mindestens zwei Phasen der Altsteinzeit, evtl. im Mittelpaläolithikum und im MAGDALENIEN, ein unterirdischer Kultplatz von Rentierjägergruppen gewesen, die unter Anwendung entsprechender Zeremonien die Abwurfstangen weiblicher Rentiere

hierher gebracht haben, um dem männlich, weiblich, theriomorph oder nur spirituell gedachten Großen Geist des Emblemtieres ein Opfer zu bringen, damit er seine Herden wieder auffüllen konnte und eine lebendige Wiederkehr der Tiere zur Erde als zukünftige Jagdbeute gesichert war.«

Die Höhle war in der Altsteinzeit nur mit Booten über die Lenne erreichbar. Diese Annäherung erinnert uns schlagartig an das Zentrum der Rentier-Reinkarnation am schwedischen Nämforsen, über das wir (im Kapitel »Der Flug des Bume-

71 Stücke weiblicher Rengeweihe aus der Oeger Höhle bei Hohenlimburg, Deutschland

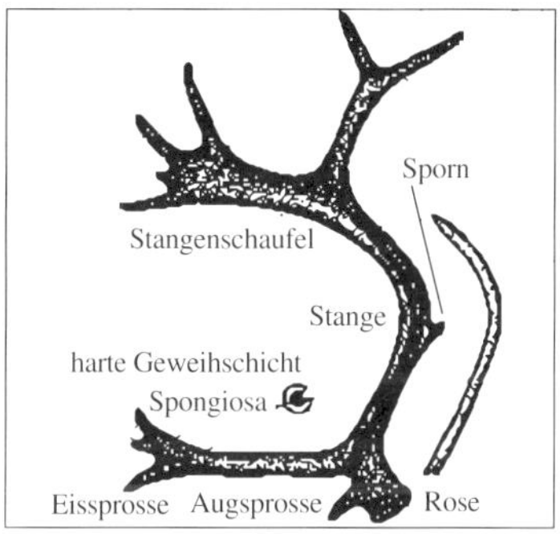

72 Darstellung der Abwurfstange eines männlichen Rentieres mit herausgelöstem Span

rangs«) bereits hörten. Die Reste von etwa 200 bis 300 weiblichen Rentierstangen weisen z. T. deutliche Schnittstellen und andere Bearbeitungsspuren von Menschenhand auf. Die Stangenreste lagerten wie eine Pflasterung in der Höhle. Wenn die Oeger Höhle also ein Mysterienzentrum mit Wiedergeburtskulten war, so könnten die dort deponierten Opfergaben den Sinn gehabt haben, den Seelen der Tiere den Zugang zu ihren Knochen zu ermöglichen. Solche magischen Praktiken waren im gesamten zirkumpolaren Raum verbreitet. Sie entsprechen völlig dem schamanistischen Denken, in dessen Mittelpunkt die rituelle Zerstückelung von Tieren (und Menschen) steht, sowie die erneute (spirituell gedachte) Wiederzusammensetzung der Körper im magischen Ritual. BLEICHER weist darauf hin, daß außer den Rentierknochen auch Feuersteinsplitter, ein Bohrer mit deutlichen Gebrauchsretuschen sowie isoliert liegende Bärenzähne aufgefunden wurden. Eine durchgeführte C14-Bestimmung ergab ein Alter von ca. 12 000 Jahren. BLEICHER hält die Oeger Höhle als steinzeitliche Kult- und Opferhöhle durchaus nicht für einen Einzelfall:

> »Daß die Oeger Höhle im paläolithischen Kontext des Sauerlandes gewiß nicht vereinzelt dasteht, wird die Zukunft erweisen. Im ›Kieferloch‹ im Hönnetal ergab sich vor einigen Jahren die erste Vermutung auf einen altsteinzeitlichen Opferschacht. (...) Im Sauerland ist davon auszugehen, daß der ›Hohe Stein‹ bei Kallenhardt wie das Eppenloch oder die Bilsteinhöhle bei Warstein Rentierstangen des Ahrensburgiums enthielten.«

Michael Baales untersuchte in seiner Dissertation zur »Ökologie und Ökonomie der Ahrensburger Rentierjäger im Mittelgebirge« auch Fundgruppen von Rentiergeweihstangen im Rheinischen Schiefergebirge von Hessen (Wildweiberhausfelsen) bis in die Eifel (Kartstein, Buchenloch, Magdalenahöhle). Dabei führt er auch etliche Höhlenfundstellen mit Abwurfstangen weiblicher Rentiere in Belgien an: Grotte du Coléoptère beim Bomal, Trou des Nutons bei Furfooz, Trou des Blaireaux bei Vancelles, Trou de l'Ossuaire bei Prelse u. a.

Nach BLEICHER wurden die wesentlich härteren Geweihstangen männlicher Rentiere vorrangig zur Herstellung von Werkzeugen, Trommelschlegeln, Harpunen, Hacken usw. verwendet, die Stangen weiblicher und jüngerer Tiere dagegen auffallend dominant im kultischen Bereich.

Daß die kultische Nutzung von Opferschächten den Menschen lange Zeit über im Gedächtnis blieb, beweist die Sitte der Kelten, solche, z. T. bis zu 30 m tiefen Gruben innerhalb ihrer Zeremonialplätze – den sogenannten Viereckschanzen – anzulegen. Viele von ihnen sind schichtweise mit Opfergaben aufgefüllt: mutwillig zerschlagene Keramik, Schmuck, hölzerne Idole und Knochen und sogar Reste von Menschenopfern. Lange Zeit danach, noch bis weit über das Mittelalter hinaus, war es üblich, in das Fundament eines Gebäudes, einer Brücke und ähnlicher Architektur von Bedeutung Opfergaben einzubringen – Getreide, einen geschlachteten Hahn, mitunter sogar kleine Kinder, zumindest aber einen Gedenkstein, eine Schatulle oder eine Pergamentrolle. Dieser Brauch hat sich bis heute gehalten, wenn auch die geopferten Gaben inzwischen ganz andere geworden sind. So werden in den sogenannten ›Time-Kapseln‹ typische Gegenstände des Alltagslebens eingebracht: Schallplatten, Colaflaschen, Antibabypillen und dergleichen moderne Kulturgüter mehr. Selbst das Anbringen von Signaturen, Handwerks- und Geheimzeichen an verstecktem Ort, z. B. im Fundament, kann als ›spirituelle‹ Praktik angesehen werden, ist die dahinterstehende Absicht dabei doch die, eine lange Zeiträume überbrückende Botschaft von Dauer an die Nachwelt zu übermitteln.

Das große Tabu

Bestattungsriten und Totenkult

Um es gleich vorweg zu sagen: Die Wissenschaft weiß nicht genau, wie der frühe Mensch mit dem Phänomen des Todes umging. Die wenigen Funde aus der Altsteinzeit lassen kein klares Bild zu. KUSCH sagt:

> »In Summe gibt es tatsächlich nur eine geringe Anzahl von nachgewiesenen Bestattungen aus jenen Zeiträumen. Grabhöhlen waren also in der Altsteinzeit absolute Ausnahmefälle, ebenso Beisetzungen unterhalb von Felsüberhängen (ABRIS). Offensichtlich haben die Menschen dieses Zeitabschnitts ihre Toten unter Bedingungen bestattet, die uns es heute nicht mehr erlauben, Rückschlüsse auf die Art und Weise der Beisetzung zuzulassen, da es kaum mehr Überreste gibt. Mögliche, damals angewandte Bestattungsformen könnten heute noch bei rezenten Naturvölkergruppen zu beobachten sein.«

Zudem reizen einige der Funde zu Spekulationen und Theoriebildung. Das Beispiel Shanidarcave bei Mossul im Zagros-Gebirge Kurdistans (Irak), das als ›Wiege der Blumenkinder‹ bekannt wurde, mag das veranschaulichen. Die Fakten: 1951-1953 wurden dort archäologische Grabungen unter der Leitung von Ralph Solecki durchgeführt, wobei man Knochenmaterial von neun Neandertalern fand. Die Altersdatierungen schwanken zwischen 45 000 und 70 000 Jahren. Besonders auffällig war die Bestattung eines jungen Mannes mit eingeschlagenem Schädel, dessen Körper auf einem aus Pinienzweigen, Kräutern und Blumen geflochtenem Bett lag. Blütenpollen wiesen darauf hin, daß weitere Blumen über seinen Leichnam gestreut wurden. Pollenanalysen ergaben, daß es sich dabei hauptsächlich um Traubenhyazinthen, Schafgarben, Kornblumen, Malven, Lichtnelken, Mohn und Barbarakraut handelt, Pflanzen, die im Irak heute noch als Heilmittel bekannt sind.

Andere Wissenschaftler halten die ›Blumenkindstory‹ allerdings für Blödsinn und weisen auf die ihrer Meinung nach schlampigen Untersuchungsmethoden hin. Ein letzter Beweis für die Theorie kann nicht erbracht werden, denn es ist immerhin möglich, daß die Pollenkörner vom Gebirgswind in die offene Höhle auf die Knochen geweht wurden. Allerdings wurden weitere Neandertaler-Bestattungen mit auffälligen Besonderheiten entdeckt: In Usbekistan fand man einen jungen Neandertaler in einem Kreis von Steinbockhörnern, in Israel einen Leichnam mit einem Damhirschgeweih in den Händen.

Bevor ich nun auf die gut nachweisbaren und ausgiebig untersuchten Höhlenbestattungen in Westeuropa eingehe, möchte ich zur nachvollziehbaren Veranschaulichung wieder einmal ein Beispiel aus dem Kulturkreis der altkanarischen GUANCHEN präsentieren. Wie bereits des öfteren erwähnt, lebten die Ureinwohner der Kanarischen Inseln teilweise bis ins 16. Jahrhundert hinein rezent auf Steinzeitniveau. Sie praktizierten verschiedenartige Bestattungsformen nebeneinander:

1. eine sorgfältig nach Geheimrezepten durchgeführte Mumifizierung von sozial höhergestellten Personen, die insgesamt gröber als in Ägypten oder Südamerika erscheint und möglicherweise eine archaische Grundform sein kann. Für diese Mumien wurden spezielle Grabgebäude errichtet: runde Steinpyramiden und Großtumuli (wie z. B. La Guancha/El Agujero, Gran Canaria), aber auch Steinkammern, die an europäische

DOLMEN erinnern. Anderswo (z. B. an der Ostküste von Teneriffa) wurden in versteckten Höhlen regelrechte Mumienfriedhöfe angelegt, die leider bereits oft in historischer Zeit ausgeraubt wurden. Einige Mumien liegen heute im Museum von St. Cruz de Tenerife und im Museo Canario von Las Palmas, Gran Canaria.

2. eine natürliche Mumifizierung (Dörrleiche), von ärmeren Leuten und solchen, die freiwillig aus dem Leben schieden, indem sie ›vaca guare‹ (ich möchte sterben) sagten und sich mit einer Schale vergifteter Milch in kleine, enge Höhlen zurückzogen. Dort wurden sie nach ihrem Ableben von den Angehörigen in Trockensteinbauweise eingemauert und mumifizierten unter Witterungseinfluß.

3. diese Form der Ganzkörperbestattung im Erdreich erinnert an christliche Friedhöfe, stammt aber aus dem 1. bis 4. Jahrhundert, ist also mehr als 1 000 Jahre älter als die Eroberung der Inseln im Namen des Kreuzes.

Wir stießen während der Dreharbeiten am Terra-X-Film auf sie. Im Süden Gran Canarias wurde gerade die Südautobahn weiter ausgebaut. Bei dem bekannten und beliebten Ferienparadies Maspalomas stießen die Bagger auf einen riesigen GUANCHEN-Friedhof. Dies bedeutete aber nur einen kurzfristigen Stop für den Straßenbau. Mitarbeiter der Universität La Laguna (Teneriffa) rückten an, sperrten das Gebiet ab und errichteten ein Zeltlager. Es mußte unter großem Zeitdruck gearbeitet werden, denn noch immer beansprucht die Urlaubsindustrie erste Priorität – Tourismus geht vor Archäologie. Bei der Freilegung des Gräberfeldes stießen die Wissenschaftler auf mehr als 100 gut erhaltene Skelette von Altkanariern. Später wurden auf einem landeinwärts gelegenen Hügel Reste der dazugehörigen Siedlung entdeckt.

Wir konnten damals zwar die Ausgrabungen privat in Augenschein nehmen, auch Fotos machen, aber durften nicht drehen. Als endlich die erforderliche Drehgenehmigung eintraf, lag das Gelände bereits weitgehend verlassen da, waren die Funde in Kisten verpackt unterwegs zur Auswertung in den Labors der Universität.

4. Diese Bestattungsform stellte die Verbrennung und Aufbewahrung der Asche der Ahnen in Tonurnen dar. Als dafür geeignete Plätze wurden abgelegene und sehr schwer zu erreichende Höhlen gewählt. Nach wie vor sind diese alten Begräbnisplätze von Tabus umgeben, die bis in die heutige Zeit hinein Wirkung zeigen. So kursieren z. B. um gewisse, sehr weit ins Innere der Insel hineinführende Höhlen im Südosten und Südwesten von La Palma (bei Tigalate bzw. nördlich vom Vulkan Teneguia) die wildesten Gerüchte. Das Höhlenlabyrinth besteht aus einem verwirrenden System von vulkanischen Gasblasen und Röhren, aus denen einstmals Lava austrat, und soll angeblich von Ost nach West quer durch die ganze Insel verlaufen. Einheimische Jugendliche veranstalten immer wieder Mutproben, um dort einzudringen, jedoch heißt es, daß es bisher noch keinem gelungen sei, das gesamte Höhlensystem zu passieren. Über den nur wenigen Menschen bekannten Eingängen liegt ein Tabu, das in scheuer Ehrfurcht angstvoll eingehalten wird. Auch ich mußte mit meinem Begleiter umkehren, da wir zur weiteren Erkundung eine Spezialausrüstung, vor allem Lichtgeneratoren und Seilabsicherungen, möglicherweise auch Atemschutzgeräte benötigt hätten.

Nun lag mein hauptsächliches Forschungsterrain über viele Jahre im Nordwesten der Insel in den Bergen oberhalb von La Punta/Tijarafe, wo sich in etwa 800 m Höhe am südöstlichen Steilhang einer tiefen Schlucht (Barranco de las Angustias, übersetzt: ›Schlucht der Todesängste‹) eine alte Wohnsiedlung befindet. Mehrere geräumige Höhlen zwischen den geographischen Meßpunkten El Time und Hoya Grande weisen Reste von Feuerstellen auf, in denen sich zahlreiche dekorierte Keramikscherben, verbrannte Ziegen- und Schweineknochen, Lapaschalen (Meeresschnecken), Steinklingen und anderes Steinwerkzeug befinden.

In zentraler Lage oberhalb der Wohnhöhlen ragt der sogenannte ›Seelenstein von La Pasada‹ auf, ein natürlich aus dem Fels ragender MENHIR, der mit höchst interessanten Petroglyphen verziert ist. Dieser Stein und die unmittelbare Umgebung (eine runde, als Versammlungsplatz geeignete Plattform dicht am Steilhang der Schlucht) wurden eindeutig von Menschenhand imagisiert, d. h. mit Bedeutung aufgeladen. Die von einem deutschen Rentner entdeckte und von mir untersuchte und dokumentierte Felsbildstation war bis dahin unbekannt. Der für die weitere Untersuchung zuständige ehemalige Kommissar für archäologische Fragen der Insel, Don Ramon aus Las Tricias, den ich zur Fundstelle führte, war jedenfalls hellauf begeistert, weil das Motiv des ›Seelensteins‹ ein höchst seltenes und schwer zu interpretierendes Felsbild darstellt.

Ich bemühte mich nun weiter, den zur alten Siedlung gehörenden GUANCHEN-Friedhof zu finden. Fast zwei Jahre lang durchstöberte ich das zum Teil äußerst schwierige Gelände. Ohne Erfolg. Des öfteren fiel mir bei meinen einsamen Streifzügen durch die Wildnis dabei ein Einheimischer auf, der immer wieder völlig überraschend wie ein Geist im Felswirrwarr auftauchte und all meine Schritte zu überwachen schien. Ich hielt ihn zunächst für einen harmlosen Spinner, dann für völlig verrückt, weil er sich so viel Zeit nahm, mich und meine Tätigkeit zu beobachten. Einer meiner Begleiter äußerte schon den Verdacht, daß der Mann uns vielleicht überfallen und ausrauben wollte. Doch es stellte sich heraus, daß es sich bei dem Betreffenden um einen alten, alkoholkranken Nachbarn handelte, der sozusagen als ›letzter Überlebender‹ der alten Siedlung oben in den Bergen wohnte. Ich möchte, da ich mich inzwischen mit ihm angefreundet habe, seinen Namen nicht nennen. Es brauchte wie gesagt beinahe zwei Jahre, bis wir gegenseitig so viel Vertrauen gewonnen hatten, um miteinander zu reden. Seitdem arbeitete er als Fährtensucher und archäologische Hilfskraft für mich.

Mein Verdacht, daß der versteckte GUANCHEN-Friedhof irgendwo ganz in der Nähe liegen mußte, wurde durch Hinweise aus der Bevölkerung verstärkt. Einige alte Leute machten vage Andeutungen, und ein Ziegenhirtenpaar erzählte sogar von zwei Schädeln und Langknochen, die dort im Eingangsbereich noch bis vor kurzem gelegen haben sollten. Ihrer Beschreibung nach muß es sich um extrem große Knochen gehandelt haben, sie schätzten die dazugehörige Körpergröße auf über 1,80 m.

Eines Tages war es dann so weit. Da gab sich der alte Mann, mein Fährtensucher, als ›Wächter des Friedhofs‹ zu erkennen. Er fühlte sich, da sein Grundstück direkt bis zum Steilhang der Schlucht reichte und er einige der Höhlen dort als Ziegenstall und Vorratslager benutzte, für das Gelände und speziell den Friedhof der Vorfahren verantwortlich. Zwei Jahre lang hatte die Überprüfung meiner Person gedauert, bis er zu der Überzeugung gelangt war, daß ich würdig genug sei, das lang gehegte Geheimnis mit eigenen Augen sehen zu dürfen. Er bot sich an, mich nebst zwei meiner Mitarbeiter zum alten GUANCHEN-Friedhof zu führen. Mit einer Strickleiter, Seilen und Taschenlampen ausgerüstet, machten wir uns auf den Weg.

Zunächst passierten wir den ›Seelenstein‹ von La Pasada (Farbabb. 15), der in einem gewissen Verhältnis zum ›Cementerio‹ (Friedhof) aufzufassen ist. Von ihm aus führt jedenfalls ein kaum erkennbarer Saumpfad den Felskamm hinauf und biegt plötzlich zur Steilwand hin ab. Das steinige Gelände ist über und über mit Kakteen und niedrigem Gestrüpp überwuchert. Dennoch war ich überrascht, wie leicht wir unter seiner Führung vorankamen. Die letzten 5 m bis zum Friedhof sind allerdings nur durch mühsames Hangeln an der Felswand passierbar. Ein schwieriger Weg. Skeptisch äußerte ich mich gegenüber unserem kanarischen Führer. Es war mir ein Rätsel, wie jemand bei dieser Art des Vorankommens noch eine Leiche transportieren sollte. Er lachte. »Kein Problem,« sagte er, »man schnallt sie sich wie eine Bananenstaude auf den Rükken.« Ein makabrer, aber einleuchtender Vergleich.

Dann standen wir staunend vor einem versteckt liegenden Höhleneingang, der sich bis zu diesem Zeitpunkt unseren Blicken entzogen hatte.

Der vordere, noch lichtdurchflutete Teil ähnelt auf den ersten Blick einer normalen Wohnhöhle: etwa 10 bis 12 m breit, 23 m tief, sehr hoch. Wir fanden Reste von mehreren Feuerstellen mit dekorierten Keramikscherben. Auffallend war, daß diese Gefäße offenbar mutwillig zerschlagen worden waren, was ein Hinweis auf rituelle Nutzung sein kann, denn wir kennen diesen Brauch von vielen anderen europäischen – auch deutschen – Kultstätten und Begräbnisplätzen her, z. B. aus keltischer, germanischer und früherer Zeit, wo die rituelle Gefäßzerschlagung noch zum gängigen Kultus gehörte. Diesbezügliche Untersuchungen ergaben, daß das zum Leichenschmaus benutzte Geschirr nach dem gemeinsamen Essen von der Trauergemeinde systematisch zerschlagen wurde. Niemand sollte danach noch von diesem Geschirr (das vielleicht Eigentum des Verstorbenen war) essen können. Kulturforscher vermuten, daß von dieser Sitte des Topfzerschlagens der heute noch bei uns übliche Brauch des Polterabends abgeleitet wurde. Doch zurück zu unserem GUANCHEN-Friedhof.

An der Rückwand der beschriebenen Vorhöhle befindet sich ein schmales, ca. 2 m breites und ebenso langes Einstiegsloch, das sich am Ende so sehr verengt, daß man es nur noch kriechend passieren kann. Danach fällt der Einstieg ca. 3 m ab und ist nur rückwärts kriechend zu erreichen und mit der Strickleiter passierbar. Der nachfolgende Gang, der nun wieder geräumig wird, fällt schräg nach unten ab, ist mit Geröll bedeckt, beschreibt eine leichte Linkskurve und wird nach und nach immer breiter. In diesem Teil, in dem die Schädel und Langknochen gelegen haben sollen, fanden wir deutliche Spuren von Raubgräberei: eine zerbrochene Hackschaufel, einige Steine waren beiseite geräumt und zu Haufen geschichtet, auch ein altes, mürbes Seilende lag dort.

Nach der Kurve öffnet sich die untere, erstaunlich gut belüftete Höhle zu einer 57 m langen, teilweise über 8 m breiten, durchschnittlich 6 bis 8 m hohen Halle – der uralte GUANCHEN-Friedhof. Der erste Eindruck war, als beträten wir eine geräumige Kirche, die zwar düster, aber keineswegs unheimlich wirkte, eher so, als läge ein Mantel des Schweigens auf ihr. An mehreren Stellen, vor allem in den kammerartigen Seitenabriden fanden wir Reste von Feuerstellen mit verbrannten Knochenresten, gelegentlich schwarz verbrannte Keramik, auch feuchte Humusschichten, die von herabgestürzten Dekkensegmenten gebildet sein mußten. Daß von außen durch den komplizierten Zugang organisches Material, Pflanzenreste usw., hereingeweht oder vom Regen hereingespült worden war, kann ebenso ausgeschlossen werden wie die gelegentliche Anwesenheit von größeren Tieren.

Die ganze Halle war ein einziger Friedhof mit diversen Krematoriumsplätzen. Da wie gesagt Spuren von Raubgräberei vorlagen, kann nicht mit letzter Gewißheit gesagt werden, wie der ursprüngliche Zustand war und ob es in der Vorhöhle noch zusätzliche Schädel- und Knochendepots gab. In diesem Zusammenhang ist gerüchteweise bei den Einheimischen, die um das Geheimnis des versteckten GUANCHEN-Friedhofs wissen, auch von der Mumie eines Mädchens die Rede, die vor einiger Zeit aus der Höhle geraubt worden sei und sich nun im Besitz eines fanatischen Sammlers befände und ein archäologisches Alter von über 500 Jahren haben solle.

Dieser kleine Abstecher zur steinzeitlichen GUANCHEN-Kultur auf den Kanaren mag zweierlei verdeutlichen: Erstens gab es solche Höhlenfriedhöfe als Bestattungsort, zweitens existierten generell gesehen zwei Arten von Beisetzungen, und zwar die Primär-und die Sekundärbestattung. Bei der ersten wurde der ganze Körper des Verstorbenen in der Höhle deponiert (oder verbrannt), im zweiten Fall nur einzelne Gliedmaßen oder auch nur der Schädel im Höhlenraum hinterlegt.

In Deutschland – in der großen Ofnethöhle bei Holheim, Kreis Nördlingen (Bayern) – entdeckte R. R. Schmidt bereits 1908 zwei Mulden im Boden der Paläolithschichten, in die menschliche Schädel in der mit Rotocker und Asche durchsetzten Erde eingebettet lagen. In einer der Mulden befanden sich sechs, in der anderen 27 Schädel. Alle wiesen sie Schnittspuren und Hiebverletzungen auf und lagen deutlich in einer konzen-

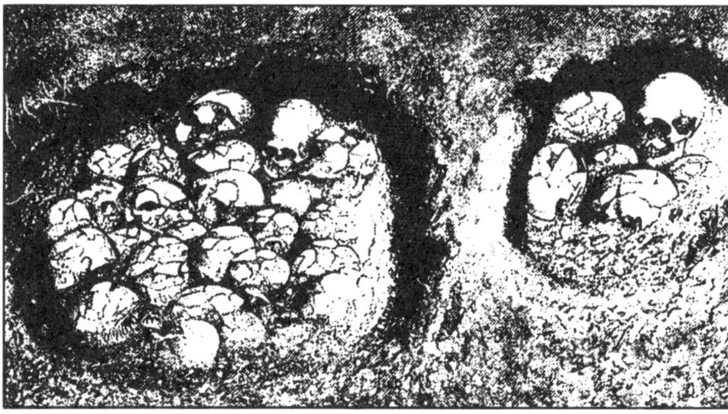

73 Schädelsetzungen in der Großen Ofnethöhle bei Holheim, Deutschland

trischen Anordnung von der Mitte her mit dem Gesicht nach Westen, zum Höhlenausgang, ausgerichtet. Von den übrigen Körperteilen fanden sich lediglich einige wenige verbrannte Knochenstücke. Den Männern, Frauen und Kindern war reichlich Grabschmuck beigelegt worden: 200 durchbohrte Hirschzähne und mehr als 4000 durchbohrte Schneckenhäuser. Die Ausgräber weisen darauf hin, daß die Körper nicht an Ort und Stelle verbrannt und lediglich den Schädeln besondere Auf-

74 Schädel eines Neandertalers in der Grotta Guattari am Monte Circeo, Prov. Latina, Italien

merksamkeit im Totenkult gewidmet worden sei. Ähnliche Funde von Neandertalerschädeln, die vom Körper abgetrennt in Mulden oder Steinkreisen lagen, sind aus anderen Teilen Europas bekannt, so z. B. die berühmte Sekundärbestattung in der Grotta Guattari am Monte Circeo, etwa 100 km südlich von Rom.

Als der Paläonthologe Karl Gorjanovic-Kramberger bei einem ABRI nahe Krapina in Kroatien in den Jahren 1895-1905 etwa 650 Knochenfragmente einer Neandertal- und einer Homo-sapiens-Rasse ausgrub, die deutliche Spuren von Schnitten und Verbrennungen aufwiesen, flammte die Diskussion um die kannibalistischen Gewohnheiten unserer Vorfahren erneut auf. Nun, es ist möglich, daß mancherorts Kannibalismus praktiziert wurde (denken wir nur an die Opferschächte des Kyffhäuser), ebensogut kann aber auch möglich sein, daß Hochwasser die Fundschichten zerstört und umherstreifende Raubtiere über einen ursprünglichen Brandbestattungsplatz hergefallen sind.

Weitere bekannte Bestattungsplätze von Neandertalern sind Le Moustier bei LES EYZIES (Dordogne) – dort wurde das Skelett eines 16 bis 18 Jahre alten Jungen nebst Steinwerkzeugen als Grabbeigaben auf ein sorgsam gefertigtes Steinbett gelegt –, La Ferassie (nahe bei der vorgenannten Fundstätte) und La Chapelle-aux-Saints (ebenfalls Dordogne). Dieses Gebiet, das in späterer Zeit so viele deutliche Spuren des höhlenbemalenden CROMAGNON aufweist, war also bereits früher, zu Zeiten des Neandertalers, dicht besiedelt. Auffallend ist, daß bei allen bisher entdeckten Begräbnissen die Körper der Verstorbenen in Ost-West-Ausrichtung gelagert waren. Man muß sich daher fragen, ob im Weltbild des Neandertalers nicht bereits der Sonnenlauf und – als logische Konsequenz – auch der Wiedergeburtsgedanke eine entscheidende Rolle spielten.

Höchstwahrscheinlich lag über solchen Begräbnisplätzen ein Tabu. Dafür sprechen mancherlei Indizien, z. B. auch der Tatbestand, daß Höhlen, in denen Begräbnisse stattgefunden hatten, danach nicht mehr für Wohnzwecke genutzt wurden. Vielleicht wurden sie überhaupt nur sehr selten, zu religiösen Zeremonien etwa oder zu Nachbestattungen aufgesucht. Die ›ewige Ruhe‹, die Abgeschlossenheit und Abgeschirmtheit der Toten vom Alltagsleben darf als Archetypus gelten, ebenso auch gewisse Vorstellungen, die sich um die Wiederkehr von Toten – aus denen sich in vielen Gegenden ein regelrechter Gespensterglauben bildete. KUSCH schreibt:

»Obwohl die Auswahl einiger weniger Fundorte nicht den gesamten archäologischen Rahmen der frühen Bestattungen in Höhlen aufzeigt, belegt sie dennoch, daß in einem Zeitraum zwischen 150000 und 50000 Jahren B.P. vom Menschen bewußt Kulthandlungen durchgeführt worden sind. Hier ist jedoch zu berücksichtigen, daß es sich um geographisch abgegrenzte Fundstätten handelt, die sich in Europa, Afrika und Asien befinden, also keineswegs weltweit gleichmäßig verbreitet sind. Ob noch weitere Altmenschenfunde aus Höhlen, die in den letzten Jahrzehnten wiederentdeckt wurden, ebenfalls auf Bestattungen, also rituelle Handlungen zurückzuführen sind, ist heute noch unklar.«

Dies trifft vor allem auf die Welt der Frühmenschen und Neandertaler zu. In der Jungsteinzeit ist eine merkliche Zunahme von Höhlenbestattungen zu verzeichnen. Katakombenartige Höhlenfriedhöfe mit zahlreichen Beisetzun-

75 Megalithische Grabanlage auf der Baleareninsel Formentera

gen finden wir vor allem auf den Inseln des westlichen Mittelmeeres, den Balearen, Sardinien, Sizilien, Korsika und Malta. Dabei kann von einer zunehmenden Grabarchitektur gesprochen werden. Die Begräbnisplätze werden, oft unter beträchtlichem Aufwand (wie z. B. in der MEGALITHKULTUR) zu künstlichen Höhlen ausgebaut. Was den Tabubereich anbelangt, so sehen wir, daß die Eingänge zu den Grabkammern durch schwere Steintüren abgesichert wurden, die mitunter auch ein sogenanntes ›Seelenloch‹ aufweisen, das viel zu klein ist, um für einen menschlichen Körper passierbar zu sein. Das deutet auf eine konkrete Vorstellung von der Seele hin, wobei Vögel, die ›Seelenvögel‹, eine gewisse Rolle gespielt haben mögen.

Außerdem offenbaren sie die Janusköpfigkeit des Tabus: Zum einen sollten die Toten am sicheren Ort geschützt ihre Ruhe vor fremden Eindringlingen haben, zum anderen wollte man aber auch sichergehen, daß ihre körperliche Wiederkehr zu den Lebenden unmöglich gemacht war. ROHRBACH schreibt in ihrem Buch über die Mumiengräberfelder von Nazca (Peru):

> »Ich glaube, der aufwendige Totenkult wurde nicht nur betrieben, um den verstorbenen Angehörigen den Übergang ins andere Sein zu erleichtern, sondern es ging auch um Angst, die Angst vor den Toten selbst. Deshalb band man ihre Körper mit Stricken in Hockstellung zusammen und wickelte sie in viele Tücher. Eine symbolische Handlung. Sie versprach Ruhe vor dem rächenden Geist der Toten, denn die Toten hatten Macht über die Lebenden. Man tat alles, um sie gütig zu stimmen, damit sie Schutz spendeten und kein Unheil stifteten.«

Wir müssen in diesem Zusammenhang unwillkürlich an die christliche Geschichte vom Tod Jesu, dessen Grablegung und Auferstehung mittels Wegrollen des Verschlußsteines am Grab denken, die nicht neu ist, sondern in der Vorstellung der Menschen über Jahrtausende hinweg bereits entsprechende Vorbilder besaß.

Über die tatsächlichen Totenrituale können wir nur anhand des vorgefundenen Inventars an Grabbeigaben, die natürlich immer einen Spiegel der Lebensgewohnheiten darstellen, spekulieren. Deutliche Hinweise geben dabei die Ausrichtung der Bestattungen in bezug auf die Sonne, die Art der beigefügten Waffen, Werkzeuge und des Schmucks (manchmal auch Nahrungsmittel als Wegzehrung ins Jenseits) und die Architektur der Grabbauten selbst.

Im Neolithikum nimmt die Zahl der Grabstätten in Höhlen deutlich zu, besonders in den letzten vorchristlichen Jahrtausenden werden natürliche und künstlich geschaffene Grotten zu regelrechten NEKROPOLEN, unterirdischen Totenstädten, ausgebaut, wie es z. B. auf Ibiza (und anderen Mittelmeerinseln auch) beim Puig de Molin deutlich zu sehen ist: Der ganze Berg ist faktisch mit Grabkammern, Gängen und Treppen durchhöhlt und birgt eine NEKROPOLE mit vielen tausend Beisetzungen. Oder das Hypogäum auf Malta: Hier stießen die Ausgräber in den katakombenartigen Kammern auf die Überreste von mehr als 7000 Menschen, die aus der Zeit zwischen 2900 und 2300 v. Chr. stammen. Das Brauchtum der rituellen Gefäßzertrümmerung nach dem Totenmahl wird dabei rezent beibehalten. Als Beispiel sei hierfür stellvertretend die berühmte Ozieri-Höhle auf Sardinien genannt, an deren Fuß zum Eingangsschacht ungeheure Mengen zerbrochener Tongefäße von Opferhandlungen lagerten.

Von der Kulthöhle der Vorzeit bis zur ausgefeilten Totentempelarchitektur (etwa im ägyptischen ›Tal der Könige‹) verläuft ein klarer Entwicklungsweg, der sich ansatzweise bereits bei den Bestattungen der Neandertaler abgezeichnet hat. Und vieles aus der Vorstellung des alten magischen Weltbildes des frühen Menschen hat sich dabei bis zum heutigen Tag überliefert, z. B. die Kreisform – das ewige Wiederkehr symbolisierende Sinnbild –, die man noch heute ganz selbstverständlich und ohne viel darüber nachzudenken bei Begräbnissen in Form eines blumengeschmückten Kranzes verwendet.

Im Zauberreich der Unterwelt

Neue spektakuläre Funde von Höhlenmalerei

Wir befinden uns in der Provinz Asturien, in der Nähe der Küstenstadt Ribadesella, und wollen die Cueva TITO BUSTILLO aufsuchen. Hier im nordspanischen Raum, westlich der Pyrenäen, wurden viele Kalksteinhöhlen mit Siedlungsspuren von Steinzeitmenschen gefunden; allein in den Bergen rings um Santander über 30. ALTAMIRA ist die berühmteste, aber auch die asturischen, z. B. die Cueva de Llonin oder die CUEVA DEL BUXU bei Cangas de Onis, sind durchaus sehenswert. Dabei fällt auf, daß die Höhlenmalereien des sogenannten ›kantabrischen Kulturraums‹ in Spanien mit denen der südwestfranzösischen Küste sowohl in Maltechnik und Thematik als auch in Hinsicht auf ihre Altersdatierung deutliche Gemeinsamkeiten aufweisen. Es muß sich um die gleiche Gruppe von Menschen gehandelt haben, die im weiten Küstenstreifen rechts und links der Pyrenäen ihre Heiligtümer mit Bildwerken ausschmückten. Wahrscheinlich zogen sie gemäß dem jährlichen Klimazyklus, den Tierherden folgend auf uralten Wanderwegen.

Und nun stehen wir erwartungsvoll vor dem Eingang der Cueva TITO BUSTILLO. 1968 wurde sie von einer Gruppe jugendlicher Höhlenforscher entdeckt. Ihre Eingänge waren offenbar bereits in der Steinzeit durch einen Erdrutsch verschüttet worden, pflanzenüberwachsene Fels- und Geröllmassen versperrten den Zugang zu einem weitläufigen System unterirdischer Hohlräume, Gänge und Wasserläufe. Die Jugendlichen gruben einen Eingang frei und stiegen in das dunkle Labyrinth hinab. Einer von ihnen hieß Celestino Fernández Bustillo, von seinen Freunden Tito genannt. Er kam kurz nach der Entdeckung durch einen tragischen Unfall ums Leben. Seine Gefährten beschlossen daraufhin, die Höhle nach ihm zu benennen.

Es ist ein warmer Sommertag. Eine größere Schar Besucher wartet geduldig am rekonstruierten Höhleneingang, wo sich mittlerweile eine Cafeteria, Toiletten, ein Wartesaal und die inzwischen üblichen Verkaufsbuden für Souvenirartikel befinden. In den Sommermonaten dürfen 400 Besucher täglich das Höhlensystem betreten. Diese Maximalmenge wird streng eingehalten. Man hat von LASCAUX gelernt und will die dort aufgetretenen Schäden hier vermeiden. Eine verständliche Regelung, der wir uns gerne fügen. Endlich erscheint neben der Kasse ein Führer. Er winkt uns mit seiner Taschenlampe heran. Wir folgen ihm erwartungsvoll durch einen 165 m langen Tunnel, der 1971 durch den Felsen gebohrt wurde, um dem Besucher eine Besichtigungsmöglichkeit zu bieten. Nach ein paar Minuten schon gelangen wir so in den inneren, bemalten Kultraum der Höhle. Es ist vergleichsweise kühl hier, wir frösteln nach der Wärme draußen. »Konstant 13 Grad Celsius und 98 Prozent Luftfeuchtigkeit«, erklärt uns der Führer, »genauso war es hier vor rund 20 000 Jahren, nur viel dunkler als heute (...) ein gespenstisches Abenteuer.« Er hat recht, mit etwas Phantasie und das elektrische Licht weggedacht, läßt sich das gut nachvollziehen. Die saalartigen Räume mit ihren Stalagmiten und Stalaktiten, die feuchten, zerklüfteten Wände, die schrundige Decke, auf die das Licht bizarre Schattenfratzen zaubert – dies alles wirkt wie eine unterirdische Anderswelt, in der Erdgeister, Gespenster und Dämonen zu Hause sind.

Und dann die Gemälde: Hirsche, Rehe, Rentiere und Pferde, wunderbar lebensechte Porträts, ganze Ensembles zu Herden zusammengeschlossen. Die Bilder befinden sich im hinteren Bereich der Höhle in Nischen und auf Felsbuckeln angebracht. Jeder Malgrund scheint mit Bedacht ausgewählt worden zu sein, es sind ganz besondere Stellen mit offenbar tiefer magischer Bedeutung. Pferdedarstellungen überwiegen in der Cueva TITO BUSTILLO. Sie sind in Braun-, Purpur-, Dunkelrot- und Schwarztönen gemalt, wobei die Umrisse der Tiere zuvor in den Stein geritzt wurden. Bei der anschließenden Ausmalung wurde jede Unebenheit des Grundes geschickt ausgenutzt, um z. B. die kraftvolle Muskulatur zu betonen, oder die Farbe wurde absichtlich etwas verwischt, um den Eindruck von Bewegungsabläufen zu unterstützten. Wissenschaftler haben die Farbpigmente genau untersucht und festgestellt, daß sie vorwiegend aus Eisenoxiden bestehen, die in Steinschälchen mit tierischem Fett, Blut, Lehm oder Holzkohle vermischt wurden. Überraschenderweise finden wir in dieser Höhle auch die ansonsten äußerst selten verwendete Farbe Blau.

Die ausdrucksstarke Realitätsnähe der Tierszenen besticht. In der Cueva TITO BUSTILLO haben die Schamanenkünstler größten Wert auf anatomische Genauigkeit und Details bei Augen, Mähnen oder Muskelpartien gelegt. Wir sehen Rehe auf der Flucht, eine davonsprengende Pferdeherde, solche in gravitätischer Ruhe, Ziegen, Auerochsen, eine Kuh, ein äsendes Reh. Es sind Meisterwerke im Innern dieser Cueva verborgen, die jeden Vergleich mit den schönsten Darstellungen in ALTAMIRA, LASCAUX oder anderswo standhalten können. Nicht nur das – auch den Werken der modernen Kunst stehen diese Schöpfungen in nichts nach. Ich wünschte mir, daß wenigstens ein paar meiner Studenten heute so zeichnen und malen könnten.

Wieder einmal geben wir notgedrungen dem Drängen des Höhlenführers nach und verlassen das Eiszeitheiligtum, um Platz für andere Schaulustige zu machen. Und wieder einmal merken wir, daß wir für eine kurze Zeitspanne ruhig, aufnahmebereit, ja andächtig waren. Das Phänomen hat uns gepackt und fordert Respekt ab. Daran hat sich seit 20 000 Jahren nichts geändert. Die Bilder, die doch nur der sichtbare Teil des Geheimnisses sind, haben uns in ihren Bann gezogen. Auch wenn sie uns heutigen nicht mehr das Gleiche wie den damaligen Menschen sagen, spüren wir doch die Kraft, die diesem alten Glauben innewohnt.

Wir könnten die unter heutigen Bedingungen durchgeführte ›magische Reise‹ noch endlos fortsetzen, weitere Höhlen und geheimnisvolle Plätze in der Nähe aufsuchen, aber das würde nur eine Reihung bedeuten und dem starken Eindruck die Wirkung nehmen. So beschließen wir, ein paar Ruhetage einzulegen und uns dem Alltagsleben an diesem, von faszinierend geformten Bergrücken umrahmten Küstenabschnitt zuzuwenden. Auch die Magie braucht einen gut gewählten Zeitpunkt und entsprechende Dosierung, um sich richtig entfalten zu können.

Im Herbst 1991 berichteten die Medien über eine sensationelle Entdeckung in der Sormiu-Bucht zwischen Cassis und Marseille. Die Dokumentation der Ereignisse liest sich wie eine Mischung aus Abenteuer- und Gruselroman:

Am 1. September werden an der südfranzösischen Küste drei Amateurtaucher vermißt. Henri Cosquer, ein erfahrener Taucher und Leiter der Tauchschule von Cassis, schwimmt sofort zu den Klippen von Calanques hinaus. Er glaubt nämlich, daß das leichtsinnige Trio auf der Suche nach jener geheimnisvollen Grotte ist, die er selbst 1985 entdeckte. Sie liegt an der Steilküste, 37 m unter dem Meeresspiegel. Ein schwarzes Loch stellt den Einstieg zu einer etwa 2 m schmalen, mehr als 150 m schräg aufsteigenden Tunnelröhre dar. Danach folgt ein bisher unerforschtes Höhlensystem, vor dem selbst Profis zurückschrecken.

Cosquers Ahnung bestätigt sich auf grausige Weise: Am Eingang des Felsentunnels, der wie ein Tor zur Unterwelt wirkt, findet er die Toten. Durch die Bergung der Verunglückten wird die Untermeereshöhle weltweit bekannt. Denn bei ihrer Erkundung werden außergewöhnlich seltene und schöne Malereien entdeckt, die sich mit denen von LASCAUX vergleichen lassen.

Jean Courtin, Archäologe und passionierter Hobbytaucher, wagt mit Cosquer den schwierigen Einstieg in die Grotte. Begeistert äußert er sich über die eiszeitlichen Höhlenbilder: »Nie zuvor habe ich Vergleichbares in diesem Alter und dieser Schönheit gesehen.« Vorsichtig wagt er eine Altersschätzung: sie seien vermutlich vor 12000 bis 20000 Jahren entstanden.

Cosquer und Courtin tasteten sich bei dem riskanten Tauchgang durch dichten Schlamm in die Unterwelt vor, passierten den langen, engen Schlauch, mußten sich durch ein Loch zwängen und stießen endlich in eine etwa 4 m hohe Felskammer oberhalb des Meeresspiegels vor. Dort schmückten Gravuren, Ritzbilder und Malereien von Tieren, vor allem Pferden, den Fels. Manche der Tierleiber ragten nur noch mit dem Kopf oder Rücken aus der Flut. Alles, was darunter lag, wurde durch das salzige Meerwasser zerstört.

Aus der kleinen Felskammer führt ein Weg in eine weitaus größere Grotte, die die Entdecker ›Kathedrale‹ nannten. Es handelt sich um ein Gewölbe von ca. 30 m Höhe und ca. 60 m Durchmesser. An der Decke befinden sich mehrfarbig geschmückte Stalaktiten. Die größte Überraschung aber stellen die Malereien an den Wänden dar. Neben Steinböcken, Hirschen, Wisenten, Pferden und Vögeln sind nämlich auch Robben, Pinguine und andere, noch nicht eindeutig identifizierte Tiere abgebildet sowie Szenen aus dem Alltagsleben. Courtin weist darauf hin, daß die Malereien einige auffallende Besonderheiten aufweisen, die stark von der gewohnten Formensprache in anderen französischen Höhlen abweichen. So z. B. besitzen die Pferde besonders hervorgehobene Geschlechtsteile – eine für die Altsteinzeit sehr seltene Darstellungsform. Die Wisentköpfe sind nicht wie sonst in der typischen Profilzeichnung gemalt, sondern in Dreiviertel-Ansicht. Auch Hände – einige davon in ›verstümmelter‹ Weise, sind zu finden, daneben einige abstrakte Gravuren von völlig unverständlicher Bedeutung.

Das eiszeitliche Heiligtum muß zur Zeit seiner Nutzung gut 80 m über dem Meeresspiegel gelegen haben. Durch das Anschwellen der Wassermassen infolge des Klimawechsels stieg das Mittelmeer um etwa 120 m an. Ein glücklicher Umstand für die Wissenschaft, denn auf diese Weise verschloß und schützte das Meer den Zugang zur Grotte und bewahrte die neben denen von Lascaux wohl schönsten Malereien der Altsteinzeit. Die Leuchtkraft der Farben ist ungebrochen, da eine ständige Luftzufuhr durch versteckte Ritzen und Risse zur

Grotte besteht. Ja, wahrscheinlich kommt der – inzwischen nach ihrem Entdecker Cosquer benannten – Höhle noch eine weitaus größere Bedeutung als LASCAUX und allen anderen bekannten Eiszeithöhlen zu, denn die nächste Sensation stellte sich bei einer ersten exakten Altersdatierung mittels der C14-Untersuchung heraus. Proben von als Farbe benutzter Holzkohle ergaben in Lyon, daß die Malereien älter als 18 000 Jahre sein müssen. Damit wären die Bilder der Cosquer-Höhle die bisher ältesten Tierdarstellungen in Frankreich überhaupt. Kein Wunder, daß der französische Kultusminister Jack Lang die Meeresgrotte sofort zum nationalen historischen Monument erklärte und umfangreiche Sicherungsmaßnahmen verfügte, die neugierige Taucher fernhalten sollen. Der Eingang wurde mit Felsbrocken verschlossen. Nun soll mittels einer vorsichtigen Bohrung von oben her ein neuer Zugang durch das Felsplateau der Calanques geschaffen werden. Die eigentliche Erforschung des ›Wunders der Prähistorie‹ soll dann erst beginnen. Man darf dabei auf weitere Überraschungen gefaßt sein, denn bereits bei der ersten Besichtigung stieß Courtin auf eine Feuerstelle, die so unberührt dalag, als seien die Bewohner gerade eben erst fortgegangen. Welche Geheimnisse noch im untermeerischen Zauberreich verborgen sind, und ob weitere bisher unbekannte Zugänge oder gar ganze Höhlensysteme an der Felsküste existieren – darüber kann im Moment nur spekuliert werden. Tatsache ist, daß die Unterwasserarchäologie in dieser Beziehung ganz am Anfang steht. Bisher hat niemand systematisch die Küstenstreifen abgesucht, und es können noch viele Höhlenmalereien unerforscht in der Unterwelt schlummern. Immerhin kommt dafür eine etwa 100 bis 120 m breite Zone infrage, quasi alle Felsen der französischen und spanischen Mittelmeerküste. Und auch im französischen Inland sind längst nicht alle Flußläufe nach inzwischen überfluteten Höhleneingängen abgesucht worden. Wann wird wohl dabei der nächste spektakuläre Fund gemacht?

Rückblick und Ausblick

Falsche Vorstellungen über die Welt der Eiszeit sind träge und halten sich erstaunlich lange in den Köpfen der Menschen. Noch immer glauben viele, daß unsere Vorfahren primitive, einfältige Tölpel waren, kaum dazu in der Lage, ihr Leben zu meistern, geschweige denn, Kunst, Kultur und Religion zu entwickeln. Solche Zerrbilder geistern noch immer durch Bücher und Filme, stärken das Selbstwertgefühl des ach so ›aufgeklärten‹ Menschen.

Das Gegenteil ist der Fall: Die meisten der wirklich großen, bahnbrechenden Erfindungen wurden bereits in der Steinzeit gemacht. Staunend müssen wir heute den technologischen Wissensstand, die künstlerische Meisterschaft und die ausgeprägten religiösen Vorstellungen der CROMAGNON und Neandertaler akzeptieren. Moderne Borniertheit war es vor allem, die zu der Abwertung »alles Fälschung, die Vorzeitmenschen können unmöglich zu solchen Dingen fähig gewesen sein« führte. Das war bei der Entdeckung der Malereien von ALTAMIRA, LASCAUX und anderen Höhlen der Fall. Lange mußte die erste Forschergeneration gegen solche Vorurteile ankämpfen. Auch heute noch werden – wie beim Fall der Cosquer-Höhle von Cassis z. B. – sofort wieder die gleichen Stimmen laut. Und Negativgerüchte verbreiten sich bekanntlich schneller als solide dokumentierte Forschungs- und Meßergebnisse. Es fällt dem Neuzeitmenschen offenbar schwer, unbequeme Wahrheiten, die sein Weltbild sprengen, akzeptieren zu müssen. Und selbst wenn er es tut, dann erhebt sich immer noch die Frage, welchen Stellenwert er den neuen Erkenntnissen beimißt. Nach wie vor ist die Ur- und Frühgeschichtsforschung von einem Hauch Exotik umgeben. Viele meinen auch: Was so weit in der Vergangenheit zurückliegt, geht uns heute kaum noch etwas an.

Ausstellungen, wie »First Europeans – frühe Kulturen, moderne Visionen«, wie sie vom Natural History Museum London in Zusammenarbeit mit dem Museo Nacional de Ciencias Naturales Madrid in Berlin und andernorts gezeigt wurden, beweisen das Gegenteil. Die moderne Kunst ist ohne den reflektierenden Rückgriff auf die Vergangenheit gar nicht denkbar. Es ist der uralte Strom mit seinen Archetypen und seiner archaischen Gestaltungskraft, der die Phantasien und Visionen heute lebender Künstler nachhaltig beflügelt. Wer sich nicht rückbesinnend auf diese erkenntnisreiche Erfahrungsreise einläßt, gleicht einer Eintagsfliege, die weder über Vergangenheit noch Zukunft verfügt.

Wir erfahren ferner, daß Kunst, Kultur und Religion im magischen Weltbild des frühen Menschen untrennbar miteinander verbunden waren. Schamanismus und Höhlenkunst sind zwei Falten des gleichen Gewandes, sie bedingen sich gegenseitig und sind getrennt voneinander nur unvollkommen zu verstehen. Diesen ganzheitlichen Ansatz gilt es heute auch in die wissenschaftliche Forschung umzusetzen, wollen wir das in sich geschlossene Weltbild der Vorzeit allmählich begreifen. Ebenso gilt auch der Umkehrschluß: Wir müssen uns fragen, was wir aus diesem holistischen Denken heraus über die Vergangenheit für unsere Gegenwart und Zukunft lernen können. Spezialwissenschaften und Detailanalysen können dabei nur unterstützend hilfreich sein. Ohne große Visionen und kühne Ideen werden wir aber dabei kaum weiterkommen. Wichtig zum Verständnis dürfte vor allem das richtige Erkennen und Erfassen von Mustern und Strukturen, weniger das stimmige Einordnen von Scherben und Knöchelchen sein.

Die neuen archäologischen Möglichkeiten wie Luftbild- und Unterwasserarchäologie, experimentelle Techniken und Datierungssysteme stehen bei der Erforschung der Vorzeit vor großen Herausforderungen und womöglich auch vor heute noch nicht absehbaren Überraschungen. Und es bedarf neuer unorthodoxer Konzepte, um sie wirkungsvoll einsetzen und auswerten zu können. Kreatives Denken dürfte dabei eine der unabdingbaren Grundvoraussetzungen sein. Wenn sich die moderne Erkenntnistheorie heute die Frage stellt »Wie wirklich ist die Wirklichkeit?«, so trifft dies in gleichem, wenn nicht verstärktem Maße für die Annäherung und Erfassung der magischen Vergangenheit unserer Vorfahren zu. Ich möchte es einmal so ausdrücken: In der Magie ist grundsätzlich alles möglich, aber dieses Mögliche verläuft nach fest definierten Regeln. Wer lediglich die Regeln eines Spiels zu erfassen sucht, ohne das Geheimnis in seiner Gesamtheit zu akzeptieren, gleicht Goethes Zauberlehrling, der mit seinem kümmerlichen Detailwissen mehr Schaden als Nutzen anrichtete. Das Geheimnis aber ist oft nur vor Ort, selten vom Schreibtisch aus zu begreifen.

DIE ZEITALTER DES PALÄOLITHIKUMS (ALTSTEINZEIT)				
Perioden		Klima	Menschheits-Entw.	Jahre
Jung-Paläolithikum	MAGDALENIEN SOLUTREEN AURIGNACIEN PERIGORDIEN	Würm-Eiszeit	HOMO SAPIENS (Cro-Magnon, Chancelade, Grimaldi) 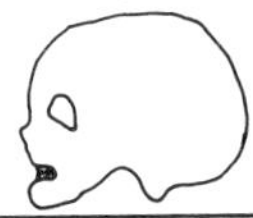	10000 v. Chr. 18000 40000
Mittel-Pal.	MOUSTERIEN LEVALLOISIEN TAYACIEN	Warmzeit (Interglazial)	NEANDERTALER (Moustier, Ferrassie) 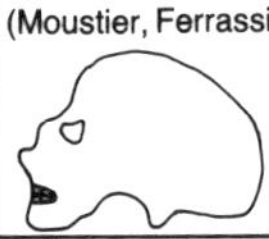	150000
Alt-Paläolithikum	ACHEULEEN	Riss-Eiszeit Warmzeit	Mensch von Fontechévade (Charente) Mensch von Swanscombe (England)	
	CLACTONIEN	Mindel-Eiszeit		
	ABBEVILLIEN	Warmzeit	 Mensch von Java, sog. Pithecanthropus	800000
		Günz-Eiszeit		ca. 1000000

76 Die Zeitalter des Paläolithikums (Altsteinzeit)

Anhang

Praktische Informationen

Eine Besichtigung der eiszeitlichen Höhlenmalereien und Felsbildkunst ist immer zugleich eine spannende Reise in die Vergangenheit. Wenn wir das magische Weltbild unserer Vorfahren auch nur annähernd begreifen wollen, müssen wir bereit sein, vieles von unserem heute gewohnten rationalen Denken aufzugeben und lernen, Dinge wieder wie Kinder aufzunehmen: ernsthaft spielerisch, unvoreingenommen staunend und kreativ assoziierend. Dabei ist neugierige Schau wichtiger als jede intellektuelle Betrachtung, Kontemplation, Meditation und Einfühlung hilfreicher als das Bedürfnis nach logischen Erklärungsmodellen.

Natürlich werden Kunstinteressierte Bezüge zu Bekanntem herstellen, doch werden diese Vergleiche in den meisten Fällen zugunsten der Eiszeitkunstwerke ausfallen – sie sind die Wurzeln und Grundlage unserer Kultur und weisen oft deutliche Parallelen gerade zur modernen Kunst auf. Doch sind diese Vorzeithöhlen keine Galerien mit Ausstellungen primitiver Kunst, sondern vielmehr Heiligtümer, die sich am ehesten noch mit Kathedralen, Domen, Tempeln vergleichen lassen. Und ähnlich wie ihnen sollte man sich auch den bemalten Höhlen nähern: mit Andacht und Respekt. Eine Reise zu den Plätzen der Eiszeitkunst sollte sorgfältig geplant werden. Bei der Fülle der Möglichkeiten kommt man nicht umhin, Schwerpunkte zu setzen. Besichtigen Sie lieber einige wenige Orte, die dafür aber intensiver und gut vorbereitet. Solcherart Spezialreisen werden von einigen Veranstaltern mit fachkundiger Führung angeboten, wobei ich als gutes Beispiel besonders ›Archäologie-Reisen‹ (Alte Straße 4, 37176 Angerstein, ☎ 05503 / 7 85 und ☎ 0551 / 7 18 36) nennen möchte.

Es empfiehlt sich, vor Antritt der Reise einige in die Materie einführende Bücher zu lesen. Entsprechende Titel lassen sich der Literaturliste in diesem Buch entnehmen. Neben Sachbüchern und Bildbänden werden neuerdings auch Videos angeboten. Da das Interesse an Höhlenmalerei und Felsbildkunst kontinuierlich zunimmt, finden solche Filme auch mehr und mehr Zugang ins Fernsehprogramm.

Wer selbst filmen oder fotografieren möchte, sollte beachten, daß dies in vielen touristisch erschlossenen Höhlen untersagt ist. Man kann dort aber in den meisten Fällen hervorragendes Bildmaterial sowie Bücher und Führer erwerben – meist allerdings nur in der jeweiligen Landessprache (also in Französisch, Spanisch oder englischer Übersetzung). Was bei den käuflichen Dias allerdings meist fehlt, sind gute Aufnahmen von der landschaftlichen Umgebung, die das Ambiente erst richtig verständlich machen. Mit eigenen Aufnahmen läßt sich das gekaufte Bildmaterial hervorragend zum Dia/Video-Vortrag ausbauen. Nehmen Sie ausreichend Fotomaterial mit. Generell gilt dabei folgende Faustregel: mindestens doppelt soviele Filme wie ursprünglich eingeplant. Sie ärgern sich sonst, wenn Sie auf schöne Motive stoßen und am falschen Ende gespart haben. Außerdem kostet Foto- und Filmmaterial im Ausland in der Regel mehr – wenn es dort gerade überhaupt welches zu kaufen gibt. In einigen Fällen befinden sich in der Nähe der prähistorischen Fundstellen auch Museen, deren Besuch eine lohnenswerte Ergänzung zur Höhlenbesichtigung darstellt. Diese Orte sind – mit genauen Öffnungszeiten – auf den folgenden Seiten aufgelistet.

Bei Bildstationen, an denen sich Felsritzungen befinden, gilt zu beachten: die Ritzbilder auf keinen Fall mit Kreide, Farbe

o. ä. Material behandeln. Felsbilder gehören zu unserem Kulturerbe und stellen unwiederbringliche Werke dar, die man schonend und mit größter Sorgfalt behandeln muß. Wenn Sie die Ritzungen besser für die fotografische Dokumentation sichtbar machen wollen, so benetzen Sie sie höchstens mit Wasser. Dadurch werden für einen kurzen Moment lang die Konturen deutlicher sichtbar, was die Qualität Ihrer Aufnahmen erhöht.

Wo es möglich ist, bieten sich auch Abreibungen an. Dazu benötigt man saugfähiges Papier (das sich leicht in Rollenform im Reisegepäck transportieren läßt), etwas Tesakrepp sowie ein Stück Malkohle oder Graphit. Man spannt das Papier über die Ritzung und reibt gleichmäßig und mit festem Druck die Oberfläche ab, ähnlich wie man etwa Münzen ›durchpaust‹. Besser noch als Kohle und Graphit eignet sich aber Pflanzenmaterial, das man in der näheren Umgebung findet. Besonders chlorophyllreich und dadurch für die Bildherstellung ergiebig sind Farnkraut und Hahnenfußgewächse. Die zunächst in frischem Grün erscheinenden Abreibungen dunkeln nach kurzer Zeit ab, manche werden auch braun, was aber den Effekt nicht mindert. Solche Abreibungen geben viel genauer als eine Fotografie es ermöglichen kann, das Motiv der Felsritzung wieder. Das eingefärbte Papier verblaßt und verwittert nicht, wer ganz sicher gehen will, kann es später zusätzlich mit einem Fixiermittel behandeln.

Wer seine eigene Video- oder Diashow herstellen möchte, sollte den Ton nicht ganz außer acht lassen. In Höhlen herrscht eine völlig andere Akustik als in freiem Gelände. Tonbandaufnahmen bei der Besichtigung können daher nützlich sein, besonders was den Hall von Schritten und Stimmen, glucksendem Wasser usw. anbelangt. Außenaufnahmen gewinnen enorm an Aussagekraft, wenn man später beim Vortrag Windgeräusche, Vogelstimmen, raschelnde Blätter, plätscherndes Flußwasser etc. hört.

Bei Höhlen, die nicht touristisch erschlossen sind, sind besondere Vorsichtsmaßnahmen zu beachten.

Mehrere starke Taschenlampen, Schutzhelme, Gummistiefel und evtl. ein Seil sind unbedingt erforderlich. Gehen Sie aber bei Ihren Exkursionen keine Wagnisse ein! In vielen Höhlen ist das Felsmaterial so brüchig, daß Einsturzgefahr besteht, der Boden ist oft naß und rutschig, und es können gefährliche Verstürze und Schächte auftauchen. Im übrigen sollte man schon aus Sicherheitsgründen ein unbekanntes Höhlensystem niemals allein betreten und den eingeschlagenen Weg sorgfältig markieren. Im Zweifelsfall ist es immer besser, sich der Führung eines ortskundigen Einheimischen anzuvertrauen. Auf jeden Fall ist – auch im Sommer! – warme Kleidung für eine Höhlenbesichtigung angebracht. Im Inneren der Erde herrscht stets ein kühles, feuchtes Klima, das leicht zu Erkältungen führen kann.

Nachfolgend Kurzbeschreibungen einzelner wichtiger Höhlen (Kulturzuordnungen und Altersdatierungen nach KÜHN) und Museen:

77 Übersichtskarte der wichtigsten Fundstätten im Vézère-Tal, Dordogne

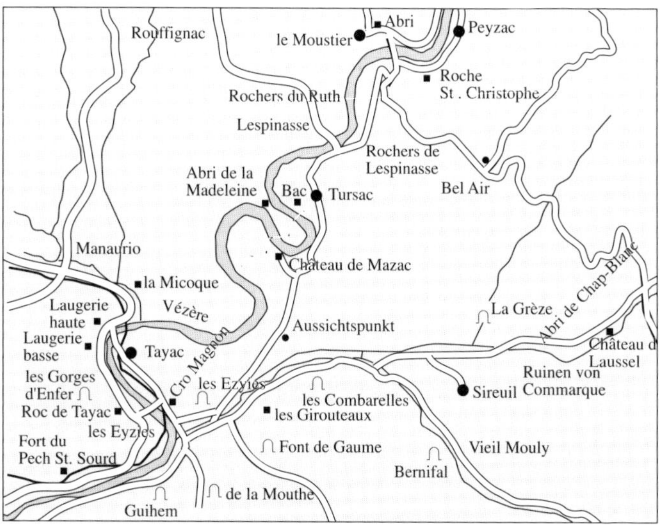

Frankreich:

ABRI DU CAP-BLANC

Bei LES EYZIES, Dépt. Dordogne, nahe der Höhle LES COMBARELLES (s. d.) zweigt die Straße D 48 ab. Nach 3 km Hinweisschild auf den ABRI, der nur zu Fuß über einen ca. 300 m langen Waldpfad zu erreichen ist. Gleich hinter dem Kassenhäuschen beginnt ein freier Platz, von dem aus man den Felsüberhang sehen kann. Lalanne entdeckte dort 1909 bei Ausgrabungsarbeiten ein monumentales Relief. In einer Länge von 15 m sind Pferde, Hirsche und Bisons in etwa halber Lebensgröße in den Fels geschlagen, die in ihrer Formensprache stark an die Malereien der benachbarten Höhle FONT-DE-GAUME (s. d.) und die Ritzzeichnungen von LES COMBARELLES erinnern. Bei ihrer Freilegung wiesen sie noch Farbreste einer einstigen Bemalung auf. Das Kunstwerk aus dem MAGDALENIEN gehört zweifellos zu den frühesten Reliefs der Menschheitsgeschichte. Es wird heute durch eine Mauerverschalung geschützt, hinter der auch in einem Glaskasten die Nachbildung eines altsteinzeitlichen Grabes zu besichtigen ist. Das Skelett einer jungen Frau nebst Grabbeigaben befindet sich heute in einem amerikanischen Museum.

Öffnungszeiten: von Palmsonntag bis 30. Juni 10.00 – 12.00 und 14.00 – 17.00 Uhr; in der Hochsaison (Juli, August) 9.00 – 12.00 und 14.00 – 18.30 Uhr. Im September und Oktober wie in der Vorsaison. Im Zeitraum vom 1. November bis Palmsonntag sind Besichtigungen nur nach telefonischer Voranmeldung (Sarlat ☎ 53 59 21 74) möglich.

ABRIS von LAUGERIE-BASSE und LAUGERIE-HAUTE

Bei LES EYZIES, Dépt. Dordogne, zwei Bilderbuch-ABRIS mit – wie Ausgrabungen bewiesen – lückenloser Besiedlung über mehr als 20000 Jahre hinweg. Die beiden heutigen Dörfer schmiegen sich noch immer unter die schützenden Felsen, die Fundamente der Häuser stehen direkt auf prähistorischen Ablagerungen. Fundstücke der Ausgrabungen befinden sich im kleinen Museum von LAUGERIE-BASSE bzw. in LES EYZIES.

Öffnungszeiten: Laugerie-Basse 15. Februar bis 15. November täglich 9.00 – 12.00 und 14.00 – 18.00 Uhr bzw. 18.30 Uhr in der Hochsaison. Laugerie-Haute: täglich 9.00 – 12.00 und 14.00 – 18.00 Uhr; vom 1. Oktober bis 31. März 10.00 – 12.00 und 14.00 – 16.00 Uhr; montags und dienstags generell geschlossen, ebenso vom 25. November bis 25. Dezember.

Bara-Bahau

Bei Le Bugue, Dépt. Dordogne, wahrscheinlich älter als Solutreen, also ca. 20 000 – 30 000 v. Chr. Die 120 m lange Höhle birgt 20 Tierdarstellungen, die wegen ihres hohen Alters und naiven Ritztechnik (mit einem Ast nur per Hand) zu den interessantesten Kunstwerken der Altsteinzeit zählen. Sie wurde erst 1951 von Norbert Casteret entdeckt.

Öffnungszeiten: von Palmsonntag bis 30. Oktober täglich 8.00 – 12.00 und 14.00 – 19.00 Uhr.

Bedeilhac

Bei Tarascon-sur-Ariège, Dépt. Ariège, mittleres Magdalenien, ca. 13 000 v. Chr. Die seit langem bekannte Höhle wurde im Zweiten Weltkrieg durch die Unterbringung einer Flugzeugfabrik arg in Mitleidenschaft gezogen. Dennoch sind in einigen Seitengalerien noch Malereien zu erkennen.

Führungen im April, Mai, Juni, September täglich außer dienstags um 15.00 und 16.30 Uhr, im Juli, August täglich 10.00 – 18.00 Uhr.

Cougnac

Bei Gourdon, Dépt. Lot, älteres Magdalenien, ca. 18 000 v. Chr. Die erst 1952 entdeckte, fast 125 m lange, reich mit Stalaktiten und Stalagmiten versehene Höhle weist zahlreiche Felsbilder von Hirschen, Steinböcken und Mammuts auf. Besonders interessant ist die Darstellung eines von Pfeilen getroffenen Menschen. Der Sinn dieses Bildes ist noch heftig umstritten. Aufschlußreich für die Wissenschaft waren die reichhaltigen Funde an Lampen, Feuersteinen, Farbresten und Knochen.

Öffnungszeiten: von Palmsonntag bis 30. Juni täglich 9.00 – 11.00 und 14.00 – 17.00 Uhr. Im Juli, August durchgehend 9.00 – 18.00 Uhr geöffnet. Gruppen sind telefonisch unter der Nummer (☎ 65 41 18 02 anzumelden.

FONT-DE-GAUME

Bei LES EYZIES, Dépt. Dordogne, frühes bis mittleres MAGDALENIEN, ca. 15 000 – 12 000 v. Chr. Etwa 120 m lange Korridor-Höhle mit seitlichen Nebengalerien und zwei Eingängen. Peyrony entdeckte 1901 die Malereien und Gravuren, u. a. ein Mammut, das offensichtlich in eine hölzerne Falle gestürzt ist. Der Eingang befindet sich unter einem ABRI nahe des Ortes LES EYZIES, von dem ein schmaler Pfad von der D 47 abzweigend bergan führt.

FONT-DE-GAUME zählt neben LASCAUX und ALTAMIRA zu den schönsten Höhlen mit Eiszeitkunst überhaupt. Die 200 Tierbilder stellen Bisons, Wildpferde, Mammuts, einen Wolf und ein Nashorn dar. Die Malerei ist polychrom, die Farbabstufungen reichen dabei von zartem Gelb über Ocker, Braun bis hin zu kräftigen Rottönen. Insgesamt sind die Bildwerke in einem recht guten Erhaltungszustand, was an der dicken Sinterschicht liegt, die sie überlagert. Allerdings gab es nach der Entdeckung einige Übergriffe durch Besucher, die unbedingt Geschmacklosigkeiten an die Wände schmieren und ritzen mußten, weshalb man das Bodenniveau der Höhle künstlich absenkte, um die Bilder vor weiterem Zugriff zu schützen.

FONT-DE-GAUME wird stark von Besuchern aus aller Welt frequentiert. Deshalb wurde die maximale Personenzahl pro Führung auf 20 festgelegt. Wer an einer Besichtigung interessiert ist, sollte sich möglichst eine Stunde vor der offiziellen Öffnung einfinden, und selbst dann kann es passieren, daß er erst einen Termin am Nachmittag erhält.

Führungen in der Hochsaison: täglich außer dienstags um 9.00, 9.30, 10.00, 10.30, 11.00, 14.00, 14.30, 15.00, 15.30, 16.00, 16.30 und 17.00 Uhr. In der Vor- und Nachsaison: 10.00, 10.30, 11.00, 14.00, 14.30 und 15.00 Uhr. Vom 25. November bis 25. Dezember ist geschlossen. Wenn man eine Besichtigung von Font-de-Gaume plant, sollte man unbedingt einen Besuch des prähistorischen Museums in Les Eyzies mit einplanen. Es ist täglich außer dienstags von 9.00 – 12.00 Uhr und von 14.00 – 18.00 Uhr geöffnet. Lohnenswert ist auch ein Besuch der sehr nahe am Ort gelegenen Höhle Les Combarelles (s. d.) und des Abri du Cap-Blanc (s. d.).

La Mouthe

Ganghöhle bei Les Eyzies, Dépt. Dordogne, spätes Solutreen bis frühes Magdalenien, ca. 18 000 – 15 000 v. Chr. Der Eingang befindet sich unter einem Abri und war bei Einheimischen schon lange bekannt, als 1895 die ersten Bilder entdeckt wurden. Abbé Breuil dokumentierte sie 1924 – 1930. Die zunächst nur 128 m tiefe Höhle war z. T. eingestürzt. 1959 wurde in der verschütteten Galerie der Zugang zum sogenannten ›Kleinen Saal‹ freigelegt, in dem sich weitere Malereien, u. a. auch die berühmte Darstellung einer Cromagnon-Hütte, befinden.

Leider mußte die Höhle inzwischen generell für Besucher geschlossen werden.

Lascaux

Bei Montignac, Dépt. Dordogne, Magdalenien, 15 000 – 12 000 v. Chr. Die 1940 durch spielende Kinder entdeckte, weltberühmte Kulthöhle ist seit 1964 geschlossen und nur noch für einige wenige Wissenschaftler zugänglich. Nicht weniger sehenswert ist aber die naturgetreue begehbare Kopie Lascaux II, die nur ein paar Schritte vom Original entfernt liegt. Die nicht sehr große (etwa 100 m lange) Höhle wird wegen ihrer faszinierenden Bildwerke zurecht als ›Sixtinische Kapelle‹ der prähistorischen Kunst bezeichnet und gilt als absolutes Muß für jede Besichtigungsreise.

Öffnungszeiten: 4. Februar bis 30. Juni und 1. September bis 30. Dezember 10.00 – 12.00 und 14.00 – 17.30 Uhr, in der Hochsaison Juli und August täglich 9.30 – 19.30 Uhr. An Montagen (außer im Juli, August) geschlossen, sowie im Zeitraum 1. Januar bis 3. Februar. Für Gruppenreisende (mehr als 20 Personen) ist eine Besichtigung im Juli, August nicht möglich. Auch im übrigen Jahr müssen Gruppenbesichtigungen rechtzeitig vorher telefonisch bei der Denkmalbehörde in Perigueux (☎ 53 53 44 35) angemeldet werden. Bei der Höhle und im nahen Montignac sind ausgezeichnetes Bildmaterial, Bücher und Schriften erhältlich.

Laussel

Hier sind keine prähistorischen Zeugnisse mehr zu sehen. Die berühmten Venus-Reliefs befinden sich neben anderen Ausgrabungsobjekten im Museum von Les Eyzies.

Le Portel

Bei Lubens, Dépt. Ariège, frühes bis mittleres Magdalenien, ca. 15 000 – 12 000 v. Chr. Etwa 150 m lange und in ihrem Innern eine Art Dreizack bildende Höhle, die zumindest im Bereich des ursprünglichen Eingangs über längere Zeit bewohnt war (mehrere Feuerstellen u. a. Siedlungsspuren). In der schon seit langem bekannten Höhle entdeckten R. Jeannel und G. Fauveau bereits 1908 die ersten Malereien. Leider befinden sich die in schwarzer und roter Farbe gemalten Bilder (in der Hauptsache Pferde und Bisons) in einem so schlechten Zustand, daß ein Besuch wenig lohnenswert erscheint.

Les Combarelles

Bei Les Eyzies, Dépt. Dordogne, mittleres bis spätes Magdalenien, ca. 12 000 – 10 000 v. Chr. Schon lange bekanntes, aber erst 1901 von L. Pomarel, Abbé Breuil, Peyrony und Capitan wissenschaftlich untersuchtes Höhlenheiligtum mit mehr als 300 eiszeitlichen Gravuren (u. a. Rentiere, Bisons, Höhlenbären, Mammuts, Nashörner, Damhirsche, Raubkatzen, Löwen, Fuchs und sogar menschliche Figuren). Der schwer begehbare Korridor ist 237 m lang und mündet schließlich in einen unterirdischen Bach, der nach heftigen Regenfällen stark anschwellen und die Höhle überfluten kann. Ein weiterer Gang führt kurz nach dem Eingang nach rechts. Auch an seinen Wänden lassen sich mit einiger Mühe aus dem Liniengewirr Tiergravuren herauslesen.

Öffnungszeiten: Juli, August täglich außer dienstags Führungen um 9.00, 9.30, 10.00, 10.30, 11.00, 14.00, 14.30, 15.00, 15.30, 16.00, 16.30 und 17.00 Uhr für maximal 20 Personen. Vor- und Nachsaison: Führungen um 10.00, 10.30, 11.00, 14.00, 14.30 und 15.00 Uhr. Vom 25. November bis zum 25. Dezember ist die Höhle geschlossen.

Les Eyzies

Das Musée National de Préhistoire sollte unbedingt besucht werden!

Öffnungszeiten täglich außer dienstags 9.00 – 12.00 und 14.00 – 18.00 Uhr.

Der Ort Les Eyzies an der Vézère, Dépt. Dordogne, liegt sozusagen im Zentrum der Cromagnon-Höhlenkunst und bietet sich als Stützpunkt für einen längeren Aufenthalt an. Von hier aus können viele Höhlen und Abris in der Umgebung besucht werden, z. B. Font-de-Gaume, Les Combarelles, Abri du Cap-Blanc, Rouffignac, Laussel, St-Cirq, Bara-Bahau, Tayac, Gorge d'Enfer, Abris von Laugerie-Basse und Laugerie-Haute, aber auch Montignac und Lascaux.

Le Thot

Wildpark mit Tieren, die dem Cromagnon als Beute dienten (u. a. Bisons, Hirsche, Wildschweine). Sehenswert ist auch das prähistorische Zentrum, in dem man sich mit Hilfe moderner Medien (Filme, Fotos, Diavorträge) einen profunden Überblick über die Kunst der Vorzeit in Frankreich verschaffen kann.

Öffnungszeiten: 1. Mai bis 30. Juni sowie September täglich 9.00 – 11.45 Uhr und 14.00 – 17.45 Uhr. In der Hochsaison (Juli, August) durchgehend von 9.00 – 17.45 Uhr geöffnet. Im Zeitraum vom 1. Oktober bis zum 30. April nur an Sonn- und Feiertagen, außerdem während der Schulferien 10.00 – 11.45

und 14.00 – 17.45 Uhr. Außerhalb der Hochsaison ist samstags geschlossen.

Mas d'Azil

Bei Foix, Dépt. Ariège. Riesige Höhle mit gewaltigem Eingangstunnel: 70 m hoch und fast 500 m lang, der Bach Arize und eine Straße führen hindurch. Es sind keine Höhlenmalereien zu besichtigen, dafür aber ein interessantes Museum in der Grotte, in dem u. a. die berühmten bemalten Kiesel ausgestellt sind.

Öffnungszeiten: April bis Mitte Juni sonntags 10.00 – 12.00 und 14.00 -18.00 Uhr, Mitte Juni bis Ende September täglich 10.00 – 12.00 und 14.00 – 18.00 Uhr. Die Zufahrt erfolgt von Foix über La Bastide-de-Serou.

Niaux

Bei Tarascon-sur-Ariège, Dépt. Ariège, mittleres Magdalénien, ca. 14000 – 12000 v. Chr. Eine gewaltige Korridor-Höhle von etwa 3 km Länge mit mehreren großen Seitengalerien. Das Höhlensystem war schon seit Jahrhunderten bekannt (Spuren spätmittelalterlicher Nutzung), aber erst Molard, Breuil und Cartheilac erkannten 1906 die wirkliche Bedeutung der Malereien. 1970 wurden bei weiteren Erforschungen hinter dem ersten unterirdischen See weitere Bildwerke in einer Galerie entdeckt.

Öffnungszeiten: Juli bis September täglich 8.30 – 11.30 und 13.30 – 17.15 Uhr, Oktober bis Mai 11.00, 15.00 und 16.30 Uhr. Wegen des starken Besucherandrangs ist eine telefonische Voranmeldung empfehlenswert: ☎ 61 05 88 37. Lohnenswert ist auch eine Besichtigung des benachbarten, unterirdisch mit der Grotte von Niaux verbundenen Höhlensystems Lombrives, das in prähistorischer Zeit als Zufluchts- und Kultstätte diente. Prachtvolle Tropfsteinbildungen (z. B. das ›Mammut‹). Zufahrt von Foix über Tarascon-sur-Ariège nach Ussat-les-Bains. Von Mai bis Anfang Oktober finden täglich Führungen statt. Eine Bahn bringt die Besucher zum hochgelegenen Höhleneingang.

Pair-non-Pair

Bei Marcamps, Dépt. Gironde, frühes Solutreen, ca. 20 000 v. Chr. Die 1918 entdeckte Höhle wurde sehr sorgfältig ausgegraben und die Bilder von Abbé Breuil und Miss Boyle untersucht. Die Decke der recht kleinen, typischen Saalhöhle ist teilweise eingestürzt. Der große Saal ist etwa 25 m lang. Die wichtigsten Malereien (vor allem Wildpferde und Steinböcke) befinden sich dicht nach dem Eingang an den Wänden des großen Saals.

Öffnungszeiten: 1. Mai bis 30. September 9.30 – 11.30 und 14.30 – 18.00 Uhr. Im übrigen Jahr 9.30 – 11.00 und 14.30 – 17.00 Uhr. Dienstags und im Oktober geschlossen.

Pech-Merle

Eindrucksvolles Höhlenheiligtum bei Cabrerets, Dépt. Lot, Aurignacien bis Magdalenien, ca. 15 000 v. Chr. Der heutige Eingang entspricht nicht dem ursprünglichen Zugang, so daß man sozusagen in ›verkehrter‹ Richtung den Bildern entgegenläuft. Das Höhlensystem (ein ehemaliges Flußbett) erstreckt sich insgesamt über 2 km Länge, interessant davon sind aber nur die größeren und kleineren Hallen, die etwa 500 m vom alten Eingang entfernt liegen. Entdeckt wurde die Höhle 1922 von A. David und F. Dutertre, weitere Räume von A. David 1949. In Pech-Merle sind unterschiedliche Stilarten und Tierdarstellungen vertreten, u. a. Wildpferde, Bisons, Steinböcke, Mammuts, Hyänen, Hirsche, Bären, Wildschweine, Fische, Handmotive (die besterhaltenen ihrer Art) und sogenannte Makkaroni.

Öffnungszeiten: Die Höhle ist von Palmsonntag bis 30. September jeweils 9.00 – 12.00 bzw. 14.30 – 18.00 Uhr und vom 1. bis 31. Oktober 9.30 – 11.30 bzw. 15.30 – 17.00 Uhr geöffnet. Das restliche Jahr über ist sie geschlossen. Nahe dem Eingang befindet sich ein kleines Museum, das man wegen seiner didaktisch gut präsentierten Übersicht zur Entwicklung der Steinzeitkunst unbedingt vor der Höhlenbesichtigung aufsuchen sollte. Dort wird den Besuchern auch ein ca. 20minütiger Tonfilm vorgeführt.

Roque St-Christoph
Bei Le Moustier, Dépt. Dordorgne. Prähistorischer Siedlungsplatz.

Öffnungszeiten: nur vom 15. Juni bis 25. September, 9.00 – 12.00 und 14.00 – 18.30 Uhr, ansonsten geschlossen.

Rouffignac
Bei Fleurac, nördlich von Les Eyzies, Dépt. Dordogne, mittleres bis spätes Magdalenien, ca. 12 000 – 10 000 v. Chr. Die gewaltige, mehr als 10 km lange und weit verzweigte Höhle war bereits seit dem Mittelalter bekannt. Ebenso manche der Tierbilder, die aber in Vergessenheit gerieten und erst 1954 wiederentdeckt wurden. Die Nashörner und Mammuts zählen zu den schönsten Beispielen der Eiszeitkunst.

Um Besuchern einen bequemen Zugang zu den mehr als 200 Bildern (davon etwa 100 Mammuts) zu ermöglichen, wurde eigens eine kleine elektrische Eisenbahn konstruiert, mit der man nun etwa 2 km durch die Vorzeit fährt.

Öffnungszeiten: Von Palmsonntag bis 30. Juni bzw. von Mitte September bis 31. Oktober jeweils 10.00 – 11.30 und 14.00 – 17.00 Uhr. In der Hauptsaison vom 1. Juli bis Mitte September 9.00 – 11.30 und 14.00 – 17.00 Uhr. In der restlichen Jahreszeit täglich je eine Führung um 11.00 und um 15.00 Uhr.

Gruppen von mehr als 20 Personen müssen sich rechtzeitig vorher telefonisch anmelden (☎ 53 05 41 71).

St-Cirq
(auch Grotte de Vic bzw. Grotte du Sorcier genannt)
Bei Les Eyzies, Dépt. Dordogne, Magdalenien, ca. 15 000 – 12 000 v. Chr. Die Höhle liegt nahe eines winzigen, gleichnamigen Ortes bei der Straße D 703. Einige schöne Tierzeichnungen und herausragend die Darstellung eines menschlichen Kopfes.

Öffnungszeiten: nur in der Hauptsaison vormittags und nachmittags.

TAYAC / GORGE D'ENFER

Bei LES EYZIES, Dépt. Dordogne. Der Felsen von TAYAC, einem Ortsteil von LES EYZIES, gilt als Musterbeispiel für einen ABRI. Im engen Tal hinter dem Felsen, dem GORGE D'ENFER, wurden bei Ausgrabungen etliche paläolithische Siedlungsplätze entdeckt. Heute sind im als Naturpark ausgewiesenen Tal Tiere beheimatet, die auf den Höhlengemälden als Zeitgenossen des CROMAGNON immer wieder dargestellt wurden – Bisons, Pferde, Hirsche und Wildschweine. Berühmt ist der Abri-du-Poisson, in den vor etwa 30 000 Jahren das Relief eines 1 m langen Lachses gehauen wurde.

TROIS FRERES

Bei Montesquien-Aventès, Dépt. Ariège, mittleres MAGDALENIEN, ca. 12 000 v. Chr. Das weit verzweigte Höhlensystem wurde ab 1912 durch den Grafen Begouen und seine drei Söhne in mehreren Etappen erforscht. Sie liegt unterirdisch benachbart der Höhle von TUC D'AUDOUBERT. Die zahlreichen in ihr entdeckten Malereien und Gravuren gehören zu den wohl bedeutendsten der Eiszeitkunst. Dargestellt sind Pferde, Bisons, Mammuts, Hirsche, Rentiere, Bären, Löwen, Steinböcke sowie Fallen und Waffen, aber auch tanzende Schamanen mit Tiermasken.

Die Höhle ist nur noch für Fachpublikum mit Sondergenehmigung zugänglich.

TUC D'AUDOUBERT

Bei Montesquien-Aventès, Dépt. Ariège, mittleres MAGDALENIEN, ca. 12 000 v. Chr. Lange Zeit für eine Fortsetzung der Höhle TROIS FRERES gehalten, stellt sie ein eigenes weitverzweigtes Höhlensystem dar, durch das unterirdisch der Fluß Volp fließt. Das genaue Ausmaß ist noch immer unerforscht, wohl aber der große, unterirdische Bildersaal, der vom Grafen Begouen 1912 entdeckt wurde. Er umfaßt mehrere hundert Tierbilder und Tonplastiken.

Die Höhle ist nicht mehr öffentlich zugänglich.

Villars

Grotte de Villars (auch Grotte-du-Cluzeau genannt) bei Perigueux, Dépt. Dordogne, Magdalenien, ca. 15 000 – 12 000 v. Chr. Das erst 1958 erschlossene Höhlensystem dürfte zu den größten Frankreichs gehören. Bisher wurden erst 7 km erforscht, weitere wissenschaftliche Untersuchungen laufen derzeit noch. Es wurden bisher einige polychrome Malereien von Bisons und Wildpferden entdeckt.

Öffnungszeiten: Von Palmsonntag bis 14. Juni bzw. vom 16. September bis 15. Oktober nur an Sonn- und Feiertagen, vom 15. Juni bis 15. September täglich 9.00 – 11.30 und 14.00 – 18.30 Uhr. Vom 16. Oktober bis Palmsonntag geschlossen.

Spanien:

Altamira

Bei Santillana del Mar, Prov. Santander. Berühmteste Kulthöhle der Eiszeit im spanischen Raum. 1879 von Maria, der kleinen Tochter des spanischen Archäologen Don Marcelino de Sautuola, entdeckt. Zunächst wurden die Malereien für neuzeitliche Fälschungen gehalten, was einen langjährigen Gelehrtenstreit auslöste. Sautuola erlebte die späte Anerkennung nicht mehr. Die Datierung der polychromen Malereien geht bis auf ein Alter von 25 000 Jahren zurück. Viele Darstellungen sind lebensgroß, einzelne Figuren bis zu 2 m hoch. Die Höhle ist wegen ihrer Gefährdung durch Umwelteinflüsse nur mit Sondergenehmigung zugänglich. Dennoch lohnt ein Besuch des Museums neben der Höhle, in dem Reproduktionen der Malereien und prähistorische Fundstücke gezeigt werden.

Öffnungszeiten: Juli, August täglich 9.00 – 13.30 und 15.00 – 19.30 Uhr, April bis Juni und September 9.30 – 13.00 und 15.00 – 18.30 Uhr, März und Oktober 10.00 – 13.00 und 15.00 – 18.00 Uhr, in den übrigen Monaten 10.00 – 15.30 Uhr.

Das Deutsche Museum in München zeigt eine originalgetreue Abbildung der Höhlendecke von Altamira.

Lohnenswert erscheint mir auch die benachbarte, erst kürzlich entdeckte Tropfsteinhöhle Cueva de Estalactitas, in der das Skelett eines vorgeschichtlichen Menschen, des sogenannten Hombe de Morin, gefunden wurde. Für diese Höhle gelten die gleichen Öffnungszeiten wie für ALTAMIRA.

BILBAO

Museo Historico de Viscaya in den Räumen eines ehemaligen Jesuitenkollegs mit prähistorischen, iberischen und römischen Fundstücken.

Öffnungszeiten: täglich 10.30 – 13.30 und 15.30 – 18.30 Uhr.

COVALANAS

Bei Ramales, Prov. Santander, frühes MAGDALENIEN, ca. 15 000 v. Chr. Eine schwer zugängliche Höhle mit hallenartigem Korridor, in dem sich zahlreiche Tierdarstellungen befinden. Sie wurde 1902 von P. Sierra und H. Alcalde del Rio entdeckt und durch Abbé BREUIL dokumentiert.

Öffnungszeiten: täglich 10.00 – 13.00 und 15.00 – 19.00 Uhr. Eintrittskarten sind in der Fonda Jacinto in Ramales erhältlich.

CUEVA DE CANDAMO

Bei Soto del Barco, Prov. Oviedo, Eiszeithöhle mit gut erhaltenen Malereien und Gravuren.

CUEVA DE LA PENA DE CANDAMO

Bei Pravia hoch in den Felsen nahe des Dorfes San Roman. Eine der interessantesten prähistorischen Höhlen Asturiens. Großartige Malereien an der ›Muro de Grabados‹: Bisons, Pferde, Stiere, Bergziegen und Tier-Mensch-Mischwesen. Eine automatische Anlage mißt Temperatur, Luftfeuchtigkeit und Kohlendioxydgehalt der Luft. Bei einer Überschreitung der Grenzwerte wird die Höhle vorübergehend für Besucher geschlossen.

Cueva del Buxu

Bei Cangas de Onis, Provinz Asturien. Sehenswerte Höhlenmalereien vor allem von Pferden und Hirschen.

El Castillo

Bei Puente Viesgo, Prov. Santander. Mit Malereien des Magdalenien reich ausgestattete Eiszeithöhle.

Öffnungszeiten: Hauptsaison (Juli, August) täglich 9.00 – 15.30 Uhr, in den Monaten April, Mai, Juni, September 9.30 – 13.00 und 15.00 – 18.30 Uhr, im März und Oktober 10.00 – 13.00 und 15.00 – 18.00 Uhr, sonst 10.00 – 15.30 Uhr.

La Pasiega

Bei Puente Viesgo, Prov. Santander, spätes Solutreen – frühes Magdalenien, ca. 17 000 – 15 000 v. Chr. Eine zur Höhlengruppe am Monte Castillo gehörende, weit verzweigte Grotte mit vier Eingängen und fünf Korridoren. Die Malereien wurden 1911 von H. Obermaier und P. Wernet entdeckt. Neben den Tierbildern wurde besonders die rätselhafte Botschaft der ›versteckten Inschrift‹ – eine Art Bildbotschaft – bekannt.

El Pindal

Bei Pimiango, Prov. Oviedo, mittleres Magdalenien, ca. 12 000 v. Chr. Eine über 350 m lange Ganghöhle, deren enge Passagen sie schwer zugänglich machen. Die Höhle wurde 1908 von H. Alcalde del Rio entdeckt und von Abbé Breuil dokumentiert.

Besonders interessant ist dort die Darstellung eines großen Fisches. 1954 wurden umfangreiche Grabungen durchgeführt, die weitere Bilder zutage brachten.

San Sebastian

Museo San Telmo. Archäologische Funde aus prähistorischer, iberischer und baskischer Zeit.

Öffnungszeiten: 1. Juni bis 15. September täglich 10.00 – 13.30 und 15.30 – 19.00 Uhr, 16. September bis 31. Oktober bis 18.00 Uhr, sonst 10.00 – 13.30 und 15.30 – 17.00 Uhr, an Sonntagen nachmittags und an Montagen vormittags geschlossen.

SANTANDER

Museo Provincial de Prehistoria y Archeologia im Gebäude der Diputacion Provincial. Hier ist der ›älteste Bewohner Spaniens‹ ausgestellt, der Mensch von Morin – ein etwa 30 000 Jahre alter Skelettfund aus der Höhle Villaescusas bei SANTANDER. Ferner bearbeitete Knochen und Hörner von Jagdtieren sowie Funde aus keltiberischer Zeit.

Öffnungszeiten: täglich 10.00 – 13.30 und 17.00 – 19.00 Uhr.

SANTIMAMINE

Bei Cortezubi, Prov. Bilbao, frühes bis mittleres MAGDALENIEN, ca. 15 000 – 14 000 v. Chr. Eine Höhle von beträchtlichen Ausmaßen, die der einheimischen Bevölkerung schon lange bekannt war. Die Bilder wurden aber erst 1916 von José F. de Bengoechea entdeckt und durch Abbé BREUIL dokumentiert. Mehrere Grabungskampagnen im Eingangsbereich brachten interessante archäologische Fundstücke zutage. Von den Tierdarstellungen ragen besonders solche von Höhlenbären heraus.

TITO BUSTILLO

(auch Cueva Les Pedrones genannt)

Bei Oviedo nahe des Ortes Ribadesella, an der Mündung des Rio Sella. Ca. 20 000 Jahre alte Felsmalereien vor allem von Rindern, Pferden und Hirschen.

Glossar

Abris: altsteinzeitliche Wohnstätten unter Felsvorsprüngen oder in Felsnischen, wettergeschützte Freilandsiedlungsplätze.

Adoranten: Anbeter. Felsritzzeichnungen oder auch Plastiken, die menschliche Figuren mit zum Gebet erhobenen Armen darstellen.

Altamira: berühmte Höhle der Eiszeitkunst im nordspanischen Baskenland, Provinz Santander.

Animalismus: die religiöse Verehrung von Tieren. Im Unterschied zum Totemismus wendet sich dieser Glaube ausschließlich der dem Menschen verwandten Tierseele zu.

Archetypen: Urbilder, Urprägungen, die als Symbole auch ohne historischen Zusammenhang an verschiedenen Orten und in verschiedenen Epochen gleichartig auftreten können. Der Begriff wurde von C. G. Jung als psychologischer Terminus eingeführt, wird aber heute in einem wesentlich erweiterten Sinne gebraucht.

Aurignacien: Kultur der jüngeren Altsteinzeit (Jungpaläolithikum) etwa 35 000 bis 22 000 Jahre vor unserer Zeitrechnung. In ihr entstanden Kleinplastiken, wie z. B. die ›Venus von Willendorf‹, einfache Ritzzeichnungen und Umrißmalereien. Das A. stellt damit die älteste Phase der Felsbildkunst dar.

Azilien: nach dem Fundort Le Mas-d'Azil benannte Kulturstufe der Mittelsteinzeit.

Cromagnon: nach dem Fundort Cro-Magnon benannte Menschenrasse der jüngeren Altsteinzeit (Homo sapiens sapiens), die eigentlichen Träger der eiszeitlichen Höhlenmalerei und Felsbildkunst.

Dolmen: (bret.-fr. ›Steintisch‹), tischförmig gebaute Steingräber der Jungsteinzeit und frühen Bronzezeit. Möglicherweise wurden solche Anlagen in künstlicher Höhlenform aber auch als Tempel, Kultstätte, Observatorium u. drgl. genutzt. Wie die Menhire sind sie typische Erscheinungsformen der Megalithkulturen.

Geisterfallen: magische Hilfsmittel der Schamanen, um böse Geister einzufangen. Darstellungen solcher Fallen finden sich in der Volkskunst, aber wahrscheinlich auch schon im Repertoire der eiszeitlichen Höhlenmalerei.

Gravettien: Kultur des Aurignacien (s. d.), etwa um 20000 v. Chr. Bekannteste Höhlenmalereien aus dieser Zeit: Gargas (Hautes-Pyrenées).

Guanchen: Ureinwohner der Kanarischen Inseln. Die Herkunft dieser weißen Steinzeitmenschen im Atlantik ist noch immer nicht geklärt. Ähnlich wie die australischen Aborigines sind sie Schöpfer einer außerordentlich vielfältigen Felsbildkunst.

Ikonographie: ursprünglich nur die wissenschaftliche Bestimmung von Bildnissen des griech. und röm. Altertums. Im erweiterten Sinne die Beschreibung, Form- und Inhaltsdeutung aller Bildwerke, ihre Formensprache.

Imagisierung: nach Braem der Prozeß der Bedeutungsaufladung eines magischen Platzes mit Felsbildkunst.

Initiationsritual: Einweihungskult, der ganz im Sinne des magischen Weltbildes eines jeweiligen Clans oder Stammes zelebriert wird. Im Verlaufe des I. werden dem Kind, das nun in die Gemeinschaft der Erwachsenen aufgenommen werden soll, die geheimnisvollen Zusammenhänge der Natur, der Schöpfung und des Zusammenlebens der Menschen erklärt.

Kappadokien: Gebirgslandschaft im östlichen Kleinasien (Anatolien, Türkei), nach den um 700 v. Chr. eingewanderten Kappadoken benannt. Ein Gebiet, das Tausende von ausgestalteten Wohnhöhlen im weichen Tuffgestein aufweist.

Lourdes: Höhlen in den französischen Pyrenäen mit nachweisbar kultischer Nutzung von der Altsteinzeit bis heute (Marienerscheinung).

Magdalenien: Kultur, die nach dem Fundplatz La Madeleine bei Les Eyzies (Dordogne) benannt wurde. Das frühe M. beginnt etwa um 16000 v. Chr., das mittlere M. (um 15000 v. Chr.) bildet den Höhepunkt der eiszeitlichen Höhlenkunst, die Spätphase dauert von etwa 12000 bis 8000 v. Chr. Diese Chronologie wird allerdings von verschiedenen Wissenschaftlern unterschiedlich bewertet.

Makkaroni: einfache, nur mit den Fingerkuppen in den feuchten Lehm geritzte Liniengebilde der frühesten Eiszeitkunst. Man nimmt heute an, daß damit die Krallenspuren von Höhlenbären nachgeahmt werden sollten. Es gibt aber auch solche, die bereits komplizierte Muster und Tierkörper ins Formenspiel einbringen.

Megalithkulturen: alle Kulturen, die Großsteinbauten errichteten. Ihre Herkunft ist noch nicht geklärt, konzentriert sich aber deutlich auf die Atlantikküste Westeuropas, was auf eine maritime Verbreitung des Gedankengutes verweist.

Menhire: (bret.-fr.: hoher Stein) unbehauene, aufrecht stehende und im Boden verankerte Steinsäulen der Megalithkultur. Ihr Sinn wird vielfältig gedeutet: als Grabstelen, Opfersteine oder auch Visurmarken für astronomische Zwecke.

Mesolithikum: mittlere Steinzeit, etwa ab 8000 v. Chr. Diese Kulturepoche nach der letzten Eiszeit brachte das Ende der großen Höhlenkunst. Einen gewissen Höhepunkt stellen allerdings noch die Felsmalereien der spanischen Ostküste (Levante) dar. In Westeuropa endet das M. etwa um 4 000 v. Chr., die nachfolgende Kultur heißt Neolithikum (Jungsteinzeit).

Morphologische Felder: (auch morphogenetische Felder) Nach Sheldrake physikalische Kraftfelder, in denen bestimmte Gestaltformen zur Verwirklichung drängen.

Mousterien: nach dem Fundort Le Moustoir (Dépt. Dordogne) benannte Werkzeugkultur des Neandertalers, die bis etwa 35 000 vor unserer Zeitrechnung dauert.

Niaux: Grotte im Dépt. Ariège, bedeutendes Höhlenheiligtum der Eiszeitkunst.

Paläolithikum: Altsteinzeit. Man unterscheidet zwischen Altpaläolithikum und Jungpaläolithikum. Erstgenanntes stellt die Epoche des Neandertalers dar. Sie endet etwa 35 000 Jahre v. Chr. und kennt noch keine Höhlenmalerei und Felsbildkunst. Letztgenanntes wird vom Homo sapiens sapiens (Cromagnon) getragen, der den Neandertaler-Menschentypus ablöste, und dauert etwa bis 8 000 v.Chr. In dieser Epoche entstanden die eiszeitlichen Höhlenkunstwerke.

Röntgenstil: besondere Form der Felsbildkunst, bei der auch das Innere der Tiere, Skelett, Organe, Blutbahnen usw. dargestellt wurden, wahrscheinlich mit magischer Bedeutung.

Solutreen: nach dem Fundort Solutré bei Macon benannte Kultur der mittleren Jungsteinzeit, etwa um 18 000 v. Chr. mit zahlreichen Höhlenmalereien und Ritzbildern, z. B. Pech-Merle, Lascaux, La Pasiega.

Totemismus: Glaube an die übernatürliche Kraft eines Totems. Als Totem gilt bei Naturvölkern ein Wesen oder Ding

(Tier, Pflanze, Naturerscheinung), das als Ahne oder Verwandter eines einzelnen Menschen bzw. des ganzen Clans angesehen wird. Das Totem wird als zauberkräftiger Helfer verehrt.

Traumzeit: in der Vorstellung der australischen Ureinwohner die Zeit der Schöpfung. Da diese im magischen Weltbild der Aborigines aber immer noch andauert, also ein Synonym für Ewigkeit.

Trois Freres: eine der berühmtesten Höhlen mit eiszeitlicher Höhlenkunst im Dépt. Ariège, vor allem bekannt durch das vieldeutige Bild des ›Zauberers‹, das Breuil als Darstellung eines in Tierfelle gehüllten Schamanen erkannte.

Wondjinas: im magischen Weltbild der australischen Ureinwohner Gestalten der Traumzeit, die sich als Schöpfer der Landschaft betätigt haben. Diese zumeist in Wasserstellen beheimateten heroischen Ahnen sind wichtige Motive in der Felsbildkunst Australiens.

Weiterführende Literatur (Auswahl)

ANDERSEN, Hans-J.: *Am Anfang war die Zahl*, Lollschied 1993

ARSENJEW, Wladimir: *Dersu Usala. Der Taigajäger* (Roman), Leipzig 1983

BAHN, Paul G.: *Water Mythology and the Distribution of Palaeolithic Parietal Art*, in: Proceedings of the Prehistoric society, 1978

BEHM-BLANCKE, Günter: *Höhlen – Heiligtümer – Kannibalen*, Leipzig 1958

BIEDERMANN, Hans: *Wellenkreise. Mysterien um Tod und Wiedergeburt in den Ritzbildern des Megalithikums*, Hallein 1977

ders.: *Höhlenkunst der Eiszeit. Wege zur Sinndeutung der ältesten Kunst Europas*, Köln 1984

ders.: *Die großen Mütter. Die schöpferische Rolle der Frau in der Menschheitsgeschichte*, Bern und München 1987

BLEICHER, Wilhelm: *Märchen aus der alten Grafschaft Mark*, Iserlohn 1988

ders.: *Die Bedeutung der eisenzeitlichen Höhlenfunde des Hönnetals*, Altena 1991

ders.: *Die Oeger Höhle – eine Kultstätte altsteinzeitlicher Rentier-Jägergruppen*, in: Hohenlimburger Heimatblätter, 54. Jg. H. 9, 1993

BOSINSKI, Gerhard: *Gönnersdorf. Eiszeitjäger am Mittelrhein*, Koblenz (o. J.)

ders.: *Die Kunst der Eiszeit in Deutschland und in der Schweiz*, Röm.-Germ. Zentralmuseum, Forschungsinstitut f. Vor- und Frühgeschichte, Bonn 1982

BRAEM, Harald: *Brainfloating*, München 1986

ders.: *Kanarische Inseln. Auf den Spuren atlantischer Völker*, München 1988

ders.: *Die Inseln des Drachenbaums. Magische Plätze auf den Kanaren*, in: Terra X – Von den Inseln des Drachenbaums zur Festung der Sturmgötter, München 1990

ders.: *Das magische Dreieck*, Stuttgart 1992

ders.: *Der Herr des Feuers. Roman eines sibirischen Schamanen,* München 1994
BRAEM, Harald/HEIL, Christof: *Die Sprache der Formen. Die Wurzeln des Design,* München 1990
BREUIL, H./BERGER-KIRCHER, L.: *Franko-kantabrische Felskunst*, in: Die Steinzeit. Vierzigtausend Jahre Felsbilder (Kunst der Welt), Baden-Baden 1960
BÜCHI, Ulrich u. Greti/CATHOMEN, Ignaz: *Die Menhire auf Planezzas/Falera,* 1990
BURCHARD, Przemyslaw: Australier. *Geschichte, Konflikte, Bräuche, Sitten*, Leipzig/Jena/Berlin 1990
CASTANEDA, Carlos: *Der Ring der Kraft. Don Juan in den Städten*, Frankfurt a. M. 1976
CHARPENTIER, Louis: *Das Geheimnis der Basken.* Olten 1986
DREVERMANN, Eugen/NEUHAUS, Ingritt: *Frau Holle*, Olten 1982
DRÖSSLER, Rudolf: *Astronomie in Stein. Archäologen und Astronomen enträtseln alte Bauwerke und Kultstätten,* Leipzig 1990
ELIADE, Mircea: *Schamanismus und archaische Ekstasetechnik,* Frankfurt a. M. 1974
ders.: *Geschichte der religiösen Ideen*. Bd. 1. Von der Steinzeit bis zu den Mysterien von Eleusis, Freiburg i. Br. 1978
ELLMERS, Detlev: *Schiffsarchäologische Experimente in Deutschland*, in: Experimentelle Archäologie in Deutschland, Oldenburg 1990
EVERS, Dietrich/STÖLTING, Siegfried: *Das Boot aus der Tundra. Eiszeitjäger vor 10 000 Jahren*, Bremen 1984
EVERS, Dietrich: *Vom Kultstab zum Steckenpferd. Der magisch-kosmologische Geisterflug durch die Jahrtausende,* Hornburg 1985
ders.: *Felsbilder. Botschaften der Vorzeit*, Leipzig 1991
FINDEISEN, H./GEHRTS, H.: *Die Schamanen*, Köln 1983
FÖLDES-PAPP, Karoly: *Vom Felsbild zum Alphabet,* Stuttgart 1966 u. 1987
FRAZER, James George: *Der goldene Zweig. Das Geheimnis von Glauben und Sitten der Völker*, Reinbek bei Hamburg 1989

GETTY, Adele: *Göttin. Mutter des Lebens*, München 1993
HEYERDAHL, Thor: *Expedition Ra. Mit dem Sonnenboot in die Vergangenheit,* Gütersloh/Wien 1971
HITZ, Hans-Rudolf: *Als man noch protokeltisch sprach. Versuch einer Entzifferung der Inschriften von Glozel,* Ettingen 1982
HOMMEL, F.: *Die Kiesel von Mas d'Azil*, in: Archiv für Schriftkunde, I, 1914
HÜRTER, Friedegard: *Heilung und Musik in Afrika*, Frankfurt a. M./ Bern/New York 1986
JUNG, C. G.: *Der Mensch und seine Symbole*, Olten 1968
KAROW, Otto: *Der kosmische Symbolismus und die Gebundenheit des menschlichen Denkens an den Kosmos*, Bd. 1 Bonn 1989, Bd. 2 Aachen, Lollschied 1992
ders.: *Kinder der Sonne. Vom Erwachen menschlichen Geistes*, Lollschied 1993
KASTENHOLZ, Utz: *Kannibalen im Kyffhäuser*, in: C14 – Vorstoß in die Vergangenheit. Archäologische Entdeckungen in Deutschland, Gütersloh 1992
KÖNIG, Marie E. P.: *Am Anfang der Kultur,* Berlin 1973
KOTTMANN, Albrecht: *Uralte Verbindungen zwischen Mittelmeer und Amerika*, Stuttgart 1988
KÜHN, Herbert: *Eiszeitkunst. Die Geschichte ihrer Erforschung*, Göttingen 1965
ders.: *Die Felsbilder Europas*. 3. Aufl. Stuttgart 1971
KUSCH, Heinrich: *Vom Zufluchtsort zur Kultstätte*, Wien 1993
LEROI-GOURHAN, A.: *Höhlenkunst in Frankreich*, Bergisch Gladbach 1981
LISSNER, Ivar: *So lebten die Völker der Urzeit,* Olten 1958
MATURANA, Humberto R./VARELA, Francisco J.: *Der Baum der Erkenntnis. Wie wir die Welt durch unsere Wahrnehmung erschaffen – die biologischen Wurzeln des menschlichen Erkennens*, Bern/München/Wien 1987
METTLER, M. L.: *Atmosphärische Reizstreifen. Das Maß-System antiker Völker. Zusammenhänge von tellurischen und kosmischen Strahlenverdichtungen an sakralen Orten,* Zürich 1986

MIRIMANOW, W. B.: *Kunst der Urgesellschaft und traditionelle Kunst Afrikas und Ozeaniens,* Moskau 1973
MÜLLER, Rolf: *Der Himmel über dem Menschen der Steinzeit. Astronomie und Mathematik in den Bauten der Megalithkulturen,* Berlin 1970
MÜLLER, Werner: *Amerika – die Neue oder die Alte Welt?* Berlin 1982
NARR, K. J.: *Schamanismus und Bärenzeremoniell im altsteinzeitlichen Europa*, In: Saeculum 10/3, 1959
ders.: *Urgeschichte der Kultur*, Stuttgart 1961
ders.: *Kultur, Umwelt und Leiblichkeit der Eiszeitmenschen*, 1963
ders.: *Zum Sinngehalt der altsteinzeitlichen Höhlenbilder*, in: Symbolon N. F. 2, Köln 1974
NOUGIER, Louis-René: *Die Welt der Höhlenmenschen,* Zürich/München 1989
NOVGORODOVA, Eleonora/SCHEINHARDT, Hartwig: *Felsbilder von den Ahnen Dschingis-Khans: Die Mythen der Mongolen*, in: Bild der Wissenschaft H. 7, 1989
OBERMAIER, Hugo: *Der Mensch der Vorzeit,* Berlin 1912
ders.: *Urgeschichte der Menschheit,* Freiburg i. Br. 1931
OBRIST, Willy: *Archetypen. Natur- und Kulturwissenschaften bestätigen C. G. Jung*, Olten 1990
OZOLS, Jacob: *Vorgeschichtliche Tierdarstellungen und frühe Bildermagie*, in: Kölner Jahrbuch f. Vor- und Frühgeschichte 11. Bd. 1970
ders.: *Über die Jenseitsvorstellungen des vorgeschichtlichen Menschen*, in: Tod und Jenseits im Glauben der Völker, Wiesbaden 1978
RAPPENGLÜCK, Michael A.: *Vor 32 000 Jahren: Gestirne als Zeitweiser?* Vortragsmanuskript 1989
RÖSING, Ina: *Dreifaltigkeit und Orte der Kraft: die weiße Heilung. Nächtliche Heilungsrituale in den Hochanden Boliviens,* Nördlingen 1988
ROHRBACH, Carmen: *Botschaften im Sand. Reise zu den rätselhaften Nazca-Linien,* München 1992

ROSENTHAL, Martin: *Der Menschenfresserkomplex. Eine medizinisch-naturwissenschaftliche Studie zum Komplex der Aggressivität,* München 1979

RÜTTNER-COVA, Sonja: *Frau Holle. Die gestürzte Göttin,* Basel 1986

RUSPOLI, Mario: *Lascaux. Heiligtum der Eiszeit,* Freiburg i. Br. 1986

RUST, A.: *Urreligiöses Verhalten und Opferbrauchtum des eiszeitlichen Homo sapiens,* Neumünster 1974

ders.: *Die sakrale Ausdeutung der eiszeitlichen Kulturreste aus dem Ahrensburger Tunneltal,* in: Stormarner Hefte NF 3, 1976

SCHMEIDLER, Felix: *Malereien in der Höhle von Lascaux. Beweis astronomischer Kenntnisse der Steinzeitmenschen,* in: Naturwissenschaftliche Rundschau 37. Jg. H. 6, 1984

SCHNIEPER, Claudia/FAURE, Nicolas: *Die Schweiz vor Christus,* Vevey 1993

SCHWIDETZKY, Ilse: *Die vorspanische Bevölkerung der Kanarischen Inseln,* Göttingen 1963

SHELDRAKE, Rupert: *Das schöpferische Universum. Die Theorie des morphogenetischen Feldes,* München 1984

ders.: *Das Gedächtnis der Natur,* München 1993

STOLZ, Alfred: *Schamanen. Ekstase und Jenseitssymbolik,* Köln 1988

THOM, Alexander: *Megalithic Sites in Britain,* London 1967

TORRIANI, Leonardo: *Die Kanarischen Inseln und ihre Urbewohner.* Eine unbekannte Bilderhandschrift vom Jahre 1590. Im italienischen Urtext u. in deutscher Übersetzung hrsg. v. D. J. Wölfel, Leipzig 1940

UHLIG, Helmut: *Die Große Göttin lebt. Eine Weltreligion des Weiblichen,* Bergisch Gladbach 1992

VIALOU, Denis: *Frühzeit des Menschen,* München 1992

WEISS, Amandus: *Orientierung der Wanderjäger im Paläolithikum,* in: Naturwissenschaftliche Rundschau 37. Jg. H.8, 1984

WILPERT, Clara B.: *Der Flug des Bumerangs. 40000 Jahre Australier,* Hamburg 1987

WINDELS, F.: *The Lascaux Cave Paintings,* New York 1950

Abbildungsnachweis:

Archiv des Autors: Abb. 2, 3, 7, 8, 9, 10, 11, 14, 16, 17 19, 20, 21, 23, 24, 25, 26, 27, 28, 29, 30, 32, 33, 34, 35, 40, 42, 43, 44, 46, 47, 48, 49, 50, 51, 52, 53, 61, 62, 63, 65, 66, 67, 68, 75; Farbabb. 8, 9, 13, 14, 15
Archiv des Verlages: Abb. 22, 45, 64, 76; Farbabb. 5, 6, 17
Wilhelm Bleicher, Iserlohn: Abb. 71, 72 (Zeichnung: U. Stodiek)
G. Bosinski, Neuwied: Abb. 5, 6
Inge Brüx, Leipzig: Abb. 70
Edition Sud-Ouest, Bordeaux: Abb. 54; Farbabb. 12
Editions Lieu Commun, Paris: Abb. 37-39, 41
Dietrich Evers, Wiesbaden: Abb. 56-58
Sibylle Feger-Nowak, Graz: Abb. 1, 36
H. Fischer, Hamburg: Farbabb. 19
Kodak Pathé, Paris: Abb. 4; Farbabb. 1
Heinrich Kusch, Wien: Ab. 73, 74; Farbabb. 3, 4
Landesmuseum Weimar: Abb. 69
Ivar Lissner, mit freundlicher Genehmigung von Frau Niehaus-Lissner, Hamburg: Abb, 12, 13, 15, 18
Bernhard Lüthi, aus: Aratjara, Ausstellungskatalog, Köln 1993, Farbabb. 7
Hugo Matthaes, Druckerei und Verlag, Stuttgart: Farbabb. 18
Hanns Peter, mit freundlicher Genehmigung von Frau Wwe. Hanns Peter, Wien: Abb. 60
Service Photographique de la Réunion des Musées Nationaux, Paris, Abb. 55
Helmut Steeg, KULT-UR-INSTITUT, Lollschied: Abb. 31
Jean Vertut, Issy les Moulineaux: Farbabb. 10, 11
Graham L. Walsh, aus: Aratjara, Ausstellungskatalog, Köln 1993, Farbabb. 16
Clara B. Wilpert, Hamburg: Abb. 59

Ortsregister